Peter Heine

Allah und der Rest der Welt

Peter Heine

Allah und der Rest der Welt

Die politische Zukunft des Islams

Verlag Josef Knecht · Frankfurt am Main

Umschlaggestaltung: Kiesewetter & Partner, Freiburg i. Br.
Satzbearbeitung: Fotosetzerei G. Scheydecker, Freiburg i. Br.
Herstellung: Freiburger Graphische Betriebe 2000

Gedruckt auf umweltfreundlichem,
chlor- und säurefrei gebleichtem Papier

ISBN 3-7820-0836-7

Inhalt

Vorwort

Vergleicht man die Veröffentlichungen zum Islam, die sich zu Beginn des neuen Jahrhunderts an ein breiteres Publikum wenden, mit denen der letzten Jahrhundertwende, lassen sich selbstverständlich sowohl eine Reihe von Gemeinsamkeiten wie auch von Unterschieden feststellen. Das Interesse der Öffentlichkeit gegenüber der jüngsten der monotheistischen Religionen hat nicht abgenommen, aber es hat sich verändert. Die islamische Welt ist nicht mehr Objekt einer internationalen Kolonialpolitik, sondern spielt im Konzert der politischen und wirtschaftlichen Mächte eine unüberhörbare Rolle. Durch die aus der Sicht des ausgehenden 19. Jahrhunderts unvorstellbaren Veränderungen der Kommunikationsstrukturen werden Vorgänge, die mit dem Islam und den Muslimen zusammenhängen, nahezu zeitgleich überall in der Welt bekannt. Dies hat auch dem interessierten Laien bewusst gemacht, dass nicht nur der Nahe und Mittlere Osten muslimisch ist, sondern der Islam auch in Süd- und Südostasien eine zentrale Rolle bei den politischen und sozialen Entwicklungen spielt und dass er sich in Schwarzafrika ständig ausbreitet. Die globalen Wanderungsbewegungen haben muslimische Migranten über die Mehrzahl der Länder der Welt verbreitet. Damit sind Muslime nicht irgendwelche weit entfernten Völkerschaften, von denen man nur hört, wenn es in deren Heimat zu Aufständen, Kriegen oder Unglücken kommt. Muslime sind zu Nachbarn, Kollegen, Kunden, Patienten oder Arbeitgebern geworden, die unter uns leben, aber vor allem in religiöser Hinsicht von den Entwicklungen in ihren Herkunftsregionen oder denen ihrer Eltern und Großeltern betroffen und beeinflusst werden. In den folgenden Kapiteln dieses Buches soll es darum gehen, einige der verschiedenen Tendenzen und Aspekte des religiösen und gesellschaftlichen Lebens in der islamischen Welt der Gegenwart zu beleuchten und Vermutungen über zukünftige Entwicklungen anzustellen. Da angesichts der mehr als eine Milliarde Menschen, die sich in den unterschiedlichsten Regionen der Welt zum Islam bekennen, eine erschöpfende Darstellung nicht möglich ist, sollen einzelne, für wichtig erachtete Gesichtspunkte hervorgehoben werden. Diese persönliche Auswahl ist selbstverständlich abhängig von individuellen Einschätzungen der Situation, die nicht mit denen anderer Beobachter übereinstimmen müssen. Dies gilt vor allem auch für muslimische Leser. Einer der beachtlichsten Unterschiede zur Situation vor 100 Jahren ist nämlich die Tatsache, dass die Zahl der Muslime, die das, was über sie, ihre Religion und ihre Kultur von Beobachtern gesagt und veröffentlicht wird, die ihrem Kulturkreis nicht angehören, in einem ganz erheblichen Maße gestiegen ist. Dies gilt auch und besonders für Deutschland. Aus verständlichen Gründen herrscht gerade unter hier lebenden Muslimen eine große Sensibilität gegenüber den Arbeiten von westlichen Orientalisten. Auch Muslime finden sich jedoch bei der Analyse ihrer Kultur in der Situation, dass sie nicht jeden Aspekt, jede Region oder jeden Autor in ihre Beschreibung des Islams mit einbeziehen können. Nicht selten fallen sie dann in einen Essentialismus, den sie den Orientalisten vorwerfen. Die Konsequenz aus dieser Schwierigkeit, allgemeinere Aussagen über den Islam zu treffen, könnte es sein, auf die Beschreibung überhaupt zu verzichten. Es besteht aber ein offensichtliches Bedürfnis der Öffentlichkeit nach Informationen über den Islam, auch wenn diese durch die individuellen Einschätzungen des Autors geprägt sind. Hier soll dieses Buch einen Beitrag leisten. Vielleicht trägt es zu einem besseren Verständnis und zu einer differenzierteren Betrachtung einer der großen Kulturen der Welt bei.

Ich habe bei der Abfassung dieser Texte die Unterstützung vieler Helfer in Anspruch genommen. Zu danken ist zuerst meiner Frau Ina Heine, die das Manuskript einer kritischen Sichtung unterzogen hat und, wie schon so oft zuvor, den Entstehungsprozess des Buches mit Geduld, Nachsicht und Fürsorge begleitete. Für die Verfügungsstellung von Material, Zeit für die Diskussion von Einzelaspekten und technische Hilfe gilt mein Dank Gerhard Höpp, Anke Bentzin, Juliane Hammer, Heidi Kaemmer und Riem el-Solami. Ohne sie alle wäre dieses Buch nicht entstanden.

Berlin, am 1. 1. 2000 *Peter Heine*

Einleitung: Das Bild des Islams und die Realität muslimischen Lebens

Schon vor dem Beginn des 21. Jahrhunderts unserer Zeitrechnung hatte die Zahl der Muslime auf der Welt die Milliardengrenze überschritten, auch wenn niemand die Zahl genau zu bestimmen vermöchte. Zwischen der westafrikanischen Küste des Senegal im Westen und der südostasiatischen Inselwelt im Osten, den jungen Staaten Zentralasiens im Norden und der Küste Ostafrikas im Süden lebt die überwiegende Zahl der Anhänger der Religion Muhammads. Durch die verschiedenen Wanderungs- und Flüchtlingsbewegungen ist der Islam aber auch nach Westeuropa, Nord- und Südamerika und Australien gekommen. Der prozentuale Bevölkerungsanteil der Muslime schwankt dabei zwischen 2 und 25 Prozent. Diese Minderheiten verfügen in manchen Staaten über einen beträchtlichen wirtschaftlichen und gesellschaftlichen Einfluss. Es gibt kaum einen Staat auf der Welt, in dem nicht eine größere oder kleinere muslimische Gemeinschaft zu finden ist. Dabei ist ein demographischer Schwerpunkt im südöstlichen Teil der von muslimischen Mehrheiten bewohnten Gebiete auf dem Globus festzustellen, der mit dem üblichen Bild von der islamischen Welt nur schwer in Übereinstimmung zu bringen ist.[1] Für das breite Publikum sind der Nahe und Mittlere Osten, die arabische Welt, Iran und die Türkei das Zentrum der islamischen Welt. Die Bevölkerungsstatistiken sprechen jedoch eine ganz andere Sprache. Die zahlenmäßig größte Konzentration von Muslimen lebt heute auf dem indischen Subkontinent. In Pakistan und Bangladesch ist der Islam Staatsreligion. Die Zahl der Muslime in der Indischen Union ist jedoch deutlich höher, und indische Muslime behaupten stolz, dass sie in

[1] Peter Heine: Das Verbreitungsgebiet der islamischen Religion: Zahlen und Informationen zur Situation in der Gegenwart, in: Werner Ende/Udo Steinbach (Hg.): Der Islam in der Gegenwart, München 1996.

ihrem Land auf mehr Anhänger des Islams verweisen können als Indonesien, das in den gängigen Statistiken als der größte islamische Staat bezeichnet wird. Dennoch ist die europäische Perspektive verständlich, da der Islam auf der arabischen Halbinsel entstanden ist, der Prophet des Islams, Muhammad, Araber war und das Heilige Buch der Muslime, der Koran, in arabischer Sprache geoffenbart worden ist. Dies hat dazu geführt, dass die arabische Welt bis in die Gegenwart eines der wichtigen theologischen und geistigen Zentren der islamischen Welt gewesen ist, wobei verschiedene religionsgeschichtliche und politische Entwicklungen dazu geführt haben, dass auch der iranische und türkische Raum zeitweilig oder in bestimmten Teilaspekten von großer Bedeutung für die religiöse und gesellschaftliche Entwicklung der islamischen Welt gewesen ist.[2]

Es gibt unterschiedliche Gründe, warum die genaue Zahl der muslimischen Bevölkerung auf der Welt nicht exakt festzulegen ist. Der eine ist natürlich das immer noch vergleichbar schlecht entwickelte Meldewesen in verschiedenen islamischen Staaten. So ist es nicht einfach, Nomadengruppen genau in ihrer zahlenmäßigen Größe zu erfassen. Man hat versucht, Bevölkerungsdaten über sie zu erhalten, indem man von Flugzeugen aus die Zelte der Wandergruppen zählte und diese dann mit einer Durchschnittszahl der Bewohner multiplizierte. Es kam jedoch immer wieder vor, dass Zelte mehrfach gezählt wurden, weil sich die jeweilige Beduinengruppe ihrer Lebensart entsprechend weiterbewegt hatte und danach von denselben Flugzeugen erneut überflogen wurde. Ein anderer Grund ist die skeptische Haltung der Bevölkerung vieler islamischer Staaten gegenüber jeder Form von Obrigkeit. Daher nimmt man es mit der Meldung und den exakten Geburtsdaten von Kindern nicht so genau. Verschiebt man den tatsächlichen Geburtstag eines Jungen um einige Monate oder gar Jahre, kann er der Familie länger als Arbeitskraft zur Verfügung stehen, ehe er z. B. zum oft langjährigen Militärdienst eingezogen wird. In der Mehrzahl der islamischen Gesellschaften werden Mädchen geringer

---

[2] Zur religionsgeschichtlichen Entwicklung s. Montgomery Watt u. Alford Welch: Der Islam I: Mohammed und die Frühzeit, Islamisches Recht, Religiöses Leben, Stuttgart 1980; Montgomery Watt u. Michael Mamura: Der Islam II: Politische Entwicklungen und theologische Konzepte, Stuttgart 1985; zur sozialgeschichtlichen Entwicklung s. Ira M. Lapidus: A History of Islamic Societies, Cambridge 1989.

geachtet als Jungen. Daher kann es geschehen, dass man völlig vergisst, ihre Geburt den Meldebehörden mitzuteilen. In bevölkerungspolitischen Situationen, in denen unterschiedliche Konfessionen oder Religionen einen der Größe ihrer Gemeinschaft angemessenen Anteil an den politischen Entscheidungskompetenzen verlangen, liegt die Motivation zu einer Manipulation der jeweiligen absoluten Bevölkerungszahlen auf der Hand. Um daraus resultierende innenpolitische Konflikte zu vermeiden, werden die vorhandenen Statistiken zu Staatsgeheimnissen erklärt und stehen damit auch dem fremden Beobachter nicht zur Verfügung. In verschiedenen Staaten der islamischen Welt ist es in den vergangenen Jahren zu großen Fluchtbewegungen und den damit verbundenen Bevölkerungsverschiebungen gekommen, die von den Bevölkerungsstatistikern nicht verfolgt werden konnten. Aber auch in Staaten mit einem elaborierten Personenstandswesen und dem entsprechenden Meldesystem wie Deutschland ist die Zahl der hier lebenden Muslime nicht exakt zu ermitteln. In Deutschland werden keine aktuellen religionsbezogenen zentralen Statistiken geführt. Die in der Literatur und den öffentlichen Diskussionen gehandelten Zahlen mit ihren beträchtlichen Schwankungen beruhen auf mehr oder weniger exakten Schätzungen. Die letzte Volkszählung in Deutschland wurde im Jahre 1987 durchgeführt. Inzwischen hat sich die Zahl der Muslime erheblich vergrößert.

Der entscheidende Grund für den Mangel an exaktem Zahlenmaterial über Muslime ist jedoch ein anderer: Das Bekenntnis zum Islam ist relativ einfach. Jeder der ernsthaft bekennt, dass es keinen Gott außer Gott gibt und dass Muhammad der Gesandte Gottes ist, kann sich als Muslim bezeichnen und wird in der Regel von seinen Glaubensgenossen auch als solcher anerkannt. Ein spezielles Ritual ist in diesem Zusammenhang nicht vorgesehen. Es muss sich auch nicht um ein öffentliches Bekenntnis handeln oder um die Eintragung in ein entsprechendes Mitgliedsregister. Gerade in den Regionen, in denen der Islam auf erhebliche Missionierungserfolge verweisen kann, wie Schwarzafrika oder Südostasien, spielt dies eine Rolle. Gewiss erklären erwachsene Konvertiten in einigen Fällen in Zeitungsanzeigen oder im Rahmen eines öffentlichen Bekenntnisses vor Zeugen ihre Zugehörigkeit zur Gemeinschaft der Muslime. Dies geschieht vor allem, wenn es sich um Arbeitsmigranten in Staaten mit einer muslimischen Mehrheitsbevölkerung handelt. Andere vermeiden dagegen derartige

Bekundungen aus den unterschiedlichsten Gründen. Zu diesen Motiven mag z.B. in Westafrika gehören, dass jemand mit dem Übertritt zum Islam sein Erbrecht an Teilen des Landbesitzes seiner Familie verlöre oder gar ganz aus dem in vielen Situationen lebenswichtigen Zusammenhalt seiner Großfamilie ausgeschlossen würde. Ein anderes Problem ist gerade in Situationen eines Religionswandels, dass Neu-Muslime in vielen Bereichen des täglichen Lebens und der religiösen Praxis weiterhin alten Traditionen ihrer Herkunftsreligionen folgen. Man hat es mit einer synchretistischen Situation zu tun, die auch von Muslimen in manchen Fällen als nicht-islamisches Verhalten angesehen wird. Die exakte Grenze zwischen animistischen und volksislamischen Vorstellungen war schon von jeher fließend. Die schwierige Definition, wer ein Gläubiger ist und wer nicht, wird von pragmatischen Muslimen vermieden. Sie erklären, dass es schließlich Gottes und nicht etwa die Sache der Menschen sei, zu wissen, wer an Ihn glaube. Aus dieser weit verbreiteten Haltung ist auch zu erklären, dass die Frage des Abfalls vom Islam zwar im islamischen Recht immer wieder behandelt wird, entsprechende Gerichtsverfahren im Verlauf der islamischen Religionsgeschichte aber immer eine Ausnahme geblieben sind, die zudem in der Regel vor dem Hintergrund machtpolitischer Auseinandersetzungen gesehen werden müssen, bei denen die Frage der Rechtgläubigkeit lediglich als Vorwand für die Ausschaltung politischer Gegner oder die Demonstration der eigenen Orthodoxie instrumentalisiert wurde.

Man kann den Islam durchaus als eine urbane Religion bezeichnen. Er entstand in städtischen Zentren auf der arabischen Halbinsel, in Mekka und in Medina und ist in seiner religionsgeschichtlichen Entwicklung stets von Städten geprägt worden und wird es bis heute: Damaskus, Baghdad, Kairo, Isfahan, Delhi, Kuala Lumpur, New York waren und sind die Städte, die mit der Entwicklung des Islams untrennbar verbunden sind. Ein rituell vollständiges islamisches Leben ist nach den Vorschriften des islamischen Rechts nur in einer Stadt möglich. Nur hier findet sich die Freitagsmoschee, in der sich die Gemeinde zum wöchentlichen Gemeinschaftsgottesdienst versammelt. Hier gibt es die Badeeinrichtungen, die für die Erlangung der rituellen Reinheit unabdingbar sind. Städte sind der Sitz der politischen Administration, ohne die ein islamischer Staat nicht existieren könnte. Eine Institution, die ubiquitär und als typisch islamisch angesehen wird, wie der Bazar und die mit ihm verbundenen Ämter, wie der Marktvogt, ist nur in einem städtischen Milieu möglich. Weite Teile des islamischen Rechts beziehen sich auf soziale und politische Umstände, die nur in Städten in Erscheinung treten können. Auch die großen islamischen Hochschulen und Stätten der Gelehrsamkeit von Fez, Nadjaf oder Qum sind in einer ländlichen Umgebung kaum vorstellbar. Dennoch spielt der ländliche Raum eine wichtige Rolle für die islamische Gesellschaft. Er war lange Zeit die wirtschaftliche Grundlage für das städtische Leben.

Auf dem Land lebte die überwiegende Mehrheit der muslimischen Bevölkerung, die die Städte nicht nur mit den notwendigen landwirtschaftlichen Produkten versorgte, sondern durch die entsprechenden Abgaben auch die direkte Finanzierung der staatlichen Einrichtungen ermöglichte und indirekt zur Unterhaltung von religiösen und wissenschaftlichen Einrichtungen beitrug. Spannungen zwischen Stadt und Land waren häufig bestimmend für die historische Entwicklung der islamischen Welt. Städtische Verwalter oder deren Vertreter trieben häufig mit drakonischen Maßnahmen die Steuern der Bauern ein, denen oft keine erkennbare staatliche Gegenleistung gegenüberstand.[3] Bis ins späte 19. Jahrhundert hinein führten regionale Herrscher jährliche Kriegszüge in die ländlichen Gebiete durch, um die Steuern einzutreiben. Die ländlichen Gebiete, die außerhalb der direkten Kontrolle der Städte lagen, wurden z.B. in Nordafrika grundsätzlich als ‚Gebiete des Aufstands' apostrophiert, auch wenn keine Aufstände stattfanden. Andererseits nahm die Landbevölkerung, vor allem die Nomaden, jede Gelegenheit wahr, gegen die Städte vorzugehen. Sei es, dass sie die von Stadtbewohnern organisierten Karawanen überfielen oder von ihnen Schutzgelder erpressten; sei es, dass sie, vor allem angesichts einer schwachen zentralen Administration, die Städte selbst angriffen. So standen im Irak in der Mitte des 19. Jahrhunderts die wichtigen Städte, von Baghdad und Mosul abgesehen, unter weitgehender Kontrolle arabischer Nomadengruppen. In mancher Hinsicht kam es in dieser Zeit also zu einer ‚Verländlichung' der Städte. Dies wirkte sich auf den Islam dergestalt aus, dass die ländliche Bevölkerung teilweise unter einen stärkeren Einfluss der islamischen Rechtsgelehrten gelangte, sich also die islamische Orthodoxie gegenüber

---

[3] Z.B. Sato Tsugitaka: State and Rural Society in Medieval Islam, Leiden 1997.

verschiedenen Formen von Volksreligion in den Vordergrund spielen konnte. Andererseits verstärkte diese Entwicklung allerdings auch die vorhandene Stagnation des geistigen Lebens in den Städten. Erst mit dem Entstehen von Nationalstaaten mit starken zentralstaatlichen Tendenzen, vor allem nach dem Ersten Weltkrieg, konnte diese Tendenz zurückgedrängt werden. Besonders in der Zeit nach dem Zweiten Weltkrieg wiederholte sich diese Situation aber in gewisser Weise. Veränderungen der Eigentumsverhältnisse an Landbesitz führten zu einer starken Verarmung der ländlichen Bevölkerung. Gleichzeitig hatte sich der Arbeitskräftebedarf in den Städten leicht erhöht. Diese Erhöhung war die Folge einer gewissen Industrialisierung, vor allem aber der Ausweitung administrativer Aufgaben. So kam es zu einer Landflucht ganz erheblichen Ausmaßes, die zunächst eine grundlegende Veränderung der Bevölkerungsstruktur auf dem Lande zur Folge hatte. War der Anteil der nomadischen Bevölkerung in vielen islamischen Staaten in der Zwischenkriegszeit noch beträchtlich gewesen und hatten die Stämme durch Aufstände und Formen des zivilen Ungehorsams noch immer auf die Innenpolitik der jeweiligen Staaten Einfluss nehmen können, so waren es nun vor allem zunächst die Nomaden, die auf der Suche nach Arbeit und Einkommen in die Städte strömten. Doch auch sesshafte bäuerliche Bevölkerung machte sich aus den gleichen Motiven auf den Weg in die Städte.

Ohne hier auf Einzelheiten eingehen zu können, kann man feststellen, dass sich in diesem Zusammenhang eine Veränderung der traditionellen Strukturen der islamischen Stadt herausbildete. Die städtische Bevölkerung wich vor diesem ländlichen Ansturm in Neubauviertel mit modernen Wohnungen aus. Die Landflüchtlinge zogen in die leer gewordenen Altstädte. Sie behielten jedoch ihre ländlichen Lebensformen im sozialen und politischen Bereich weitgehend bei. Man kann also weiterhin von einer ‚Verländlichung' der islamischen Städte sprechen.[4] Die Konsequenz aus dieser Entwicklung war und ist ein starkes religiöses oder ideologisches Beharrungsvermögen auch in den islamischen Städten. Vor allem einfachere islamische Gelehrte und Prediger können sich in dieser Umgebung mit Aussicht auf Erfolg

[4] Z.B. Kenneth L. Brown: People of Salè. Tradition and Change in a Moroccan city. 1830–1930, Manchester 1976; s. auch die entsprechenden Beiträge in: Peter J.M. Nas (Ed.): Urban Symbolism, Leiden 1993.

hörbar machen. Der Islam hat daher in der alltäglichen Praxis viel von seinem urbanen Moment verloren. Volksreligion einerseits und einfache orthodoxe Formen spielen eine wichtige Rolle bei der Mehrheit der muslimischen Bevölkerung.

Die Frage nach der Islamizität einer einzelnen Person steht in einem engen Zusammenhang mit der Frage nach dem Islam allgemein. Die westliche Öffentlichkeit ist es gewöhnt, von *dem* Islam, *den* Muslimen und *der* islamischen Welt zu sprechen. Dies ist eine aus mancherlei Gründen verständliche, aber dennoch vereinfachende Sicht eines komplexen globalen kulturellen Systems. Jedem Beobachter leuchtet ein, dass Muslime in Indonesien sich von denen in Schwarzafrika oder in China unterscheiden müssen. Denn die kulturelle Umgebung, in der sie leben, die Traditionen, aus denen sie schöpfen, die sozialen Regeln und Strukturen, denen sie folgen, sind trotz der zweifelsohne vorhandenen religiösen Gemeinsamkeiten sehr unterschiedlich. Als Beispiel ließe sich ein Beleg aus dem Bereich des Erbrechts heranziehen. Das islamische Recht teilt in seinen erbrechtlichen Bestimmungen auch den weiblichen Nachkommen eines Erblassers einen festgelegten, wenn auch im Vergleich zu männlichen Erben prozentual geringeren Anteil am Erbe zu. Die Bevorzugung männlicher Erben lässt sich auf die patrilinearen Strukturen der Gesellschaft, in denen der Islam entstanden ist, zurückführen. Im Rahmen der Ausbreitung des Islams über den Nahen und Mittleren Osten hinaus, wurden die Muslime auch mit Gesellschaften in Südostasien oder Westafrika konfrontiert, in denen matrilineare Strukturen vorherrschten. Dass es hier zu Diskrepanzen zwischen dem herkömmlichen Erbrecht dieser Gesellschaften und dem islamischen Recht kommen musste, wird nicht überraschen. Die Konsequenz aus dieser Differenz war jedoch keine schwerwiegende Auseinandersetzung um die orthodoxe Position, sondern eine pragmatische Einschätzung der Situation. Wie in anderen islamischen Gesellschaften wurde auch hier eine Unterscheidung zwischen dem islamischen Recht und dem traditionellen Recht akzeptiert, in der sich in der alltäglichen Praxis die lokalen Rechtsnormen gegenüber den islamischen Vorschriften durchsetzen konnten.[5]

---

[5] Peter Heine: Zur wirtschaftlichen Stellung der Frau im Islam, in: Geschichte und Kulturen 2 (1990).

In der Beschreibung der islamischen Welt durch westliche Beobachter hat sich diese Differenzierung verschiedener Formen und Ausprägungen des Islams lange Zeit nicht realisieren können. Die islamische Religion wurde auf eine Reihe von Grundpositionen und normierten Verhaltensweisen reduziert, die überall in der islamischen Welt zu gelten hatten. Abweichungen von solchen Vorstellungen wurden als unerheblich oder als volksreligiöse Sonderformen angesehen. Konsequent folgte man einer Unterteilung zwischen Hochreligion und Volksreligion, manchmal auch Aberglaube. Dies hatte dann auch eine Arbeitsteilung im wissenschaftlichen Bereich zur Folge. Die westliche Islamwissenschaft beschäftigte sich mit der orthodoxen Hochreligion, die Untersuchung von angeblichen oder tatsächlichen religiösen Sonderformen wurde der Religionsethnologie oder der allgemeinen und vergleichenden Religionswissenschaft überlassen. Muslimische Kritiker, wie der Syrer Aziz al-Azmeh, bezeichnen dieses Verhalten als Essentialismus, also den untauglichen Versuch, den Islam ohne seine spezifischen Besonderheiten zu betrachten, ihn auf einige wenige Grundmuster zu reduzieren, die man dann umso leichter kritisieren könnte. Bemerkenswert ist dabei aus der Sicht mancher Anhänger der Essentialismus-These die Übereinstimmung der Vorstellungen radikaler Muslime von einem idealen Islam und denen westlicher Islamkenner. Beide seien der Ansicht, dass der Islam nur in einer einzigen, durch Gott endgültig festgelegten und daher allgemein gültigen Form existieren dürfe. Angesichts der in vielen islamischen Gesellschaften endemischen Verschwörungstheorien ist es nicht erstaunlich, dass auch gleich von einer Kooperation zwischen radikalen Muslimen und westlichen Islamwissenschaftlern ausgegangen wird, die eine Zerstörung der bestehenden islamischen Welt zum Ziel hätten.[6]

Die Kritik von Muslimen an den westlichen Islamwissenschaftlern ist fast so alt wie dieses Fach. Am schlagendsten und folgenreichsten wurde sie zu Beginn der siebziger Jahre von Edward Said, einem aus Palästina stammenden amerikanischen Literaturwissenschaftler formuliert. In ihrer Wirkungsgeschichte blieb sie nicht beschränkt auf die akademischen Disziplinen, die sich mit der islamischen Welt befassen. Auch in den Bereichen der Südasien- oder der Ostasienwissenschaften

---

[6] Aziz al-Azmeh: Die Islamisierung des Islam. Imaginäre Welten einer politischen Theologie, Frankfurt 1996.

wurde sie heftig diskutiert. Der Hauptvorwurf richtet sich gegen den angeblichen Versuch der westlichen Wissenschaftler, in ihren Arbeiten ein Bild von der orientalischen Welt zu schaffen, das den eigenen Vorurteilen entspreche und mit der Realität kaum etwas zu tun habe. Said geht bei seiner Kritik allerdings von verschiedenen Beispielen aus der englischen und französischen Literatur aus. In gleicher Weise hätte er auch Beispiele aus der bildenden Kunst wählen können.[7] Vor allem das 19. Jahrhundert bietet in dieser Hinsicht eine Vielzahl von bemerkenswerten Beispielen, die als Namengeber für sein Buch angesehen werden könnten. Es findet sich dabei der Stil des Orientalismus als die Bemühung von verschiedenen europäischen Malern, orientalische Sujets wiederzugeben, wobei es häufig um die Darstellung von Haremszenen, Sklavenmärkten oder Kampfszenen in einem orientalischen Kontext geht. Damit werden zentrale Momente der üblichen westlichen Vorurteile vom Islam transportiert, bei denen die Vorstellungen von orientalischer Erotik und islamischer Gewaltbereitschaft eine wichtige Rolle spielen. Auch im Kontext der europäischen Musik lassen sich zahlreiche Orientalismen finden. An erster Stelle sind hier natürlich die Türkenopern von Gluck über Mozart bis Rossini zu nennen, die einerseits musikalisch mit aus dem Orient importierten Instrumenten und dem Versuch, durch den Einsatz von chromatischen Reihen, dem Wechsel von Dur und Moll und durch andere musikalische Mittel, die unter dem Stichwort „alla turca“ zusammengefasst werden können, andererseits inhaltlich eine Reihe von Stereotypen über den Islam und die Muslime transportieren. Zu ihnen gehören Charakterisierungen wie Irrationalität, Grausamkeit, Sensualität und Sentimentalität.[8] Diese Einschätzung dient nach der Meinung von Edward Said auch der Begründung der kolonialen Expansion der großen europäischen Staaten, die für sich in Anspruch nahmen, ihre als überlegen empfundene Zivilisation Gesellschaften zu bringen, die der ihren ethisch und intellektuell unterlegen waren. Dass diese Begründungen für Said nur als Vorwände für eine ökonomische Ausbreitung dienten, versteht sich von selbst. Betrachtet man die zahlreichen Auseinandersetzungen des mittelalterlichen christlichen Abend-

---

[7] Edward Said: Orientalism, New York 1978.

[8] S. zu diesem Komplex den umfangreichen Sammelband: Gereon Sievernich u. Hendrik Budde (Hg.): Europa und der Orient, 800–1900, Gütersloh 1989.

landes mit dem islamischen Morgenland, aber auch die Einschätzung des Islams durch die Heroen der Aufklärung, kann man sich dem Eindruck nicht entziehen, dass der Islam für Europa die Folie war, vor der sich das westliche Selbstverständnis entwickeln konnte. Der Blick auf die fremde Welt des Islams machte es erst möglich, dass sich die Europäer ihrer eigenen Situation bewusst wurden.[9]

Veränderungen ergaben sich hier infolge der direkten Konfrontation der islamischen Welt mit dem Westen seit dem Beginn des 19. Jahrhunderts. Die politische, militärische, technologische und ökonomische Überlegenheit des Westens wurde von einigen islamischen Denkern als eine Konsequenz der Uneinigkeit der islamischen Welt in politischer, aber auch in religiöser Hinsicht betrachtet. Sie sahen diese Uneinigkeit nicht zuletzt im Zusammenhang mit den kulturellen Unterschieden zwischen den islamischen Gesellschaften. Die islamische Einheit wiederherzustellen, wurde als die Hauptaufgabe einer islamischen Erneuerung betrachtet. Lange Jahre war die Frage der besonderen lokalen oder regionalen Formen des Islams in der innerislamischen Diskussion nicht besonders präsent gewesen, wenngleich muslimischen Reisenden die sich unterscheidenden Praktiken der verschiedenen muslimischen Völkerschaften nicht verborgen geblieben waren. So entrüstet sich im 14. Jahrhundert Ibn Battuta, der als ein notorischer Reisender bezeichnet worden ist, über das unbefangene Verhältnis zwischen Männern und Frauen in Westafrika. Er berichtet, dass ihm auf seine entsprechende kritische Feststellung ein Rechtsgelehrter dieser Gegend geantwortet habe: „Die Gesellschaft von Männern und Frauen ist bei uns akzeptiert und wird als gutes Benehmen angesehen. Damit sind keine Verdächtigungen verbunden. Unsere Frauen sind nicht so, wie die in eurem Land." Der Reisende beeilt sich festzuhalten, dass er das Haus dieses Mannes sofort verlassen habe, um nie wieder dorthin zurückzukehren.

Dennoch blieb das Bewusstsein unterschiedlicher ritueller Formen und ethischer Normen in der islamischen Welt bis weit in die Neuzeit hinein nur auf einen kleinen Kreis von Gebildeten beschränkt. Ursache für eine heute festzustellende größere Kenntnis der Vielfältig-

---

[9] Norman Daniel: The Arabs and Medieval Europe, London 1979; Albert Hourani: Islam in European Thought, Cambridge 1991; Richard W. Southern: Das Islambild des Mittelalters, Stuttgart 1981.

keit der islamischen Welt unter Muslimen war einerseits die Verbesserung des allgemeinen Bildungsniveaus, das eine Intensivierung der Kommunikation zur Folge hatte. Zu den neuen Kommunikationsmedien gehörten seit dem Beginn des 20. Jahrhunderts die verschiedenen Monatszeitschriften, wie die um die vorige Jahrhundertwende in Ägypten herausgegebene Zeitschrift ‚al-Manar' (Der Leuchtturm), die als Sprachrohr eines islamischen Modernismus galt. In dieser Zeitschrift findet sich jeweils eine Rubrik, in der die Herausgeber auf die verschiedensten Fragen ihrer Leser antworten. Dabei geht es um Auskünfte auf Fragen zum Koran und seiner Interpretation, zum islamischen Erbrecht und zu anderen Fragen des islamischen Rechts, zu rituellen Praktiken, zur politischen Situation und vieles mehr. Aus den Namen und Adressen der Fragesteller wird deutlich, dass al-Manar weit über den ägyptischen Bereich hinaus, bis in die malayische Inselwelt oder in die islamische Diaspora Südamerikas zur Kenntnis genommen wurde. Gleiches kann für andere Zeitschriften allgemeineren Inhalts gesagt werden, die sich mit Entdeckungen, naturwissenschaftlichen und technischen Neuheiten, aber auch mit Entwicklungen in den schönen Künsten, beim Theater und in Literatur, Philosophie und verschiedenen Ideologien auseinander setzten. Solche Zeitschriften müssen als das Pendant zu den islamischen Publikationsorganen gesehen werden, weil ihre Artikel den Anlass für viele Fragen an die Redaktion von al-Manar bieten. Die Antworten der Herausgeber von al-Manar führten in einem sehr geringen Maß zu einer Vereinheitlichung unter den Muslimen hinsichtlich der Vorstellung von dem, was Islam bedeutet. Dennoch blieben erhebliche Auffassungsdifferenzen weiterhin bestehen. Diese beruhten auf lokalen oder regionalen Besonderheiten, vor allem aber auf der speziellen rechtlichen und organisatorischen Struktur des Islams. Traditionell sind religiöse Hierarchien innerhalb des orthodoxen Islams wenig entwickelt.

Natürlich gab und gibt es hier Ausnahmen, auf die im Verlauf dieser Abhandlung einzugehen ist. Grundsätzlich aber gilt der Satz des Propheten Muhammad: „Es gibt kein Priestertum (eigentlich Mönchtum) im Islam." Jeder Muslim ist in seinem Verhalten Gott unmittelbar verantwortlich. Es bedarf keines Vermittlers in Gestalt eines Priesters, Heiligen oder irgendeines religiösen Funktionsträgers. Bei schwierigen Fragen des Alltagslebens hat es sich im Laufe der islamischen Religionsgeschichte jedoch eingebürgert, dass Muslime Religionsgelehrte um Rat angingen. Auf eine derartige Anfrage erhielten sie ein Rechtsgutachten (Fatwa), das ihnen Richtschnur für ihr Verhalten sein konnte, aber nicht musste. Die Gelehrten gelangten zu ihren Ergebnissen mit Hilfe von ‚Idjtihad', also selbständiger Interpretation der islamischen Rechtsquellen. Diese Interpretation hatte einen starken individuellen Charakter, so dass unterschiedliche Gelehrte bei ein und derselben Frage zu konträren Ergebnissen kommen konnten, auch wenn sie der gleichen islamischen Rechtsschule angehörten. Welche Auffassung sich in einer bestimmten Region durchsetzte, hing von der Autorität des jeweiligen Rechtsgelehrten ab. Es war aber durchaus möglich, dass beide Ansichten nebeneinander stehen blieben. Durch die überraschenden Verbesserungen der Kommunikationsmöglichkeiten durch die verschiedenen neuen Medien ergab sich für die muslimischen Gelehrten seit den siebziger Jahren des 20. Jahrhunderts ein Autoritätsproblem, das es in diesem Maß bis dahin nicht gegeben hatte. Nun war es nämlich möglich, bei einer Frage die unterschiedlichsten Antworten der Rechtsgelehrten kennen zu lernen. Bis dahin war der einzelne Muslim in der Lage gewesen, die Wertigkeit eines Rechtsgutachtens für sich selbst zu bestimmen. Er wusste, dass der eine Rechtsgelehrte liberaler, der andere korrupt, der dritte erzkonservativ war. Seitdem zahllose Rechtsgutachten durch die neuen Medien verbreitet werden konnten, wurde die persönliche Einschätzung der Haltung der Verfasser von Rechtsgutachten nahezu unmöglich. Führende islamische Rechtsgelehrte fürchteten, dass die sich widersprechenden Gutachten vor allem unter jungen Muslimen zu einer wachsenden Verunsicherung führen würden. Sie initiierten daher eine ‚Islamische Fiqh-Akademie', in der man sich um eine einheitliche Sicht der zahlreichen, durch die moderne Welt entstandenen Fragen bemühte. Die Akademie besteht aus einer Anzahl von islamischen Rechtsgelehrten, die sich einmal im Jahr an unterschiedlichen Orten in der islamischen Welt zu einer Konferenz treffen, auf der grundsätzliche Themen von aktueller Bedeutung behandelt werden. Die Gelehrten, die aus den verschiedensten islamischen Staaten stammen, werden von muslimischen Fachleuten der bei der jeweiligen Konferenz behandelten Themen unterstützt. Zu solchen Themen können ökonomische Fragen gehören, wie die des Aktienhandels, von Lebens- oder Unfallversicherungen, Rentensystemen oder das viel behandelte Problem des islamischen Zinsverbots angesichts des Phänomens der

Inflation. Häufig geht es auch um Fragen, die mit dem medizinischen Fortschritt zusammenhängen. Im Einzelnen geht es dann um Organtransplantationen, Geburtenregelungen und Schwangerschaftsabbrüche oder Euthanasie. Diese Themen werden mit großer Sachkenntnis und Ernsthaftigkeit behandelt, wobei man sich um Konsens unter den beteiligten Gelehrten bemüht. Kommt es nach einer ausführlichen Diskussion zu einer Einigung, werden die Ergebnisse auch mit Hilfe moderner Kommunikationsmittel der gesamten islamischen Welt bekannt gemacht. Zwar bedeutet das noch nicht, dass sich alle Muslime an diese Empfehlungen halten müssen. Aber es liegt auf der Hand, dass ein Gremium von einer derartigen Autorität in einem der behandelten Themen unsicheren Gläubigen einen wichtigen Hinweis für seine künftige Lebensgestaltung geben kann. Eine der Konsequenzen aus dieser Entwicklung wird sein, dass sich die Praxis der Lebensgestaltung und des religiösen Rechts in der islamischen Welt im Laufe der Zeit vereinheitlichen wird. Dennoch bleibt festzuhalten, dass auch die islamische Welt weiterhin eine vielfältige und differenzierte Gemeinschaft bleiben wird.[10]

Die Differenzierung der verschiedenen islamischen religiösen Strömungen, nationalen und ethnischen Gruppen hängt nicht zuletzt mit der Frage der Authentizität in der islamischen Welt zusammen. Seitdem sich die islamische Welt mit dem Expansionismus westlicher Staaten konfrontiert sah, variierte ihre Reaktion auf den Westen. Zunächst waren es die traditionellen Eliten von islamischen Rechtsgelehrten, Führern von Sufi-Bruderschafen und politischen Führern von Stammesorganisationen, die sich dem militärischen, vor allem aber auch dem kulturellen Angriff des Westens widersetzten. Sie taten dies mit traditionellen Mitteln, die von vornherein zum Scheitern verurteilt waren. Dies gilt natürlich für den militärischen Bereich, indem sie den modernen europäischen Waffentechniken wie den veränderten taktischen und strategischen Regeln hoffnungslos unterlegen waren. Die letzten Regungen des Widerstands gehen mit dem vergeblichen Aufstand des Abd al-Qadir in Algerien, des Mahdi des Sudan oder der Sanussi-Bewegung in Libyen auf das Ende des 19. Jahrhunderts zurück. Erfolgreich war im Grunde nur der so genannte Tabak-Streik

---

[10] Peter Heine: Die Akademie für Islamisches Recht (Fiqh), in: Rechtstheorie 16 (1985).

im Iran, als sich die persische Bevölkerung unter der Führung der schiitischen Rechtsgelehrten gegen ein westliches Monopol auf Tabak in einer Bewegung von zivilem Ungehorsam erfolgreich zur Wehr setzen konnten. Die Überlegenheit gilt aber auch für den kulturellen Bereich, in dem die Bedeutung des Tradierens von überkommenen Informationen und Kenntnissen eine größere Bedeutung hatte als die Erfindung oder Entwicklung neuer Techniken oder Methoden. Die westliche Vorstellung von Erfindergeist, Kreativität und Neugier stand dieser Haltung diametral gegenüber. Die westlichen Technologien wurden von der islamischen Welt nahezu problemlos übernommen. Zwar wurde bei einigen europäischen Erfindungen ein Risiko für die traditionellen Lebensformen gesehen. Bekannt ist die Reaktion tunesischer Staatsgäste, denen in Paris am Ende des vorigen Jahrhunderts ein Fernglas vorgeführt wurde. Die Nordafrikaner machten sich sofort Gedanken darüber, wie man verhindern könne, das fremde Augen mit Hilfe dieser Erfindung die vornehmen Frauen des Landes erblicken könnten. Alles in allem aber war Technologiefeindlichkeit kein islamisches Phänomen, auch wenn diese Technologien aus dem Westen kamen.

Seit der Mitte des 20. Jahrhunderts wurde in der islamischen Welt unter Tradition (arabisch: Turath) aber nicht mehr die traditionelle Form von Techniken zum Lebensunterhalt oder der Kommunikation verstanden, sondern die Gesamtheit islamischer Erfahrungen und Lebenskonzepte. Diese haben nach der Einschätzung dieser islamischen Denker kaum etwas mit den gesellschaftlichen, aber auch den religiösen Normen des traditionellen Lebens zu bestimmten Zeiten in den verschiedenen Gesellschaften islamischer Staaten zu tun. Es geht vielmehr um das kulturelle Erbe, das aus der islamischen Geschichte bewahrt wird. Es bedeutet zugleich auch die Rezeption von Ereignissen im Gedächtnis einer Gesellschaft. Turath hat sozusagen den Status der Gesamtheit der islamischen Kultur erlangt. Er geht also über den Begriff von Geschichte hinaus, denn er verkörpert zugleich das, was nicht verwirklicht wurde, also nicht das, was war, sondern das, was sein sollte. Damit erhält Turath eine Schutzfunktion, die für die Ausbildung von Persönlichkeit und Selbstbehauptung in der Gegenwart eine wichtige Rolle spielt. Daher ist dem Menschen in der islamischen Welt nach dieser Auffassung von Tradition die weit zurückliegende Vergangenheit häufig näher als die eigene Gegenwart. Diese Form von

Tradition trägt entscheidend zur muslimischen Identität angesichts einer vom Westen dominierten Welt bei, denn sie vermittelt auf historischem Bewusstsein beruhendes Selbstbewusstsein. Im Besitz eines derartigen Selbstbewusstseins lässt nach Ansicht des Marokkaners Mohammed al-Djabiri und seiner Anhänger sich auch im Zeitalter der Globalisierung mit dem westlichen Angriff auf die islamische Kultur und der Gefahr der Westoxikation erfolgreich umgehen.[11]

Die Suche nach einer islamischen Authentizität hat nicht nur, aber auch in der islamischen Welt eine säkulare und eine islamische Version. Beide reiben sich jedoch in vergleichbarer Weise am Westen. Säkularisten in der islamischen Welt kritisieren den westlichen Eurozentrismus aus einer Perspektive, die auf die eine oder andere Weise mit eben diesem Westen eng verbunden ist; denn die Ideologien eines Nationalismus oder Sozialismus, denen sie in der Regel anhängen, stammen aus dem kritisierten Westen und argumentieren mit Begriffen und Kriterien, die im Westen entwickelt wurden. Dabei muss man stets im Gedächtnis behalten, dass Intellektuelle in der islamischen Welt in der Regel an westlichen Universitäten studiert und häufig auch gelehrt haben, die intellektuellen Debatten in den wichtigsten Ländern aufmerksam verfolgen und in ihre eigenen Überlegungen mit einfließen lassen. Sie sind also über das westliche Denken in einem großen Maße informiert und kennen daher auch die kritischen westlichen Stimmen zu den jeweils herrschenden Diskursen. Häufig wenden diese Kritiker den westlichen Normenkatalog, wie er sich z. B. in der UN-Menschenrechtsdeklaration darstellt, auf das westliche Verhalten gegenüber der islamischen Welt an. Betrachtet man die westliche Politik gegenüber der islamischen Welt, kann man der Feststellung zahlreicher muslimischer Politiker und Intellektueller nicht widersprechen, dass die westlichen Forderungen nach der Einhaltung von Menschenrechten immer wieder als machtpolitische Instrumente gebraucht werden, z. B. um die Souveränität eines dem Westen unliebsamen Staates beschneiden zu können. In gleicher Weise kritisieren die islamischen Säkularisten die kulturelle Vorherrschaft des Westens, die sich in zahlreichen Formen äußert, von international verbreiteten

---

11 Michael Gaebel: Von der Kritik des arabischen Denkens zum panarabischen Aufbruch. Das philosophische und politische Denken Muhammad Abd al-Gabiris, Berlin 1995.

Richtungen und Tendenzen in der bildenden Kunst oder Literatur, über die internationale Mode bis hin zu der Verallgemeinerung von kulinarischen Gewohnheiten, wie sie in der Ubiquität von McDonalds-Filialen zum Ausdruck kommt. Dem stellen sie, mit mehr oder weniger großem Erfolg, eine islamische Kultur gegenüber. Diese hat sich z.B. in der bildenden Kunst durchaus Respekt verschaffen können, weil es gelang, islamische Traditionen von bildnerischer Kreativität mit modernen Techniken und Auffassungen zu verbinden. Es ist jedoch nicht erstaunlich, dass sich in diesen kulturellen Bereichen die nationalen Formen in der Regel gegenüber einem allgemein-islamischen Ausdruck leichter durchsetzen können. Den Säkularisten stehen die Islamisten gegenüber, die den Westen aus einer völlig anderen Position kritisieren. Sie sehen den Westen, den sie häufig ebenfalls aus eigener Erfahrung von Studien oder Besuchen, aber vor allem aus den entsprechenden Veröffentlichungen auch der Säkularisten kennen, als eine dekadente und durch ihre Gottlosigkeit gekennzeichnete Zivilisation an, der sie einen gläubigen Orient gegenüberstellen. Die westliche Zivilisation wird wie bei den Säkularisten als aggressiv gegen den Islam gerichtet gesehen. Auch sie verwenden den Begriff der Authentizität, jedoch in einem spezifisch islamischen Sinn. Sie sehen einen Islam, der sich vor allem und ausschließlich auf den Koran und ihre eigene Interpretation des Heiligen Buches der Muslime stützt, als authentisch an. Für sie reicht eine einfache Vorstellung vom frühen Islam aus, um als Vorbild für ein wahrhaft islamischen Leben zu dienen. Es bleibt die Frage, was geschieht, wenn sich herausstellen sollte, dass diese Interpretation des Islams nicht ausreicht, um die aktuellen Probleme der islamischen Welt einer Lösung näher zu bringen. Das 21. Jahrhundert wird möglicherweise auf diese Frage eine Antwort geben.

Reformer und Radikale – die Reaktionen auf die Moderne

Es gehört heute zu den Reflexen der westlichen Öffentlichkeit, hinter jedem Attentat Vertreter des so genannten islamischen Fundamentalismus zu vermuten. Man ist in diesem Zusammenhang fast geneigt, den Schlusssatz aus dem Film ‚Casablanca': „Verhaften Sie die üblichen Verdächtigen", zu zitieren. Es sei nur daran erinnert, dass unter den Gruppen, die für das große Bombenattentat in Oklahoma-City verantwortlich sein sollten, auch islamische Fundamentalisten vermutet wurden. Dass die tatsächlichen Verantwortlichen aus einem gänzlich anderen ideologischen Hintergrund kamen, hat nicht dazu geführt, dass bei späteren Ereignissen dieser Art nicht wieder die gleichen Vermutungen angestellt wurden. Die Termini ‚Fundamentalismus' oder ‚Fundamentalisten' sind geradezu identisch mit jeder Form von radikalem Islam geworden. Der Begriff trifft in seinem ursprünglichen Sinn jedoch nur auf einen kleinen Teil der verschiedenen radikalen Strömungen des heutigen Islams zu. Bekanntlich stammt er aus einem traditionalistisch-christlichen Kontext der USA. Zu Beginn des 20. Jahrhunderts wandten sich hier konservative protestantische Christen verschiedener Observanz gegen jede Form von Schulunterricht, dem Evolutionstheorien zugrunde gelegt wurden. Für sie war die Schöpfungsgeschichte des Alten Testaments das einzige Fundament, auf dessen Basis die Existenz der Welt erklärt werden durfte. Konsequenterweise wurde der Begriff dann auch auf vergleichbare jüdische Gruppierungen angewandt. Seit dem Beginn der achtziger Jahre des 20. Jahrhunderts hat der Begriff eine geradezu inflatorische Verbreitung gefunden. So findet sich Papst Johannes Paul II. plötzlich unter den Fundamentalisten, aber auch ein Flügel der deutschen Grünen Partei. Bestimmte musikalische Auffassungen in der klassischen Musik oder eine besondere Dramaturgieauffassung werden mit dem Etikett ‚Fundamentalismus' versehen. Und selbst traditionellere Formen der Kochkunst werden als fundamentalistisch bezeichnet.[1] Für den Islam ist der Begriff schon deshalb unzutreffend, weil seine Vorstellungen von der Erschaffung der Erde nur in geringem Maße mit der Darstellung der Genesis übereinstimmen. Für Muslime ist der Schöpfungsprozess kein einmaliger Vorgang, durch den die Existenz der Welt begründet worden ist, sondern, wie es Tilman Nagel formuliert, „vielmehr ein jederzeit greifbares, in jedem Augenblick erfahrbares Geschehen". Es liegt nahe, dass im wörtlichen Sinne fundamentalistische Vorstellungen vor solch einem gedanklichen Hintergrund gar nicht entstehen können. Viele Muslime wehren sich daher gegen diese Bezeichnung. In vielen Fällen wird sie von Muslimen zur Bezeichnung von Trägern anderer, divergierender Auffassungen vom Islam benutzt. In der Regel sind es säkularisierte, liberale Anhänger des Islams, die ihre strengeren oder traditionelleren Glaubensbrüder auf diese Weise etikettieren. Der am ehesten passende Begriff für die Vorstellungen der radikalen Muslime ist der des Islamismus, der in einer ähnlichen Weise auch von Muslimen selbst verwendet wird.[2]

Wie in vielen anderen Fällen muss man sich jedoch hüten, den Begriff des Islamismus als einen allgemein gültigen Sammelbegriff für die verschiedensten Formen von radikalem Islam zu verwenden. Damit würde man sich den Weg zum Verständnis der Formen muslimischen Denkens verstellen, die von westlichen Vorstellungen mehr oder weniger weit entfernt sind, aber mit radikalen oder gewalttätigen Formen dieser Religionsäußerung kaum etwas zu tun haben. Auch hier tut Differenzierung not. Die im Anschluss dargestellten Vorstellungen und Theorien mehr oder weniger radikaler islamischer Reformer können nur einen Ausschnitt aus der vielfältigen Landschaft modernen radikal-islamischen Denkens bieten. Auch die Auswahl der Denker ist durchaus nicht vollständig. Sie ist getroffen worden unter dem Ge-

---

[1] Zur Entstehung des Fundamentalismusbegriffs vgl. Christian J. Jäggi / David J. Krieger: Fundamentalimus. Ein Phänomen der Gegenwart, Zürich/Wiesbaden 1991; Alfred Schmidt: Das Phänomen des Fundamentalimus in Geschichte und Gegenwart, in: Klaus Kienzler (Hg.): Der neue Fundamentalismus. Rettung oder Gefahr für Gesellschaft und Religion?, Düsseldorf 1990.

[2] Die arabische Eigenbezeichnung von Vertretern dieser Haltung ist: Islamiyun. Von ihnen, aber auch von ihnen gegenüber kritisch eingestellten Muslimen wird die Bezeichnung ‚Usuliyun' (vom Arabischen Asl = Wurzel) verwendet, die als Herabsetzung des Islams und der Muslime angesehen wird.

sichtspunkt einer mehr oder weniger erkennbaren Wirkung dieser Gedanken auf die politische Praxis von oppositionellen Gruppen oder von Staatsführungen in islamischen Staaten.

Islamische Reformer

Die Auseinandersetzungen des Islams mit dem Westen, der seit der Expedition Napoleons nach Ägypten von 1798 ein zentrales Moment seiner Existenz geworden ist, hat verschiedene Reaktionen unter den Muslimen hervorgerufen. Lange Zeit stellte auch nach dem Rückzug der Franzosen aus Ägypten als eine der typischen Reaktionen das weitgehende Ignorieren des Westens dar. In einer liebevollen Beschreibung seines Vaters charakterisiert der ägyptische Literat Ahmad Amin (1886–1954) seinen Vater, der zu dieser auch in der städtischen Mittelschicht weit verbreiteten Gruppe von Menschen zählte, wie folgt: „Damit endete ein ereignisreiches, hartes Leben, angefüllt mit dauernder Arbeit und der ständigen Bemühung darum, sich neues Wissen zu erwerben und den Lebensunterhalt zu verdienen ... Er war außerordentlich religiös, betete häufig und las immer wieder den Koran und die Prophetentraditionen. Er zahlte sein Pflichtalmosen und verteilte es unter seine armen Verwandten. Er fastete und vollzog die Pilgerfahrt. Er verbrachte die Nächte im Wachen und richtete flehende Gebete an Gott. Wenn er eine Sünde begangen hatte oder was er dafür hielt, war er voller Gewissensbisse und erhoffte Vergebung. Er lehnte jede Bemühung ab, mehr Geld zu verdienen, als seine Familie brauchte, und eine kleine Summe für die Wechselfälle des Lebens. Oft erwähnte er den Tod und zitierte Prophetenaussprüche über die Nichtigkeit der Welt und ihre Unerheblichkeit im Vergleich zu Gott ... Die Welt, die er erkannte, war seine Azhar-Universität, seine Moschee, seine Bücher und die Menschen in seiner Nachbarschaft, mit denen er Kontakt hatte. Was Politik anging, die Besetzung des Landes (durch die Engländer), wirtschaftliche Angelegenheiten oder das gesellschaftliche Leben über die Nachbarschaft hinaus, so kannte er davon nichts. Er las keine Tageszeitungen, es sei denn, dass sie ihm zufällig in die Hände gerieten. Nur selten traf er mit Menschen zusammen, die über öffentliche Angelegenheiten redeten."[3] Vergleichbare Beschreibungen

---

[3] Ahmad Amin: My Life. Transl. by J. Boullata, Leiden 1978.

könnte man auch aus dem Iran oder dem kolonialen Indien erhalten. Diese Haltung der Ignorierung all dessen, was über den engeren Bereich des täglichen Lebens hinausging, und einer starken Religiosität fand sich in noch stärkerem Maße auf dem Land, wobei die intellektuellen Fähigkeiten natürlich weit weniger ausgebildet waren als in den Städten. Auch heute noch ist diese Haltung in weit verbreiteten Kreisen islamischer Gesellschaften festzustellen.

Eine andere mögliche Reaktion auf den Einbruch des Westens in die traditionelle islamische Welt stellt die Haltung von Rifa'a al-Tahtawi (1801–1873) dar, der aus seiner Begeisterung für Frankreich keinen Hehl machte. Er war der geistliche Begleiter der ersten ägyptischen Studentenmission in Frankreich im Jahre 1826. Über seine Erfahrungen in der französischen Hauptstadt schrieb er einen ausführlichen Bericht, in dem es u. a. heißt: „Das erwähnte Buch, in welchem dieser Kodex niedergelegt ist, heißt ‚Charte'. Das Wort bedeutet im Lateinischen ‚ein Blatt Papier', später wurde es dann im weiteren Sinne auf das Dokument übertragen, in dem die genauen Gesetzesbestimmungen niedergelegt sind. Wir wollen dieses Dokument für den Leser anführen, wiewohl viel von seinem Inhalt weder im Buche Gottes noch in der Sunna Seines Propheten – über ihn Segen und Heil! – zu finden ist, damit er erkenne, in welcher Weise ihre Vernunft entschied. Daß Gerechtigkeit und Billigkeit Gründe für die Blüte eines Landes sind, und wie sich wohl Herrscher wie Untertanen von dieser Erkenntnis leiten ließen, so daß ihr Land aufblühte, ihr Bildungsstand sich erhöhte, ihr Reichtum immer mehr anwuchs und allgemeine Zufriedenheit zu herrschen begann. Denn man wird nicht einen unter ihnen über ein Unrecht klagen hören. Gerechtigkeit ist die Grundlage zivilisatorischer Blüte."[4]

Diese Haltung war nicht allgemein verbreitet, wenngleich sie von einer großen Zahl von muslimischen Intellektuellen geteilt wurde. Auch heute finden sich noch zahlreiche Muslime in aller Welt, die in einer sehr unkritischen Haltung auf den Westen als eine vorbildliche Zivilisation schauen. Wie noch zu zeigen sein wird, war die Verwest-

[4] Rifa'a al-Tahtawi: Ein Muslim entdeckt Europa. Die Reise eines Ägypters im 19. Jahrhundert nach Paris, hg. von Karl Stowasser, Leipzig 1988; ein anderes Beispiel der Konfrontation mit der westlichen Zivilisation ist: Disorienting Encounters. Travels of a Moroccan Scholar in France 1845–1846. The Voyage of Muhammad as-Safar, translated and edited by S. G. Miller, Berkeley 1992.

lichung, wie es in islamistischen Texten heißt, aber vor allem auf eine besondere politisch-ideologische Weise üblich. Große Teile der islamischen Welt übernahmen säkulare Ideologien wie die verschiedenen Spielarten des Sozialismus oder nationalistische Vorstellungen, die sich zwar gegen den direkten politischen und ökonomischen Einfluss westlicher Staaten richteten, in ihrer Herkunft aber westlichen Ursprungs waren. Die Kritik, die von den Anhängern dieser Kräfte an westlichen Gesellschaften geübt wurde, waren im Westen auf Grund der ‚gemeinsamen Sprache' allgemein verständlich, wenn sie auch nicht allgemein akzeptiert wurden.

In der Mitte des 19. Jahrhunderts kam ein junger islamischer Rechtsgelehrter, der sich Djamal al-Din al-Afghani (1839–1897) nannte, in die britische Kolonie Indien. Über seine tatsächliche Herkunft wissen wir nur sehr wenig. al-Afghani hat es stets vorgezogen, seine Umgebung, Freunde wie Feinde, über seine Herkunft, seine religiöse Zuordnung und seine Jugend im Unklaren zu lassen. Grund dafür mag gewesen sein, dass er seine schiitische Herkunft verbergen wollte, um sich gegenüber seinen sunnitischen Zuhörern nicht mit entsprechenden Vorurteilen zu belasten. Genauso kann die Ursache für diese Camouflage gewesen sein, dass seine Thesen von den Verwaltungsbehörden der Kolonialmächte mit kritischen Augen und nicht selten auch mit polizeilichen Mitteln verfolgt wurden. Auch unter den muslimischen Eliten seiner Zeit hatte er seine Feinde. Wie dem auch sei, al-Afghani traf in Indien auf eine politische Situation, die für ihn als bewussten Muslim inakzeptabel war. Indien hatte unter der Herrschaft der Moghul-Kaiser gestanden, einer islamischen Dynastie. Damit war das Land als Teil der islamischen Welt, der dar al-Islam, anzusehen. Die Bewohner eines islamischen Staates standen unter dem Gesetz des islamischen Rechts, gleichgültig ob es sich um Muslime oder um Nicht-Muslime handelte. So lange islamisches Recht galt, musste dies von einer muslimischen Herrschaft durchgesetzt werden. al-Afghani musste aber feststellen, dass islamisches Recht zwar teilweise angewandt wurde, andererseits die politische Macht aber von der britischen Kolonialmacht, also von Nicht-Muslimen, ausgeübt wurde. Diese Tatsache schockierte ihn ganz erheblich; sah er sich doch in der Grundannahme aller Muslime erschüttert, dass Gott sich eben diesen in einer letzten Offenbarung an die Menschen zugewandt habe. Er sah die zweifelsfreie politische Schwäche der islamischen Welt als eine

Konsequenz der Tatsache, dass sich die Muslime mehr und mehr von den Geboten Gottes entfernt hätten. Dies galt seiner Ansicht nach für den religiös-theologischen Bereich in gleicher Weise wie für den politischen. Scharf kritisierte er daher die politische Zersplitterung der islamischen Welt in eine Vielzahl von Staaten, die sich darüber hinaus nicht selten gegenseitig bekämpften. Natürlich sah al-Afghani die Überlegenheit der europäischen Mächte im technologischen und naturwissenschaftlichen Bereich, die zu ihrer politisch-militärischen Überlegenheit entscheidend beigetragen hatte. Dabei interessierte ihn weniger, auf welche Weise und aus welchen Gründen es zu dieser westlichen Überlegenheit gekommen war. Viel wichtiger war die Beantwortung der Frage, auf welche Weise diese überlegenen Technologien von den Muslimen möglichst rasch erlernt werden könnten. al-Afghani sah als eine der Ursachen für die Schwäche der Muslime deren geistige Degeneration an. Als Basis des religiösen Selbstverständnisses der Muslime betrachtete er den Koran.

Selbstkritisch musste er feststellen, dass die göttliche Offenbarung im Laufe der Jahrhunderte von den Muslimen mehr und mehr zugunsten von deren Kommentierung in den Hintergrund des Interesses der muslimischen Gelehrten gestellt worden war. Die Beschäftigung mit dem Heiligen Wort war mehr und mehr zu einem scholastischen Selbstzweck geworden. Die zahllosen Korankommentare, Subkommentare, Zusammenfassungen dieser Kommentare und die schier endlosen Auseinandersetzungen der Gelehrten um Quisquilien hatten die eigentliche Grundlage des Islams, eben den Koran, seine eigentliche Bedeutung verlieren lassen. Darüber hinaus hatte der traditionelle islamische Wissenschaftsbetrieb kaum etwas mit dem tatsächlichen Leben der Muslime zu tun. al-Afghani forderte zunächst und vor allem eine Rückbesinnung auf die Fundamente des Islams. In einem seiner wenigen Werke schrieb er: „Die erste Säule, auf der der Islam ruht, ist, dass die Vorstellung der göttlichen Einheit den menschlichen Geist in Flammen setzt und ihn von der Schwäche der Illusion reinigt. Zu den wichtigsten Grundlagen des Islams gehört der Glaube, dass Gott einzigartig gegenüber allen Lebewesen ist, allein in der Schöpfung von Wesen, die handeln, und Wesen, auf die Handlungen ausgeübt werden, und dass es eine Pflicht ist, alle Vorstellungen beiseite zu legen, dass Menschen oder leblose höhere oder niedere Körper irgendeinen guten oder schlechten Einfluss auf die Schöpfung haben könnten. Es ist notwendig, die Vorstellung beiseite zu legen, dass Gott jemals in menschlicher Gestalt oder der eines anderen Lebewesens erschienen ist, um Gutes oder Böses zu tun, oder dass diese heilige Wesenheit die äußersten Schmerzen (des Todes) oder in bestimmten Phasen Schmerzen der Krankheit erlitten hätte zum Nutzen irgendwelcher Geschöpfe." al-Afghani empfahl, den Koran unter dem Eindruck der westlichen Entdeckungen und neuen Technologien neu zu lesen und sich nicht hinter alten Kommentaren zu verkriechen. Dies war aber nicht der einzige Kritikpunkt, den al-Afghani vortrug. In aller Schärfe ging er auch mit den verschiedenen Formen der islamischen Volksreligion zu Gericht. Dabei kritisierte er in gleicher Weise Heiligenverehrung wie Gräberkult und fand sich dadurch in einer Position, die von radikalen Muslimen auf der arabischen Halbinsel, den Wahhabiten, schon früher vorgetragen worden war. Für al-Afghani stand bei seiner Kritik an der traditionellen islamischen Scholastik wie an der Volksreligion im Vordergrund, dass durch beide Phänomene die Einheit der islamischen Welt geschwächt würde. Die verschiedenen, sich nicht selten widersprechenden Korankommentare schwächten den Islam in seiner Einheit, und der Volksislam unterschied sich von Land zu Land, Region zu Region, ja von Dorf zu Dorf. Die Einheit des Islams ging darüber verloren. Ein wichtiger Aspekt war für ihn auch die Tatsache der Spaltung des Islams in zwei Konfessionen, Sunniten und Schiiten. Er war zwar nicht der erste muslimische Denker der Neuzeit, der auf diesen Umstand und seine Konsequenzen für die islamische Welt aufmerksam gemacht hatte, doch er verfolgte das Ziel einer Vereinigung der beiden Konfessionen mit besonderer Hartnäckigkeit. Die Konsequenz, mit der al-Afghani das Motiv der Einheit des Islams verfolgte, machte auch vor vergleichsweise weniger wichtigen Momenten nicht halt. So beklagte er in lebhaften Worten, dass in den verschiedenen Ländern der islamischen Welt keine einheitliche Sprache gesprochen werde. Daher hielt er es für einen großen Fehler der Osmanen, dass sie Arabisch nicht zur einzigen Amtssprache in ihrem Reich gemacht hatten. Bemerkenswert an dieser Einstellung ist, dass mit Sprache eher ein kulturelles als ein religiöses Phänomen thematisiert wird. Dahinter steht al-Afghanis Auffassung, dass die Bestimmung des Menschen nicht ausschließlich die Verehrung Gottes ist, sondern auch die Bemühung um den Aufbau einer blühenden Zivilisation, die allen Menschen zum Nutzen dienen solle.

Diese Einstellung und manche andere Äußerungen führten dazu, dass manche Muslime, aber auch einige westliche Beobachter al-Afghani für einen Agnostiker hielten. Eine solche Einschätzung mag aber auch Teil der Polemik gewesen sein, denen sich al-Afghani wegen seiner Kritik an den traditionellen Formen islamischen Geisteslebens gegenüber gesehen hat. al-Afghani war fest davon überzeugt, dass die islamische Welt in der Lage sein würde, sich gegen die Aggressionen der westlichen Kolonialmächte zur Wehr zu setzen, wenn nur die geistige wie die politische Einheit wiederhergestellt worden sei. Die unter dem Namen ‚Panislamismus' oder ‚panislamische Bewegung' in die Literatur eingegangenen Ideen von al-Afghani führten in den politischen und militärischen Zentralen der europäischen Mächte zu beträchtlicher und lange andauernder Unruhe. In seiner Wirkung auf die damalige westliche Öffentlichkeit ist der Begriff ‚Panislamismus' durchaus mit dem aktuellen Begriff des ‚Fundamentalismus' vergleichbar. Selbst noch Mitte der fünfziger Jahre des 20. Jahrhunderts gehörte zu den Punkten, zu denen sich französische Kolonialbeamte in den französischen Kolonien Westafrikas zu äußern hatten, die Frage nach der Virulenz panislamischer Vorstellungen.[5]

al-Afghani hat nur wenige schriftliche Zeugnisse hinterlassen. Die ruhige Gelehrtenarbeit war seine Sache nicht. Aber er war ein begnadeter Agitator, der durch die islamische Welt ‚irrlichterte', wie ein westlicher Beobachter formulierte. Zwischen Indien und Marokko war er unterwegs, warb erfolgreich für seine Vorstellungen und fand überall Helfer, die seine Gedanken weitertrugen, sie aber auch fortentwickelten und auf jeweils neue Gegebenheiten bezogen. Zu ihnen gehörten der ägyptische Rechtsgelehrte Muhammad Abduh (1849–1905) und der syrische Publizist Raschid Rida (1865–1935), die zu den wichtigsten Gestalten der panislamischen Bewegung gehörten.

Im Gegensatz zu al-Afghani war Muhammad Abduh ein fruchtbarer Autor, der sich mit der Feder gegen westliche Angriffe auf den Islam wehrte, in der gleichen Weise aber auch versuchte, seine Religion in die Lage zu versetzen, in einer modernen Welt ihrer Aufgabe nachzugehen. Dabei unterschied er zunächst zwischen den zentralen, unwandelbaren Bereichen der Religion und solchen, die von zeit-

---

5 Albert Hourani: Arabic Thought in the Liberal Age, 1798–1939, Oxford 1960, S. 103–129.

lichen und lokalen Bedingungen und historischen Entwicklungen abhängig waren. Diese Unterscheidung kann als die dauerhafteste und wirkungsvollste Vorstellung Muhammad Abduhs bezeichnet werden. Abduh war der Meinung, dass der Islam eine einfache dogmatische Struktur habe, von der ebenso selbstverständliche ethische Normen abzuleiten seien. Der Islam wurde von ihm als eine sehr vernunftbezogene Religion angesehen. Er gründe in gleicher Weise auf Offenbarung wie auf Vernunft. Zwischen diesen beiden Grundlagen bestehe aber kein Gegensatz. Er sah es als möglich an, mit Hilfe des Verstandes zur Gotteserkenntnis zu gelangen und zumindest einige der göttlichen Eigenschaften wie Macht, Schöpferkraft oder Willen zu erkennen. Mit Hilfe der Vernunft sei auch zu erkennen, dass es ein Leben nach dem Tod geben werde und dass die Art dieses Lebens mit den Handlungen des Menschen in Zusammenhang stehe. Abduh war ferner der Meinung, dass die Existenz von Offenbarung durch Propheten sich aus der Vernunft ergebe. Es sei nun allerdings nicht zu leugnen, dass bei manchen Menschen die Verstandeskräfte nur unvollkommen ausgebildet wären, so dass ihnen manche theoretisch durch die Vernunft zugänglichen Dinge dennoch verborgen blieben. Für sie habe sich Gott in seiner Güte in der Form von Offenbarungen an die Menschheit gewendet. Die Offenbarung aber sei darüber hinaus notwendig, damit die Menschen die Dinge erkennen könnten, die ihnen allein durch die Vernunft verborgen bleiben würden. Zu diesen gehörten weitere göttliche Eigenschaften, die Art und Weise des Lebens nach dem Tod, die Vorstellung von einem Jüngsten Gericht, aber auch besondere Formen der Gottesverehrung. Nach Abduhs Ansicht bedürften die Menschen einer Hilfestellung, um die richtigen Formen des Verhaltens gegenüber Gott und den Menschen zu erkennen. Diese Hilfe könne aber nur von einem Menschen kommen, weil nur durch diesen und nicht etwa durch andere Wesen eine Verständigung möglich sei. Für Abduh bestand kein Zweifel, dass der Prophet Muhammad solch eine Person gewesen ist. Zur Begründung führt er drei Argumente an. Zunächst ist das die Tatsache, dass Muhammad sich selbst als Prophet bezeichnet habe, weiter die Feststellung, dass die Botschaft des Propheten sich weit verbreitet hat und von vielen Menschen angenommen worden ist und schließlich der Wundercharakter des Korans, dessen wunderbare Sprache und Tiefe seiner Gedanken außerirdisch seien. Nach Abduhs

Auffassung müsse die Offenbarung Gottes an die Menschheit auch einmal zu einem Ende kommen, wenn allen Menschen die Gelegenheit geboten worden wäre, diese kennen zu lernen und zu verstehen. Es zeige sich, dass der Koran in der Lage sei, alle Bedürfnisse, die sich aus der menschlichen Natur ergäben, und alle Fragen, die aus den Wechselfällen des menschlichen Lebens resultierten, zu befriedigen. Damit sei das Ende der Offenbarung mit dem Prophetentum Muhammads gekommen und weitere Botschaften Gottes an die Menschheit nicht notwendig.

Die Basis jeder menschlichen Gesellschaft sollte die göttliche Offenbarung sein. Nach Abduh ist die Gesellschaft ein System, das von gegenseitigen Rechten und Pflichten und der gegenseitigen Anerkennung der Rechte des anderen zusammengehalten wird. Wie einige strenge islamische Gelehrte des Mittelalters, vor allem Ibn Taimiyya unterschied Abduh zwischen verpflichtenden Handlungen des Menschen gegenüber Gott (arabisch: 'ibadat) und Handlungen gegenüber den Menschen (arabisch: mu 'amalat). Abduh stellte fest, dass der Koran präzise Angaben über die Formen der Gottesverehrung mache, während er im Bezug auf das Verhalten gegenüber den Mitmenschen lediglich allgemeine Grundsätze formuliere.[6]

Die besondere Bedeutung, die Muhammad Abduh, wie nach ihm auch zahlreiche andere islamische Denker, der Vernunft zumisst, hängt nicht zuletzt mit Kontroversen zusammen, in denen, z.B. von dem französischen Philosophen Ernest Renan, dem Islam Irrationalität und Intoleranz vorgeworfen wurde. Dem Christentum hatten sie dagegen eine freundlichere Haltung gegenüber den Wissenschaften und der Philosophie zugesprochen. Dies sah Abduh völlig anders. Aus seiner Sicht sei das Christentum intolerant, vernunftfeindlich und jeder Form von wissenschaftlicher Untersuchung gegenüber ablehnend eingestellt. Der erstaunliche Aufschwung, den Europa in wissenschaftlicher und technischer Hinsicht genommen habe, sei gerade gegen den Widerstand des Christentums erreicht worden. Die europäischen Forscher hätten ja gerade das Christentum abgelehnt und an seiner Stelle das Prinzip des Materialismus zu ihrer Richt-

---

[6] Albert Hourani (wie Anm. 5), S. 130–160; s. a. Elie Kedourie: Afghani and Abduh. An Essay on religious unbelief and political acticism in Modern Islam, London 1966.

schnur genommen.[7] Ziel seiner Argumentation gegen das Christentum ist es für Muhammad Abduh, die technischen und naturwissenschaftlichen Entdeckungen und Möglichkeiten der westlichen Moderne für die islamische Welt akzeptabel zu machen. Wenn diese Moderne nicht christlichen Ursprungs ist und ausschließlich als ein Ergebnis der menschlichen Vernunft anzusehen ist, dann ist sie von den Muslimen zu akzeptieren; denn nach Abduhs Auffassung ist Vernunft ein zentrales Moment islamischen Lebens. Daher wandte er sich auch in aller Schärfe gegen die weit verbreiteten Formen islamischer Volksfrömmigkeit, die in enger Verbindung mit popularisierten Formen der islamischen Mystik standen. Dabei muss man davon ausgehen, dass auch noch in der ersten Hälfte des 20. Jahrhunderts die überwiegende Mehrzahl der Muslime in der Welt mehr oder weniger intensiv mit einer oder mehreren der zahlreichen mystischen islamischen Ordensgemeinschaften verbunden waren, die das religiöse Leben in der Praxis weitgehend bestimmten. Die Rituale dieser Gemeinschaften waren für die Teilnehmer häufig durch hoch emotionale Erfahrungen und Ekstasezustände gekennzeichnet, gegen die sich islamische Reformer immer wieder zur Wehr gesetzt hatten.

Muhammad Abduh setzte seine Begeisterung für moderne Technologien auch in seinen religiösen Schriften um. Dies gelang ihm besonders leicht in seinem Korankommentar, den er in Fortsetzungen in der Zeitschrift ‚al-Manar' (Der Leuchtturm) veröffentlichte. Für seine Form der Argumentation sei hier ein Beispiel angeführt: An verschiedenen Stellen des Korans ist von Djinnen die Rede. Dabei handelt es sich um Wesen aus Feuer, die für Menschen in der Regel nicht sichtbar sind. Sie spielen auch noch heute im Volksglauben und in den magischen Vorstellungen vieler Muslime eine wichtige Rolle. Da diese Wesen nicht zu sehen sind, kann ein unvorsichtiger Mensch sie leicht verärgern; sei es, dass er sie durch das Ausschütten von Wasser oder durch das Fortwerfen von Abfall stört. Auch nach frühislamischer Vorstellung rächen sich die Djinnen für solche Belästigungen. Dies kann geschehen, indem sie u. a. bei Menschen Krankheiten verursachen. Muhammad Abduh interpretierte nun diese Djinnen als Krankheitserreger in einem modernen medizinischen Sinn. Für ihn war eine solche

---

[7] Anke von Kügelgen: Avveroes und die arabische Moderne. Ansätze zu einer Neubegründung des Rationalismus im Islam, Leiden 1994, S. 77–98.

Lesung des Korans ein Beleg für seine Ansicht, dass der Koran für alle Bereiche des menschlichen Lebens Erklärungen bereit halte. Es sei lediglich die Aufgabe des Muslims, sich der Lektüre des Korans in einer aufgeschlossenen Weise zu widmen.[8] Wie al-Afghani hatte sich auch Abduh gegen den Vorwurf der Agnostik oder zumindest der Heterodoxie zu wehren, der aber ebenfalls im Zusammenhang mit Eifersüchteleien zwischen Gelehrten gesehen werden muss.

In der westlichen Literatur wurden al-Afghani, Abduh und ihre Anhänger häufig als Modernisten bezeichnet. Diese Kategorisierung beruhte einerseits auf der unscharfen Gleichsetzung der Begriffe ‚Reform' mit ‚Moderne', andererseits aber auch und besonders auf der Betonung der Formen der Koraninterpretation, die das Heilige Buch als Quelle wissenschaftlicher und technologischer Erkenntnisse verstanden wissen wollte. Westliche Islamwissenschaftler hat diese Form der Auseinandersetzung mit dem Koran besonders fasziniert; sie haben sie daher mit besonderem Interesse verfolgt und ihr eine möglicherweise größere Bedeutung beigemessen, als ihnen im Zusammenhang der islamischen Modernisierungsdiskussionen zunächst tatsächlich zukam. Bedeutsam für die weitere Geschichte des Islams im 20. Jahrhundert waren diese Reformer, weil sie die ersten waren, die sich intensiv mit dem Westen auseinander setzten. In ihren Vorstellungen finden sich die grundlegenden Fragestellungen und Haltungen, aber auch die Fehleinschätzungen und gedanklichen Verkürzungen, die in der Folge alle muslimischen Denker beschäftigt haben: die Rückbesinnung auf den Koran und das Vorbild des Propheten bei einer partiellen Ablehnung der religionsgeschichtlichen Tradition, die Ablehnung von volksreligiösen Praktiken und der Verbreitungen und Betonung von mystischen Erfahrungen bei einer Missachtung der emotionalen Bedürfnisse von Gläubigen, die durch die Religion befriedigt werden können, wie das Interesse an naturwissenschaftlichen Erkenntnissen und technischen Gegebenheiten, ohne die daraus resultierenden Entwicklungen und Veränderungen im ethischen oder sozialen Bereich.

---

[8] Ignaz Goldziher: Die Richtungen der islamischen Koranauslegung, Leiden 1970, S. 310-370.

Radikal-militante Muslime

Die Anwendung von Zwang zur Durchsetzung bestimmter religiöser Vorstellungen wird von einer Mehrzahl von Muslimen abgelehnt. Dabei beziehen sie sich auf einen Satz des Korans, in dem es heißt: „Es gibt keinen Zwang in der Religion." Die islamische Religionsgeschichte hat jedoch immer wieder Phasen erlebt, in denen radikale Vertreter einer bestimmten religiösen Vorstellung versuchten, ihrer Umwelt ihre Lehren mit Gewalt aufzuzwingen. Dabei suchten sie entweder die Hilfe des islamischen Staates oder sie bemühten sich, selbst die staatliche Macht in die Hände zu bekommen, um dann ihre Vorstellungen durchzusetzen. Für das 20. Jahrhundert lassen sich auf regionaler, nationaler und auf gesamtislamischer Ebene eine Vielzahl von Organisationen finden, die durch ihr Erscheinen und ihre Aktivitäten zumindest zeitweise als radikal angesehen wurden. Die insgesamt erfolgreichste und einflussreichste Gruppierung dieser Art ist die der Ikhwan al-Muslimin (Muslimbrüder). Sie wurde von dem ägyptischen Lehrer Hasan al-Banna (1906–1949) im Jahr 1928 gegründet. Die ideologischen Vorstellungen dieser Gruppierung sind in vielem mit den Lehren Muhammad Abduhs verwandt. Auch für sie ist der Islam die Religion der Vernunft. Sie sehen es aber auch als ihre Aufgabe an, durch persönliches und gemeinschaftliches Handeln eine Gesellschaft zu schaffen, in der das islamische Recht sich verwirklicht und in der auf dessen Grundlage allgemeine Gerechtigkeit herrscht. Gut zehn Jahre nach der Gründung der Gemeinschaft formulierten die Ikhwan al-Muslimin ihre Ideologie. Sie stellten fest, dass der Islam dem Menschen ein vollkommenes System für alle Lebenssituationen biete. Dieser Islam beruht auf den geoffenbarten Aussagen des Korans und den Weisheiten der Prophetentraditionen. Dieser Islam ist für alle Zeiten und an allen Orten gültig. Die Ikhwan al-Muslimin sprachen in diesem Zusammenhang von einer islamischen Ordnung (nizam islami). Hier findet sich dann auch der Unterschied zu Muhammad Abduh. Für diesen bestand eine ausreichende Übereinstimmung zwischen den Werten eines aufgeklärten Europas und des Islams als einer vernünftigen Religion, um zu einem gegenseitigen Austausch von kulturellen Gütern und Meinungen zu gelangen. Für die Ikhwan al-Muslimin ist Europa dagegen ein abschreckendes Beispiel für „gewinnsüchtigen Materialismus, militanten Fanatismus, verrottete Moral und Imperialismus". Gerade der letzte Begriff macht deutlich, dass der Islam der Muslimbrüder einen konkreten politischen Feind hatte, den westlichen Imperialismus. Gegen die britische und die französische Kolonialverwaltung und ihre einheimischen Kollaborateure unternahmen Mitglieder der Ihkwan al-Muslimin unterschiedlichste, auch gewalttätige Aktionen. Sie können also durchaus auch in den Kontext des anti-kolonialen Freiheitskampfes der Völker der Dritten Welt eingeordnet werden. Natürlich lehnten sie, und da unterscheiden sie sich von anderen anti-imperialistischen Organisationen, aber auch die sozialistischen und kommunistischen Ideologien ab, weil sie deren atheistische Grundhaltung nicht akzeptieren konnten. So wird denn der Islam schon in der konstituierenden Phase der Muslimbrüder eine Art ‚dritter Weg', der durchaus auch als Möglichkeit für nicht-islamische Staaten der ‚Dritten Welt' betrachtet wird. Das Motto „Weder Osten noch Westen", das die Muslimbrüder als erste formulierten, wurde zum Slogan muslimischer Radikaler in der gesamten islamischen Welt. Dass sich die Muslimbrüder dennoch in der Defensive fühlten, wird aus der Tatsache deutlich, dass sie ihre Haltung glaubten verteidigen zu müssen. So sagen sie, dass die so genannten Sozialistischen Länder ihre Ideologie hätten, der Westen die Ideologie der Demokratie und dass es daher das Recht der Muslime sei, ihre eigene Ideologie des ‚Islamismus' zu haben. So wie westliche oder sozialistische Bemühungen, ihre Ideologien zu exportieren, abgelehnt werden, konzentriert man sich bei der Verbreitung des ‚Islamismus' auf die islamische Welt und entwickelt keine Konzepte, die seine Propagierung z.B. in Westeuropa oder den USA zum Ziel haben. Dies muss insofern erstaunen, als der Islam als das beste System betrachtet wird, weil er die geistigen und die materiellen Elemente des Lebens vereine. Der Islam ist nach dieser Auffassung mehr als die Religionen Europas, also das Christentum, das als eine Sammlung von Glaubenssätzen über das Jenseits und einige Riten angesehen wird. Islam umfasst für die Muslimbrüder Religion und Welt. Die ‚islamische Ordnung' (nizam islami) als die Basis muslimischer Existenz nach der Auffassung der Muslimbrüder kann in vier Artikel zusammengefasst werden:

1. Die Glaubensüberzeugung (ʿaqida) ist die Grundlage der ‚islamischen Ordnung'. Zu ihr gehört die Überzeugung von der Existenz Gottes als des Schöpfers alles Seienden, von der Bindung zwischen

Gott, Sein und Menschen, von einem diesseitigen wie jenseitigen Leben und von der Prophetie.

2. Die 'Ibada als rituelle Pflicht gegenüber Gott stellt die ständige Bewusstwerdung der Glaubensüberzeugung dar. Den Muslimbrüdern geht es in diesem Zusammenhang, der im Übrigen ein gerne behandeltes Thema des islamischen Rechts darstellt, vor allem um die gesellschaftlichen Implikationen der rituellen Pflichten. So sagt der Führer der syrischen Muslimbrüder, Mustafa al-Siba'i: „Die 'Ibadat im Islam beruhen auf dem Gedanken der gesellschaftlichen Zusammenarbeit unter den Gläubigen und den Menschen im Allgemeinen." Die sozialen Aspekte der Glaubenspflicht des Almosens liegen auf der Hand. Gleiches kann vom Gemeinschaftsgebet der Muslime am Freitagmittag gesagt werden. Das Fasten im Monat Ramadan wird als „praktische sozialistische Erziehung" verstanden. Viele Muslimbrüder sehen das Fasten auch als eine Gelegenheit, mit den Hungernden in der Welt ganz konkrete Solidarität zu üben.
3. Ein weiterer Aspekt der ‚islamischen Ordnung' ist aus der Sicht der Muslimbrüder die ethische Ordnung. In der Bedeutung dieses Themas sind sie sich mit anderen islamischen, aber auch säkularen Reformern einig. Dabei geht es um die Regeln, nach denen Menschen als Muslime, aber auch Nicht-Muslime zusammenleben sollten. Dabei geht es zunächst nicht um eine Auseinandersetzung mit ethischen Regeln, die aus dem Westen stammen, sondern um die Frage, wie die traditionellen, gewohnheitsrechtlichen Praktiken, wie sie auf dem Lande und in den traditionellen Wohnquartieren der islamischen Städte praktiziert werden, mit den islamischen Moralvorstellungen in Einklang gebracht werden können. Die Muslimbrüder bemühen sich, soziale Probleme als moralische Probleme aufzufassen. Damit können sie die religiösen Pflichten ('Ibadat) als gesellschaftliche Praxis betrachten. Gerade in diesem Bereich haben die Muslimbrüder sich ohne Zweifel große gesellschaftliche Verdienste erworben. Sie haben die unterschiedlichsten sozialen Einrichtungen etabliert, angefangen von Kindertagesstätten bis hin zu Krankenhäusern und Rettungsorganisationen, die in der Regel effektiver arbeiten als parallele staatliche Einrichtungen.
4. Einen letzten Aspekt der ‚islamischen Ordnung' macht die Gesetzgebung als Grundlage der gesellschaftlichen Ordnung vor allem in den Bereichen Familie, Wirtschaft und Staat und seine Straford-

nung aus, „um die Durchführung dieser moralischen und gesetzlichen Ordnung gemeinsam zu gewährleisten". Bei einem der Theoretiker der Muslimbrüder heißt es dazu: „Es ist bekannt, dass der Islam sich nicht auf die Glaubensüberzeugung beschränkt, die er zu glauben auffordert, und die Riten der 'Ibada, deren Verrichtung er befiehlt, und die Grundlagen des Verhaltens und der Moral, zu denen er verpflichtet, sondern er geht darüber hinaus und errichtet auf all diesem ein vollkommenes gesellschaftliches Gebäude, dessen Grundlage, dessen allgemeines Gerüst, dessen große Linien und allgemeine Orientierungen er den Menschen anbietet, manchmal auch dessen Details."

Im Zusammenhang mit der islamischen Gesetzgebung ergeben sich dann auch die größten Probleme für die Theoretiker der Muslimbrüder. Bei der Scharia, dem islamischen Recht, handelt es sich ja nicht um ein westlichen Rechtssystemen vergleichbares Korpus von festgelegten Regeln zu allen vorstellbaren Einzelfällen, sondern um eine Methode, nach der rechtliche Fragen und Konflikte gelöst und beantwortet werden können. Scharia ist in erster Linie also eine Methode der Rechtsschöpfung und nur in einigen Fällen mit konkreten Entscheidungsanweisungen verbunden. Daher ist es nicht ausgeschlossen, dass verschiedene muslimische Rechtsgelehrte in ein und derselben Frage zu unterschiedlichen Auffassungen gelangen, und damit verbunden zu differierenden Handlungsanweisungen für die Gläubigen. Die Muslimbrüder und ihre Nachfolger unter den radikalen Muslimen verstehen unter Scharia allerdings ein geschlossenes Rechtssystem, durch dessen Anwendung eine gerechte und Gott gefällige Gesellschaft entstehen könnte. Man muss davon ausgehen, dass auch innerhalb der Gruppe der radikalen Muslime die Frage, was Scharia ist und was zu ihren Regeln gehört, umstritten ist. Einig ist man sich darin, dass Zweck der Scharia der Schutz der Religion, des Lebens, des Verstandes, des Besitzes und der Nachkommenschaft sei. Überraschend ist, dass für die Ikhwan al-Muslimin das oberste Prinzip auch der Scharia Fortschritt und das Allgemeinwohl sein sollte. Nach dieser Auffassung bezweckt der Islam das Wohl (maslaha) des Einzelnen innerhalb des Allgemeinwohls. ‚Maslaha' gehört zu den Hauptprinzipien der Muslimbrüder. Allgemeinwohl kann nach der Auffassung der Muslimbrüder ansonsten akzeptierte Regeln der Scharia außer Kraft setzen. So erklärt der ägyptische Muslimbruder Muhammad al-Ghazzali die vom islamischen Recht erlaubte Polygynie für verboten, um der Überbevölkerung im Land am Nil Herr zu werden. Das bedeutet aber zugleich, dass in Fällen, in denen sich die Frage des Allgemeinwohls nicht in dieser Weise stellt, die Regeln der Scharia wieder in Kraft treten. Damit ist auch unter den juristischen Bedingungen eines von Muslimbrüdern dominierten Staates eine einheitliche Rechtsprechung nicht zu erwarten. Natürlich ist den Muslimbrüdern die Kritik bekannt, die von ihren muslimischen Gegnern, vor allem aber auch von westlichen Beobachtern an einigen Erscheinungen der islamischen Rechtspraxis geübt wird. Dazu gehören vor allem die drakonischen Strafen wie die Steinigung bei Ehebruch, die Amputation einer Hand bei Diebstahl usw. Zumindest einige Vertreter der Muslimbrüder verteidigen sich gegen eine so geartete Kritik folgendermaßen: Der Islam erstrebe die Einrichtung einer vollkommenen Gesellschaft, zu der es dann auch gehöre, dass niemand mehr ein Motiv für einen Diebstahl hätte. Erst wenn eine solche Gesamtsituation entstanden sei, würden diese Strafen anzuwenden sein.

Die Bedeutung der Scharia wurde von den Muslimbrüdern zum Kriterium für den islamischen Staat. Für sie war die Trennung von Religion und Staat, wie sie sie in der Mehrzahl der Staaten des Nahen und Mittleren Ostens beobachten konnten, nicht akzeptabel. Die Muslimbrüder forderten allerdings keine theokratische Staatsform. Es gab für sie durchaus die Vorstellung von der Volkssouveränität, wobei allerdings die Regierung nicht nur an den Willen des Volkes, sondern auch an die von Gott gegebenen Regeln des Islams gebunden sein sollte. Wie das Volk jedoch repräsentiert werden sollte, war unter den verschiedenen Theoretikern der Muslimbrüder umstritten. Gemeinsam war ihnen die Vorstellung, dass die Repräsentation durch das Konzept der Beratung (Schura) gewährleistet sein sollte. Dieser Begriff ist von liberalen, modernen islamischen Autoren gerne als Beleg dafür beigezogen worden, dass im Islam schon seit Anbeginn demokratische Prinzipien angelegt seien. Für die Muslimbrüder wurde die Schura geradezu zum Inbegriff einer perfekten islamischen Herrschaftsform. Mit der Propagierung des Schura-Konzeptes waren die Muslimbrüder recht erfolgreich über ihre eigenen Reihen hinaus in der Öffentlichkeit der verschiedenen islamischen Staaten. Dies hängt nicht zuletzt mit der politischen Situation in diesen Staaten zusammen, bei deren Regierungsform es sich in der Mehrzahl der Fälle um Militärdiktaturen und andere Formen autokratischer Herrschaft handelt. Parlamentarische Demokratien in einem westlichen Sinne sind dagegen die Ausnahme. Dem Vorwurf mangelnder Demokratie konnte mit dem Hinweis auf das Prinzip der Schura begegnet werden. Zugleich bietet es die Möglichkeit, eine eigene Form demokratischen Verhaltens zu propagieren und damit eine besondere nationale oder religiös-politische Identität zu betonen. In dieser ‚Beratung' sehen die Muslimbrüder sowohl die Repräsentation des Volkes wie die Einschränkung und Kontrolle der Regierung. Kritisch bemerkt dazu ein westlicher Beobachter: „Das Volk tritt stets als abstrakte Einheit auf, ungeschieden durch Interessen, Parteiungen und Dissens. Folglich kann die Repräsentation des Volkes nicht in einer quantitativen Vertretung pluraler Interessen bestehen ... Repräsentiert wird der geistige Gesamtwille des Volkes, seine Ewigkeitswerte, und nicht schäbige Partikularinteressen. Schon deshalb kann es sich nicht darum handeln, dass das Repräsentativorgan von Individuen – und sei es von allen Individuen – bestellt wird, denn diese würden notwendig von Partikularinteressen geleitet sein." Zunächst aber finden sich die Muslimbrüder in der Tradition der islamischen Reformer, indem sie bestimmten Formen islamischer Religions- und Lebensauffassung den Krieg erklären. So lehnen sie jede Form von Inaktivität, Weltflucht, Schicksalsergebenheit und Fatalismus ab. Der führende syrische Muslimbruder, Mustafa al-Siba'i, tut dies in einer literarisch sehr traditionellen, aber inhaltlich umso deutlicheren Weise, wenn er schreibt: „Das Gottvertrauen (tawakkul) sagte: ‚Ich gehe, um zu arbeiten.' Darauf sagte der Erfolg: ‚Ich bin mit dir.' Da sagte die Indifferenz (tawakul): ‚Ich setze mich nieder, um auszuruhen.' Darauf sagte die Schlechtigkeit: ‚Ich bin mit dir."[9]

Zu den bemerkenswertesten und einflussreichsten Denkern der Muslimbruderschaft gehört der Ägypter Sayyid Qutb (1906–1966). Er war ein begabter Intellektueller, der sich nach einem Aufenthalt in den USA zu einem strenggläubigen, aktiven Muslim wandelte. Einer seiner Gefährten berichtete: „Sein Aufenthalt in Amerika machte einen tiefen Eindruck auf ihn. Als er zurückkehrte, war er davon überzeugt, dass der materialistischen Zivilisation des Westens – wobei er

[9] Richard P. Mitchell: The Society of the Muslim Brothers, London 1969; Johannes Reissner: Ideologie und Politik der Muslimbrüder Syriens, Freiburg 1980.

den Kommunismus lediglich als eine logische extreme Konsequenz aus ihm ansah – die grundsätzlichen menschlichen Werte fehlten. Diese materialistische Zivilisation würde die Menschheit zu spiritueller, sozialer und sogar physischer Vernichtung führen." Qutb wird von westlichen Beobachtern wie von manchen Muslimen als ein radikaler und extremistischer Denker betrachtet, der jeder Form von Moderne ablehnend gegenüberstand. Man findet bei ihm jedoch durchaus differenzierte Gedanken. Ausgehend von der oben beschriebenen Erfahrung schreibt er: „Wenn die Seele in Einklang ist mit ihrer wahren Natur, wenn ihre Bedürfnisse und Notwendigkeiten erfüllt werden, wenn ihre konstruktiven Möglichkeiten freigelassen werden, dann wird sie leicht und ohne Zwang in natürlicher Harmonie mit dem Leben, die höchsten Gipfel erreichen, für die sie bestimmt ist." Dieses Ziel ist nach seiner Ansicht in den Formen der westlichen Zivilisation nicht erreichbar. Denn die wahre Natur der Seele ist nur über den Glauben verstehbar. Zugleich bedeutet der Glaube, der islamisch als Unterwerfung unter den Willen Gottes verstanden wird, einen ersten Akt der Befreiung von der Unterdrückung durch andere Menschen. Ohne den Glauben ist der Mensch auch nicht in der Lage, seine Aufgabe in der Gesellschaft zu erfüllen. Wahre Menschen sind nur die, die sich im Frieden mit sich selbst befinden und im Frieden mit anderen. Menschen können nur dort wirklich zu Hause sein, wo sich auch die Gesellschaft und nicht nur die Einzelnen dem Willen Gottes, und zwar allein diesem Willen unterwerfen. Nach Qutb unterscheiden sich Menschen von Tieren durch ihren Intellekt und ihren Geist. Sie befinden sich aber in einem inneren Kampf zwischen der wahren geistigen Natur und der animalischen. „Wahre Freiheit ist die Freiheit von der Beherrschung durch die animalische Seite des Menschen. Sie ist die Freiheit von den Kräften, den Göttern, die den Menschen dazu bewegen zu tun, was immer er will, seine Begierden zu befriedigen, wie frivol sie auch immer sein mögen. Wahre menschliche Freiheit bedeutet angesichts der edlen Seite der Natur des Menschen die Freiheit für das innere Sein und die Kontrolle der niederen Aspekte der menschlichen Natur." Dies zu erreichen ist nach Sayyid Qutb die eigentliche Funktion von Religion. Für den Muslim öffnet die Offenbarung des Korans den Weg, Unwissenheit und Barbarei (Jahiliyya) aufzugeben und sich um ihre wahren menschlichen Möglichkeiten zu bemühen.

Qutb kritisiert die katholische Kirche, weil sie Spiritualität und moderne Wissenschaften nicht harmonisiert habe. Unter ihrer Herrschaft sei Religiosität zu einem Synonym für den Rückzug aus der Welt geworden. Wissenschaftliche Erkenntnisse hätten daher den Menschen gezwungen, sich mehr und mehr von der Religion zu entfernen. Die Menschen hätten sich daher aus der Sicht der empirischen Wissenschaften als Wesen gesehen, die von politischen, wirtschaftlichen, sozialen und sexuellen Bedürfnissen gelenkt würden, aus der Sicht der Religion dagegen als Sünder, die aber ihre Schwächen überwinden könnten. „Wenn das Gewissen und die Gefühle eines Menschen jedoch durch ein bestimmtes Gesetz bestimmt werden, sein tatsächliches Leben und seine täglichen Aktivitäten jedoch durch ein anderes, und wenn diese verschiedenen Gesetze aus verschiedenen Konzeptionen entstanden sind, eines aus der menschlichen Vorstellung und das andere aus der göttlichen Inspiration, dann muss solch ein Mensch unter einer Art von Schizophrenie leiden." Das moderne westliche System, in dem diese Situation in einer mehr oder weniger extremen Weise praktiziert wird, führt zur Entfremdung des Menschen von sich selbst.

Dieser Begriff der Entfremdung wird in der Folge zu einem ständigen Topos all der radikalen islamischen Denker, die Erfahrungen durch Studienaufenthalte oder andere intensive Kontakte mit der westlichen Welt gemacht haben. Diese dokumentierbare Empirie macht sie dann zu Autoritäten für all die verunsicherten Jugendlichen in der islamischen Welt der siebziger und achtziger Jahre. Sie ist einer der zentralen Begriffe aller revolutionären islamischen Bewegungen durch diese Epoche. Daneben ist es der Freiheitsbegriff, der Qutb und andere besonders beschäftigt. Nach ihnen bedeutet Freiheit, die Freiheit, die Unterwerfung unter den Willen Gottes zu wählen. Manche Menschen sind dazu in der Lage. Andere aber sind zu stark abhängig von äußeren Bedingungen, die z. B. durch soziale Institutionen entstehen, die nicht den göttlichen Normen entsprechen. Da diese Institutionen aber die wahre Freiheit des Menschen verhindern, muss gegen sie eine „totale Revolution" stattfinden. „Die Wahre Religion ist in der Tat eine universelle Deklaration der Freiheit des Menschen von der Versklavung durch andere Menschen und durch seine eigenen Begierden, die ja auch eine Art von Versklavung darstellen. Das bedeutet, dass Religion eine allumfassende, totale Revolution gegen die Souveränität des Menschen in all ihren Typen, Formen, Systemen und Zuständen darstellen muss. Religion revoltiert gegen jedes System, in dem die

Autorität in irgendeiner Form in der Hand von Menschen liegt oder – mit anderen Worten – die der Mensch in irgendeiner Form usurpiert hat.“ Die Konsequenzen aus dieser Analyse liegen auf der Hand: „Unser wichtigstes Ziel ist es, das praktische System der Gesellschaft zu revolutionieren. Das Jahiliyya-System muss mit Stumpf und Stiel ausgerottet werden.“ Und an anderer Stelle heißt es: „Die grundlegenden islamischen Prinzipien sind revolutionär. Islam ist Revolution gegen die Vergöttlichung von Menschen, gegen Ungerechtigkeit und gegen politische, wirtschaftliche, rassische und religiöse Vorurteile.“ Zu dem System der Unwissenheit und der Barbarei, gegen das vorgegangen werden muss, gehören auch die sunnitischen Rechtsgelehrten, die sich seit der Omayyadenzeit bemüht haben, die Ansprüche von gottlosen Herrschern zu legitimieren. Qutb meinte, dass die Zeit des Propheten Muhammad nicht als Modell, aber als Inspiration genutzt werden müsse für einen Angriff auf den Islam in der Form einer lebendigen Tradition, als ein Komplex von Dogmen und Glaubensvorstellungen, als eine Gesellschaft, die seit mehr als 1000 Jahren von einer Trennung zwischen religiöser und säkularer Autorität gekennzeichnet sei. Wenn Tradition sich von ihren Wurzeln entfernt, sei sie genau so zerstörerisch wie die Moderne. Schädliche Traditionen und Moderne bilden „die Wolken, die den Menschen daran hindern, klar zu sehen und den selbstverständlichen Weg zu finden, den ihnen Gott vorgezeichnet hat“.

Wie viele andere islamische Denker wehrt sich Sayyid Qutb dagegen, dass der Islam, wie er ihn fordert, als eine anti-moderne Religion angesehen wird: „Islam ist eine ununterbrochene Bewegung für den Fortschritt des Lebens. Er akzeptiert die vorhandenen Bedingungen einer bestimmten Zeit oder Generation nicht, noch rechtfertigt er sie oder verherrlicht sie, weil sie existieren. Die wichtigste Mission des Islams ist es, solche Bedingungen zu ändern oder zu verbessern und ständig Vorschläge für eine schöpferische und schaffende Bewegung für neuere Formen des Lebens zu machen.“ Qutb lehnt moderne Phänomene also nicht rundheraus ab. Er ist sich der Bedeutung von Erscheinungen wie der Industrialisierung, ihren technologischen Voraussetzungen und ihren sozialen Folgen durchaus bewusst. Er weiß, wie wichtig wirtschaftliches Wachstum ist, um die Grundbedürfnisse der Menschen zu befriedigen. Für ihn ist es durchaus mit dem Islam vereinbar, wenn man sich wirtschaftlich betätigt und dabei erfolgreich ist. Er fordert aber auch ein soziales Netz, dass die Schwierigkeiten, die aus derartigen Aktivitäten für die Gesellschaft entstehen können, abfedert, er duldet wirtschaftlichen Gewinn, spricht sich aber mit scharfen Worten gegen Wucher, Betrug und Bestechung aus. Qutbs Antimodernismus ist als postbourgeois und postmodern bezeichnet worden, weil er einer universalen Vernunft aus rationalen Gründen skeptisch gegenübersteht, und prämodern, weil er sich ganz auf Glauben und fundamentale Werte verlässt.[10]

Die Muslimbrüder legten besondere Bemühungen an den Tag, ihre Doktrinen in der gesamten islamischen Welt zu verbreiten. Dies geschah durch ‚Missionare', die auch Glaubensbrüder in der muslimischen Diaspora besuchten, durch die verschiedensten Arten von Publikationen und inzwischen auch durch die modernen Kommunikationsmedien. Auf diese Art gelang es ihnen, ein Netzwerk von Moscheen und Kontaktpersonen in der gesamten islamischen Welt und darüber hinaus aufzubauen, das für die Verbreitung von Rechtsgutachten, politischer Agitation, aber auch Aufrufen zu humanitären Aktionen bei großen Katastrophen genutzt wird. In der westlichen Öffentlichkeit bekannt wurden die Muslimbrüder allerdings zuerst durch gewaltförmige Aktionen. Im ersten arabisch-israelischen Krieg sollen sich ägyptische Muslimbrüder mit eigenen militärischen Einheiten an den Kämpfen beteiligt haben. Auch in den unruhigen Zeiten der ägyptischen Politik der frühen fünfziger Jahre des 20. Jahrhunderts werden ihnen Attentate gegen die britische Kolonialverwaltung und deren ägyptische Kollaborateure zugeschrieben. Erwiesen ist, dass ein Mitglied der Muslimbruderschaft Mitte der fünfziger Jahre ein fehlgeschlagenes Pistolenattentat auf den damaligen ägyptischen Präsidenten Gamal Abd el-Nasser verübte. Dies war dann der Anlass zu einer intensiven Verfolgung von Mitgliedern der Muslimbruderschaft und von ihr nahe stehenden Gruppen und sympathisierenden Einzelpersonen. Bis heute sind die Muslimbrüder in Ägypten offiziell verboten, wenngleich vor allem ihre karitativen Organisationen und Einrichtungen operieren dürfen. In Syrien kam es seit der Mitte der siebziger

---

[10] Olivier Carré: Mystique et politique: Lecture révolutionnaire du Coran par Sayyid Qutb, frère musulman radical, Paris 1984; William Shepard: The Development of the Thought of Sayid Qutb as Reflected in Earlier and Later Editions of ‚Social Justice in Islam", in: Die Welt des Islams 32 (1992).

Jahre zu Spannungen zwischen islamischen Kreisen und dem Regime, die im Jahr 1982 in der Stadt Hama zu einem allgemeinen Volksaufstand gegen das Regime von Präsident Hafiz al-Asad führten, der weitgehend von den in dieser Stadt besonders starken Muslimbrüdern getragen worden war. Auch hier gingen die Sicherheitsbehörden mit großer Härte vor, bombardierten die Stadt und setzten Panzer ein. Die Zahl der Opfer, auch in der Zivilbevölkerung, ist nie bekannt geworden.

Zu etwa der gleichen Zeit wie Hasan al-Banna die Muslimbrüder gründete in Indien der Rechtsgelehrte Abu l-A'la al-Maududi die Jama'at-i islami (Islamische Gemeinschaft), die nicht zuletzt deshalb einen beträchtlichen internationalen Einfluss gewann, weil al-Maududi einen großen Teil seiner Publikationen auf Englisch veröffentlichte, damit ihn die verschiedenen muslimischen Sprachgruppen in Indien auch verstehen konnten. Die Texte verbreiteten sich daraufhin weiter im britischen Commonwealth und angesichts der Verbreitung des Englischen als erster Fremdsprache auch darüber hinaus. Man muss die publizistischen und politischen Aktivitäten von al-Maududi im Zusammenhang mit den Diskussionen um einen islamischen Staat auf dem indischen Subkontinent sehen. Er lehnte die Gründung eines säkularen muslimischen Staates ab und forderte statt dessen die Entstehung eines islamischen Idealstaates. Dieser Vorstellung entsprechend war auch die Organisation der Jama'at-i islami strukturiert. Ihr Oberhaupt sollte der Amir (Befehlshaber) sein, der von einem Rat, dem ‚majlis al-schura' gewählt und von diesem nach der Wahl beraten werden soll. Ist die Wahl also einmal erfolgt, hat der Amir eine weitgehende Befehlsgewalt, die nicht mit einem Präsidialsystem verwechselt werden sollte, weil sich in der Jama'at-i islami wie im idealen islamischen Staat nur gering entwickelte Kontrollmöglichkeiten hinsichtlich der Entscheidungen des Herrschers finden. al-Maududi versteht unter dem islamischen Staat ein Gemeinwesen, in dem das islamische Recht, die Scharia, zur Anwendung kommt. Bei der Beurteilung der Frage, was der Scharia gemäß ist, hat der Herrscher das entscheidende Wort. Wie die Muslimbrüder sah auch er den Westen als die Kraft, die den Islam in seinen Möglichkeiten einschränkte und zu diskreditieren trachtete. Bei einer Gelegenheit schreibt er: „Der Aktionsplan, der mir vorschwebte, war, dass ich zunächst die Umklammerung brechen wollte, die die westliche Kultur und die westlichen Ideen um die muslimische Intelligenz geschlossen hatten, und in diesen Intellektuellen das Bewusstsein entwickeln wollte, dass der Islam seine eigenen Lebensregeln hätte, seine eigene Kultur, sein eigenes wirtschaftliches und politisches System und eine Philosophie und ein Erziehungssystem, das allem, was der Westen anzubieten hätte, bei weitem überlegen sei. Ich wollte, dass sie das falsche Bewusstsein verlieren, dass sie hinsichtlich der Kultur und Zivilisation irgend etwas von anderen zu übernehmen hätten.“ In der aktuellen Politik des jungen islamischen Staates, Pakistan, forderte er, dass eine muslimische Gesellschaft auf einer wahrhaft islamischen Basis entstehen solle, indem alle bestehenden und künftigen Gesetze im Licht des Korans und der Prophetentraditionen geprüft werden sollten.

In vielerlei Hinsicht wirken die Vorstellungen von al-Maududi rigoroser als die der Muslimbrüder in der arabischen Welt. Wie sie, trat er für eine Trennung der Geschlechter ein, wollte aber auch Theater, Radio, Musik und andere Künste verbieten, weil sie den wahren Muslim von Gott ablenkten und daher als unislamisch angesehen werden müssten. Angesichts der entsprechenden islamischen Regelungen trat er für Privateigentum und gegen Verstaatlichung ein. Aber gerade hier lässt sich auch zeigen, wie flexibel mit diesen Regelungen umgegangen werden kann. Die Jama'at-i islami erklärte Ende der sechziger Jahre, dass sie für ein islamisches politisches und ökonomisches System kämpfe, dessen Ziel nicht wirtschaftliche Gleichheit, sondern wirtschaftliche Gerechtigkeit sei. Sie wollten dies Ziel durch eine gerechte Verteilung der Reichtümer und durch die Schaffung gleicher Möglichkeiten für jeden erreichen. In der Frage der Landreform drückten sie sich nicht deutlich aus, da die entsprechenden Reformvorstellungen mit dem islamischen Erbrecht kollidierten. Die Möglichkeit, diesem Konflikt auszuweichen, bot die Überprüfung der Rechtmäßigkeit der Ansammlung von großem Immobilienbesitz. Immobilien, die durch unlautere Mittel erworben worden sind, können enteignet werden. Besonders intensiv forderte die Jama'at-i islami die Einrichtung eines Bank- und Versicherungssystems, das auf das Zinsverbot des Korans Rücksicht nimmt.[11]

---

[11] Charles J. Adams: Maududi and the Islamic State, in: J.L. Esposito (Ed.): Voices of Resurgent Islam, New York 1983, S. 99–133; Leonard Binder: Religion and Politics in Pakistan, Berkeley 1961; Marcel Gaborieau: Le néo-fondamentalisme au Pakistan; Maududi et la Jama'at-i-islami, in: Olivier Carré et Paul Dumont (Ed.): Radicalismes islamiques, t. 2 Maroc, Pakistan, Inde, Yougoslavie, Mali, Paris 1986, S. 33–76.

Die Vorstellungen al-Maududis und seiner Anhänger fanden in Pakistan zunächst nur einen geringen Widerhall. Bei Parlamentswahlen konnten ihre Kandidaten nur eine geringe Anzahl von Stimmen auf sich vereinigen. al-Maududi selbst wurde mehrfach zu Gefängnisaufenthalten verurteilt. Mit dem erfolgreichen Putsch des Generals Ziya ul-Haqq ergab sich zum ersten Mal für die Jama'at-i islami die Möglichkeit, massiv auf die politische Entwicklung in Pakistan Einfluss zu nehmen. In der Folge wurden eine Reihe von schariatsrechtlichen Regelungen eingeführt, von denen die Anwendung der Strafe der Steinigung bei Ehebruch weltweit negative Reaktionen hervorrief. In dieser Zeit verstärkte die pakistanische Regierung auch ihre Bemühungen um die Einführung eines islamischen Banksystems, das ohne Zinszahlungen funktionieren sollte. Eine der Grundauseinandersetzungen in der pakistanischen Innenpolitik nach der Machtübernahme von Ziya ul-Haqq war die um die Position der Ahmadiyya, einer islamischen Sonderform. Ein Teil dieser Gruppe ist der Ansicht, dass ihr Gründer, Mirza Ghulam Ahmad, ein Prophet sei. Die Ahmadiyya hat im Unterschied zu anderen islamischen Gruppierungen immer eine intensive Missionierungsarbeit betrieben, bei der sie sich nicht nur an andere Muslime wandte, die sie von der Berufung ihres Propheten überzeugen wollten. Vielmehr unternehmen sie auch entsprechende Bemühungen im Bezug auf westliche Gesellschaften und vor allem in Schwarzafrika. Mit der Vorstellung, dass es nach Muhammad einen weiteren Propheten gebe, setzen sie sich in einen scharfen Gegensatz zu den Vorstellungen vieler sunnitischer Muslime in Pakistan und darüber hinaus, die ihnen absprechen, Muslime zu sein; denn für sie ist Muhammad das Siegel der Propheten. Nach ihm wird es nach dieser weit verbreiteten Ansicht keinen weiteren Propheten mehr geben. Die Ablehnung dieses Dogmas wird geradezu als ein entscheidendes Indiz für den Abfall vom Islam betrachtet. Die Anhänger der Ahmadiyya stellten stets ein besonderes Angriffsziel al-Maududis und seiner Anhänger dar. In der Regierungszeit Ziya ul-Haqqs wurden daher viele Ahmadis gezwungen, Pakistan zu verlassen.

Trotz des Einflusses der Jama'at-i islami auf die Politik des Regimes von Ziya ul-Haqq, den Kenner, wie Annemarie Schimmel, als einen nachdenklichen und überzeugten Muslim schildern, lässt sich aus den politischen Entwicklungen in Pakistan in dieser Zeit nicht auf die wie auch immer geartete Praktikabilität der Vorstellungen al-Maududis in der Politik schließen. Pakistan war nicht zuletzt durch den Einmarsch sowjetischer Truppen in Afghanistan ein strategischer Faktor im zu Ende gehenden Kalten Krieg. Daher erhielt das Land politische, militärische und wirtschaftliche Hilfe z.B. von den USA. Eine ausschließlich auf den Regeln des Islams beruhende Politik konnte nicht praktiziert werden. Daher blieb die Wirkung dieses Versuchs auf andere islamische Staaten zunächst gering. Mit der Machtübernahme der Taliban-Milizen in Afghanistan mögen sich hier Veränderungen ergeben haben.

Alle bisher geschilderten Ideologien waren von Vertretern der sunnitischen Mehrheit innerhalb der islamischen Weltgemeinschaft formuliert worden. Zwar hatte es seit dem frühen 19. Jahrhundert auch Bemühungen zu einer Kooperation mit Vertretern der schiitischen Minderheit gegeben, die allerdings nur von geringen Erfolgen gekrönt waren. In der Regel waren es gerade Vertreter der radikalen sunnitischen Richtungen, die gegenüber der Schia besonders ablehnend auftraten. Gerade die Schia hat jedoch in der zweiten Hälfte des 20. Jahrhunderts einige Denker hervorgebracht, die in ihren Überlegungen durchaus mit ihren radikalen sunnitischen Glaubensbrüdern vergleichbar sind. Die höhere Emotionalität der Schia, die vor allem im Märtyrerkult, in Trauerritualen und in der Heiligenverehrung zum Ausdruck kommt, lässt sie im Vergleich zu den Sunniten natürlich anders erscheinen. Das Grundproblem, mit dem sich diese schiitischen Denker auseinander setzen müssen, ist aber das gleiche: die Auseinandersetzung mit dem Westen. Der für eine moderne schiitische Intelligenz einflussreichste Autor war Ali Schari'ati (gest. 1977). Seine Ideen und Vorstellungen sind deshalb so schwer zu systematisieren, weil er kaum schriftliche Äußerungen hinterlassen hat. Das Wichtigste, was unter seinem Namen veröffentlicht worden ist, sind Mitschnitte von Vorträgen, die er in der zweiten Hälfte der siebziger Jahre vor einem jungen Publikum gehalten hat. Manches ist rein akustisch nur schwer verständlich gewesen, vieles aus der konkreten Situation heraus formuliert und anderes missverständlich. Diese Texte sind von unterschiedlichen Redakteuren herausgegeben worden, die möglicherweise ihre eigenen Interpretationen der behandelten Sachverhalte in die Veröffentlichungen haben einfließen lassen. Auch die Veröffentlichungen sind selbst einem iranischen Leser nicht immer klar verständlich. Schari'ati setzt sich vor allem mit der religiösen Situation in Iran kritisch auseinander und stellt an einer Stelle fest: „Die Tragödie (des Iran) ist, dass einerseits diejenigen, die unsere Religion in den vergangenen beiden Jahrhunderten kontrolliert haben, diese in ihren gegenwärtigen statischen Zustand versetzt haben. Die Aufklärer bei uns, die die Gegenwart und die Bedürfnisse unserer Generation und Zeit verstehen, verstehen die Religion nicht. Zwischenzeitlich bleibt der wahre Islam unbekannt und eingekerkert in den Tiefen der Geschichte." Damit formulierte Schari'ati das Problem einer ganzen Generation von intellektuellen jungen Iranern, die Gläubige in einer modernen Welt sein wollten.

Das Land hatte seit der Mitte der sechziger Jahre beträchtliche ökonomische und soziale Veränderungen erlebt. Die Modernisierung durch den Schah Reza Pahlevi war so tiefgehend gewesen, dass viele junge Menschen mit den traditionellen Formen des schiitischen Islams nur noch wenig anfangen konnten. Die vom Schah angebotene Ideologie eines iranischen Nationalismus war in keiner Weise attraktiv, zumal die Korruption des Regimes niemandem verborgen bleiben konnte. Das Schah-Regime hatte die schiitischen Religionsgelehrten weitgehend aus der Öffentlichkeit verdrängt. Die schiitischen Hochschulen wurden durch den Staat gezwungen, sich auf ihr traditionelles Lehrangebot zu beschränken. Dies war insofern besonders problematisch, als die praktische Seelsorge der einzelnen Religionsgelehrten im schiitischen Islam eine größere Bedeutung hat als bei den Sunniten. Schiitische Gläubige sind in ihrem praktischen Glauben und täglichen Leben in einem hohen Maß von den Weisungen ihrer religiösen Führer abhängig. Diese Weisungen müssen aber einen gewissen Realitätsbezug haben, wenn die Autorität der Religionsgelehrten weiter aufrecht erhalten werden soll. Es ist nicht ausgeschlossen, dass es die Politik des Schah-Regimes war, die Gelehrten von der Bevölkerung zu isolieren und auf diese Weise ihren Einfluss zu beschneiden. Es entstand so ein Vakuum, das die Lehren Schari'atis füllen konnten. Schari'ati lehnte den Westen und seine Zivilisation nicht grundsätzlich und in seiner Gesamtheit ab. Dazu kannte er ihn zu gut, hatte er doch in Paris Soziologie studiert in einer Zeit, die von den Vorboten der Studentenrevolte geprägt war. Daher ist es auch nicht erstaunlich, dass für ihn ein revolutionärer Islam im Mittelpunkt seiner Ideen steht. Für ihn ist der Islam revolutionär, weil der Prophet Muhammad in Mekka und Medina revolutionär gehandelt habe. Er transformierte das Leben auf der arabischen Halbinsel, indem er, wie Schari'ati meint, ,tabula rasa' machte und dann alles neu aufbaute. Es ist aber nicht nur dieses Vorbild Muhammads, das das revolutionäre Moment im Islam ausmacht. Verstärkt wird es durch die schiitischen Imame und ihre Anhänger, die sich in einer revolutionären Bewegung gegen eine politische Situation gewandt hätten, die von ihnen als ungerecht empfunden wurde. Er sagt über die Schia: „Der aufweckende Ruf und die Möglichkeiten des Lernens in dieser Schule (der Schia) beruhen auf den Prinzipien des Imamats[12] und der Gerechtigkeit. Sie ermöglicht die revolutionären Rufe von Ashura[13] und die aggressive Mobilisierung der Massen gegen die bestehenden Lebensbedingungen. Sie lädt die Menschen ein, den Verborgenen Imam zu erwarten. Sie hält die Hoffnung auf Erlösung nach dem Martyrium aufrecht. Die Schia propagiert die Vorstellung von Rache und Revolte, von der Überzeugung vom endgültigen Zusammenbruch der Tyrannen." Dieser kurze Text vermittelt einen Eindruck von der rhetorischen Kraft Schari'atis. Sie ist zugleich eine Kurzbeschreibung einer aktivistischen Schia.

Schari'ati stand der westlichen Welt und ihrer Zivilisation nicht unbedingt ablehnend gegenüber. „Wir müssen die Welt, die moderne Zivilisation, die westliche Kultur, die kolonialen Mächte und die offenen und die geheimen Beziehungen zwischen Orient und Okzident genau verstehen. Vor allem müssen wir uns über die besonderen Ziele des Islams klar werden, des Islams als Religion, als Kultur und als eine geschichtliche Entwicklung, die einen großen Teil der menschlichen Gesellschaft betrifft. Wir müssen uns mit allen intellektuellen Themen

---

[12] Nach schiitischer Vorstellung sind die Imame, die zwölf männlichen Nachkommen des Propheten Muhammad, in besonderer Weise befähigt, durch ihr Vorbild und ihre Lehren den Gläubigen zum Heil zu führen. Der Letzte der Imame lebt in der Verborgenheit und wird am Ende der Zeiten zurückkehren und ein Reich der Gerechtigkeit und des Friedens errichten.

[13] Ashura ist der wichtigste Trauertag der Schiiten, an dem einmal im Jahr des Martyriums des Prophetenenkels Husain bei der Schlacht von Kerbela und des Opfertodes aller anderen schiitischen Helden und Heiligen gedacht wird. Bei dieser Gelegenheit werden verschiedene Rituale durchgeführt von Lesungen der Märtyrergeschichten, über Flagellantenzüge bis hin zu Passionsspielen, bei denen die Ereignisse von Kerbela dargestellt werden. Vor allem die Flagellantenumzüge bieten den Gläubigen immer wieder die Gelegenheit, aktuelle politische oder wirtschaftliche Schwierigkeiten in Slogans zu artikulieren und ihre eigene Situation zu der der schiitischen Helden in Beziehung zu setzen.

auseinandersetzen, mit allen Geistesschulen und Ideologien, die die vorherrschenden Trends in der Welt darstellen, Ideologien, die, ob es uns gefällt oder nicht, unsere eigenen Gefühle und Gedanken beeinflussen und vor allem die unserer Intellektuellen.

Ebenso müssen wir die objektiven internationalen Realitäten verstehen, die Faktoren und Mächte, die eine Rolle spielen, die vorhandenen Ressourcen und existierenden Bedingungen." Erst wenn man diese Analysen angestellt hat, ist man seiner Meinung nach in der Lage, seine eigenen Positionen zu betrachten und zu bewerten.

Für Schari'ati ist der Westen aber vor allem eine Gesellschaft der Manipulation und der Dekadenz. Dabei bezieht er sich nicht zuletzt auf Erfahrungen, die er während seines Studiums in Paris gemacht hatte. Diese beschreibt er mit der folgenden Erfahrung: Er hatte sich während seines Studiums in Paris auf die Ausschreibung einer französischen Automobilfirma gemeldet, die einen Soziologie- oder Politologiestudenten suchte. Dann berichtet er: „Während des Vorgesprächs mit dem Public-Relation-Manager der Firma sagte dieser zu mir: ‚Sie werden sich sicherlich fragen, warum wir einen Soziologiestudenten zu uns gebeten haben; denn normalerweise müssten wir mit den Studenten der technischen Fächer zu tun haben.' Ich bejahte die Vermutung. ‚Diese Frage möchte ich Ihnen beantworten', sagte er. Er brachte eine geographische Karte von Asien und Afrika herbei und zeigte mir die Städte, in denen ihre Autos verkauft wurden, und wiederum Orte, in denen sie nicht verkauft werden konnten. ‚Den Grund dafür', sagte er, ‚kann man von einem Ingenieur nicht erfahren. Der Soziologe muss wissen, welchen Geschmack die Leute haben, warum sie Autos kaufen ..." Hier dokumentiert sich eine der großen Sorgen Schari'atis und verschiedener anderer iranischer Denker. Sie befürchten die Manipulation der Einzelnen und der Öffentlichkeit in den islamischen Ländern durch die verschiedenen Psychotechniken der Werbung, durch die nach ihrer Meinung Bedürfnisse bei den Menschen geweckt werden, die im Grund völlig überflüssig, unter Umständen sogar schädlich sind. Die Sorge der ‚Westoxikation', also der Vergiftung durch diese Art von Westen ist es, die ihn und seine Nachfolger gerade in Iran umgetrieben hat. Scharf formuliert er: „Dann erfuhren wir plötzlich, dass eine neue Kultur unter dem Namen der Modernisierung aller Welt angeboten wurde. Dieser Modernismus war der härteste Schlag, mit dem an jedem Ort der nicht-europäischen Gesellschaft die eigene

Denkweise und Identität der Menschen vernichtet wurden. Die Arbeit der Europäer bestand darin, in allen Gesellschaften, in welcher Form auch immer, den Wunsch nach Modernisierung zu wecken. Sie hatten festgestellt, dass der Orientale sogar bereit ist mitzuarbeiten, mit der eigenen Tradition zu brechen und alles, was seine Identität als Nichteuropäer und alle Faktoren seiner Kultur, Religion und die eigene Persönlichkeit ausmacht, mit Hilfe der Europäer zu verteufeln und zu vernichten, wenn dadurch auf irgendeine Weise seine Liebe zur Modernisierung geweckt würde." Für Schari'ati war das nicht nur ein Problem des Iran, wenngleich es ihm natürlich um sein eigenes Land im Besonderen geht. So sagt er: „Ich möchte eine grundlegende Frage behandeln, die die Menschen in Afrika, Lateinamerika und Asien aufwerfen, die Frage nach der Rückkehr zu den eigenen Wurzeln. Seit dem Zweiten Weltkrieg haben viele Intellektuelle in der Dritten Welt, ob religiös oder nicht, deutlich gemacht, daß ihre Völker zu ihren Wurzeln zurückkehren und ihre Geschichte, Kultur und Sprache neu entdecken müssen. Seit dem Zweiten Weltkrieg haben viele religiöse und a-religiöse Intellektuelle der Dritten Welt darauf hingewiesen, daß ihre Gesellschaften zu ihren Wurzeln zurückkehren müßten und ihre Geschichte, Kultur und ihre eigene Sprache wiederentdecken müßten. Ich möchte besonders darauf hinweisen, daß zu diesem Ergebnis religiöse und a-religiöse Intellektuelle gekommen sind. Es ist sogar so, daß die Mehrzahl der Vertreter einer Rückkehr zu den Wurzeln a-religiös sind, wie Franz Fanon in Algerien, Julius Nyerere in Tansania, Jomo Kenyatta in Kenia, Leopold Senghor in Senegal ... Wenn wir von der Rückkehr zu den eigenen Wurzeln sprechen, meinen wir eigentlich Rückkehr zu den eigenen kulturellen Wurzeln. Vielleicht kommt mancher zu dem Schluß, wir Iraner müßten zu unseren rassischen Wurzeln zurückkehren. Dieser Schlußfolgerung widersetze ich mich mit Entschiedenheit. Ich bin gegen Rassismus, Faschismus und Reaktion. Die islamische Kultur hat uns wie eine Schere vollständig von unserer vorislamischen Vergangenheit abgeschnitten. Fachleute wie z.B. Archäologen und Frühhistoriker wissen sicher eine ganze Menge über die Sassaniden, die Achämeniden und noch frühere Kulturen, aber das Volk weiß von diesen Dingen nichts. Das Volk findet seine Wurzeln nicht in diesen Kulturen. Das Volk hat keine Erinnerungen an seine frühe Vergangenheit und will nichts über die vorislamischen Kulturen lernen. Die Rückkehr zu unseren Wurzeln bedeutet daher nicht die

Wiederentdeckung des vorislamischen Irans, sondern die Rückkehr zu unseren islamischen - sprich: schiitischen - Wurzeln."[14] Im Unterschied zu anderen radikal-islamischen Denkern sieht Schari'ati aber, dass der Islam keine monolitische Gestalt hat: „Es reicht nicht, daß wir sagen, wir müßten zum Islam zurückkehren, wir müssen deutlich machen, welchen Islam wir meinen, den Islam von Abu Zarr[15] oder den Islam des Herrschers Marwan[16]. Beides ist Islam; aber es besteht ein riesiger Unterschied zwischen den beiden. Eines ist der Islam des Khalifats, des Palastes und der Herrscher. Das andere ist der Islam des Volkes, der Ausgebeuteten, der Armen. Für welchen Islam sprichst du dich aus? Dabei reicht es nicht aus, wenn du sagst, daß du dich für einen Islam aussprichst, der sich um die Armen sorgt. Das haben die Khalifen auch gesagt. Wahrer Islam ist mehr als eine Sorge für die Armen. Es ist der Kampf für Gerechtigkeit, Gleichheit und die Ausrottung der Armut. Wir müssen deutlich machen, daß wir den Islam des Abu Zarr wollen, nicht den des königlichen Palastes, den Islam der Gerechtigkeit und der wahrhaftigen Führerschaft, nicht den der Khalifen, der Klassenunterschiede und der Privilegien der Aristokraten, den Islam der Freiheit, des Fortschritts und der Bewußtheit, nicht den von Abhängigkeit, Stagnation und Schweigen; wir wollen den Islam der Kämpfer, nicht den der spirituellen Führer, den Islam der Familie Alis[17], nicht den der Safawiden-Herrscher[18]."

Damit äußert Schari'ati nicht nur Kritik an der Politik des Schahs, sondern auch an den führenden schiitischen Rechtsgelehrten, die nach

---

[14] Nach Roy Motahhedeh: Der Mantel des Propheten, München 1987, S. 290f; die Ablehnung eines Bezugs auf die vorislamische iranische Kultur richtet sich gegen die entsprechenden Bemühungen des Schah-Regimes, diese Epoche als Ursprung einer iranischen nationalen Identität zu verstehen.

[15] Abu Zarr ist ein Zeitgenosse des Propheten Muhammad, der für seine soziale Handlungsweise berühmt ist und von manchen muslimischen Autoren gerne als Beleg für die sozialistischen Wurzeln des Islams herangezogen wird.

[16] Schari'ati spielt wohl auf einen der omayyadischen Khalifen an. Damit ist ein Hinweis auf eine islamische Dynastie verbunden, die von den schiitischen Muslimen als Usurpatoren, ja als Verbrecher betrachtet werden.

[17] Mit der ‚Familie Alis' ist die Nachkommenschaft des Prophten Muhammad gemeint, der nach schiitischer Auffassung die Herrschaft über die Muslime zusteht.

[18] Die Safawiden sind die iranische Dynastie (1501–1722), unter der die schiitische Form des Islams als Staatsreligion eingeführt worden ist.

seiner Einschätzung ein Teil der herrschenden Elite des Landes geworden sind. Sie haben die Religion institutionalisiert, sie in eine konservative Religionsform verwandelt und ihr damit ihre revolutionäre Kraft genommen. In vielen seiner Äußerungen geht er mit den Geistlichen in gleicher Weise zu Gericht wie mit den Herrschern und den Reichen. „In den ersten Stadien der gesellschaftlichen Entwicklung wurden die Unterdrücker repräsentiert durch eine einzelne Person: Kain (den Bruder Abels). In der Entwicklung der Gesellschaft formierten sich dann aber drei Dimensionen: politische Macht, wirtschaftlicher Reichtum und religiöser Asketizismus." Diese drei Elemente sieht er als Unterdrückungsmechanismen. Seine Kritik an den traditionellen Gelehrten äußert er u. a. in einem Text, der nicht zufällig an Lenin erinnert: ‚Was ist zu tun'. Dort heißt es: „Es gibt zwei verschiedene Arten von Islam. Einer ist die revolutionäre Ideologie für gesellschaftliche Entwicklung, Fortschritt und Aufklärung. Der andere ist die scholastische Erziehung von Philosophen, Theologen, Staatsmännern und Juristen. Islam als revolutionäre Ideologie gehört zu Abu Zarr, den Mujahidin (Kämpfern im Glaubenskampf) und nun den Intellektuellen. Der Islam der scholastischen Erziehung ist der von Ibn Sina[19], der Mujtahids[20] und religiösen Experten. Die letztere Form von Islam kann von ausländischen Spezialisten, ja sogar von reaktionären Personen verstanden werden. Der revolutionäre Islam kann dagegen von Ungebildeten verstanden werden. In der Tat ist es so, dass das Verständnis der Ungebildeten vom wahren (revolutionären) Islam das der Wissenschaftler, Gelehrten und bedeutenden religiösen Führer übersteigt."

Schari'ati lehnt also die Versuche nationalistischer Politiker, das offenbar allgemein festgestellte Problem der nationalen oder kulturellen Identität mit einem Rückgriff auf die jeweilige Antike zu beantworten, radikal ab. Für ihn kann die Authentizität seiner Gesellschaft und ihrer Mitglieder nur aus der speziellen schiitischen Form des Islams kommen. Damit schließt er an die Vorstellungen von Generationen moderner iranischer Religionsgelehrter an, für die das Land immer die Heimstatt des schiitischen Islams war und die dann durch-

---

[19] Arabischer Name des Mediziners und Philosophen Avicenna (980–1037).

[20] Islamische Rechtsgelehrte, vor allem schiitischer Herkunft, die durch ihre Ausbildung zu selbständigem Urteil in religiösen Fragen befähigt sind.

aus erfolgreich zum Widerstand aufriefen, wenn die Gefahr bestand, dass der schiitische Charakter des Iran verloren ging. Dies war in den neunziger Jahren des 19. Jahrhunderts und zu Beginn des 20. Jahrhunderts der Fall gewesen. Auch als in den fünfziger Jahren die Gefahr einer säkular-nationalistischen Machtübernahme im Iran heraufbeschworen wurde, waren es die führenden schiitischen Rechtsgelehrten, die dafür sorgten, dass das Schah-Regime weiterbestand. Der Hinweis Schari'atis auf die Bedeutung der Schia für den Iran muss in diesem Zusammenhang gesehen werden. Schari'ati stellt in dieser Hinsicht eine Besonderheit unter den radikal-islamischen Theoretikern dar. Für seine arabischen Kollegen war die Frage verschiedener Formen des Nationalismus von geringerer Bedeutung. Dieser Auseinandersetzung mit einem iranischen Nationalismus steht bei Schari'ati darüber hinaus auch eine mit dem Marxismus gegenüber. Auch hier hatten sich die arabischen Islamisten eher zurückgehalten. Außer allgemeinen Verurteilungen des Atheismus dieser Ideologie hatten sie sich nicht geäußert. Schari'ati stellt dagegen fest: „Wenn ich mir die frühen Publikationen (der iranischen kommunistischen Tudeh-Partei) anschaue, finde ich nur Titel wie ‚Historischer Materialismus', ‚Wissen und die Elemente der Materie', ‚Das marxistische Konzept der Humanität', ‚Die materielle Grundlage von Leben und Denken', ‚Marxismus und Linguistik' (von J. Stalin) ... Es ist nicht weiter erstaunlich, dass die Menschen den Eindruck erhielten, dass diese Herren Atheisten, Feinde Gottes, des Landes, der Religion, der Ethik, der Spiritualität, Moral, alles Heiligen, der Ehre, der Wahrheit und der Tradition waren. Mit anderen Worten: Die Öffentlichkeit hatte den Eindruck, dass die Absicht dieser Herren es war, unsere Religion zu vernichten und einen ausländischen Atheismus einzuführen. Kommunismus wurde zu einem Synonym für Atheismus. Der Leser mag vielleicht lächeln und sagen: ‚Aber diese Kritik ist billig, vulgär und nichts Neues.' Ja, er hat Recht. Aber die einfachen Leute sind es, die wir erreichen wollen. Die Mehrheit dieser einfachen Leute sind Bauern und nicht etwa Arbeiter wie in Deutschland, und sie sind sehr religiös, nicht säkularisiert wie im kapitalistischen Europa oder im nach-revolutionären Frankreich ... Da unsere Bauern und Arbeiter gebildet werden müssen im Hinblick auf die Realitäten des Kolonialismus, die Bedeutung der Ausbeutung und die Philosophie der Armut, sollten ihre Erzieher solche Schriften vermeiden, die die Frommen aufbringen. Vielmehr sollten sie sich auf

Meisterwerke konzentrieren, die das soziale Bewusstsein erwecken. Wenn ich auf die Tausende von Büchern sehe, die in Iran veröffentlicht werden, muss ich mich wundern, dass darunter nicht ‚Das Kapital' zu finden ist."

Bemerkenswert an diesem Zitat ist die differenzierte Weise, mit der Schari'ati sich mit marxistischen Positionen auseinandersetzt. Während andere radikale Autoren, aber vor allem auch traditionelle Gelehrte, Marxisten als Ungläubige bezeichneten und damit einer Auseinandersetzung für unwürdig erklärten, ist für Schari'ati ein Gläubiger nicht etwa jemand, der an einen persönlichen Gott und ein Weiterleben nach dem Tod glaubt, sondern der, der bereit ist, für die Wahrheit zu kämpfen. „Betrachtet sorgfältig, wie der Koran das Wort ‚Kafir' (Ungläubiger) verwendet. Das Wort wird nur für die gebraucht, die sich weigern, aktiv zu werden. Es wird niemals verwendet für die, die Metaphysik ablehnen oder die Existenz Gottes, der Seele und die Auferstehung." Schari'atis Kritik am Marxismus setzt an anderer Stelle an. Die marxistische These, dass der Nationalismus ein Werkzeug sei, mit dem die Kapitalisten versuchten, die Massen vom Sozialismus und Internationalismus fernzuhalten, lehnt er ab und sieht statt dessen, dass die Völker der Dritten Welt sich nicht vom Imperialismus befreien und die aus ihm resultierende gesellschaftliche Entfremdung überwinden könnten, wenn sie sich nicht auf ihre Wurzeln, ihr nationales Erbe und ihre Kultur zurückbesinnen würden.[21]

Von der relativ kurzen Phase der Herrschaft des pakistanischen Präsidenten Ziya ul-Haqq abgesehen, hatte es in der jüngsten Geschichte islamischer Staaten kaum ein Beispiel gegeben, in dem radikal-islamische Denker Einfluss auf die tagespolitische Praxis einer Gesellschaft nehmen konnten. Diese Situation änderte sich mit dem Erfolg der Islamischen Revolution in Iran, die den schiitischen Gelehrten Ayatollah Khomeini an die Macht brachte. Der überraschende Erfolg der Anhänger Khomeinis traf die westliche Welt völlig unvorbereitet. Daher war sein Bild von sehr unterschiedlichen Facetten gekennzeichnet. Auch in der islamischen, selbst in der schiitischen Welt waren seine Vorstel-

---

[21] Sharoukh Akhavi: Shariati's Social Thought, in: Nikki Keddie (Ed.): Religion and Politics in Iran, New Haven 1983; ders.: Ali Schari'atis Gesellschaftstheorie, in: Religion und Politik im Iran. Mardom nameh – Jahrbuch zur Geschichte und Gesellschaft des Mittleren Ostens, Frankfurt 1981; Mehdi Abedi: Ali Schariati: The Architect of the 1979 Revolution of Iran, in: Iranian Studies 19 (1986).

lungen vielfach umstritten. Zehn Jahre nach seinem Tod sind die Auseinandersetzungen um ihn und seine Vorstellungen ein wenig verblasst. Hier ist zunächst von den staatstheoretischen Vorstellungen dieses Rechtsgelehrten auszugehen. Diese sind aufs engste verknüpft mit der schiitischen Form des Islams. Daher muss hier zunächst skizzenhaft auf einige Aspekte dieser Konfession eingegangen werden. Schiitische Muslime ergänzen das islamische Dogma von der Einheit Gottes und dem Prophetentum Muhammads um die Formel „Und Ali ist der Freund Gottes.“ Nach schiitischer Auffassung hätte Ali als Verwandter des Propheten nach dessen Tod legitimerweise die Nachfolge antreten müssen. Es wird von ihnen als eine Fehlentwicklung der Geschichte angesehen, dass die Herrschaft über die islamische Gemeinde zunächst von anderen ausgeübt wurde und das Khalifat Alis zudem nur von kurzer Dauer war. Keiner seiner männlichen Nachkommen gelangte jemals zur Herrschaft. Der Anspruch auf diese Herrschaft wurde nicht nur mit dynastischen Argumenten begründet, sondern auch mit religiösen. Es entstand die Vorstellung, dass man als gläubiger Muslim den Willen Gottes nur dann vollkommen erfüllen könne, wenn man durch Ali und seine Nachkommen, die als die Imame bezeichnet werden, auf dem Weg zu Gott geführt wird. Die Imame gelten als unfehlbar. Im 9. Jahrhundert verschwand der Letzte der Imame. Die Schiiten glauben, dass er sich in der ‚großen Verborgenheit‘ befindet und dereinst als Messias (Mahdi) zurückkehren wird. Diese Heilserwartung ist unter Schiiten bis auf den heutigen Tag so lebendig, dass der gültigen iranischen Verfassung die Bemerkung vorangesetzt worden ist, dass alle Bestimmungen der Konstitution nur bis zum Erscheinen des Mahdi Gültigkeit haben.

In einem längeren religionsgeschichtlichen Prozess entwickelte sich die Vorstellung, dass die schiitischen Rechtsgelehrten in Vertretung der Imame die Gläubigen auf ihrem Lebensweg anleiten sollten. Die Gelehrten nehmen Seelsorgefunktionen wahr, die mit einem beträchtlichen Maß an Autorität verbunden sind. Es entstehen bis auf den heutigen Tag lebenslange Autoritätsverhältnisse zwischen den Gläubigen und einem Rechtsgelehrten. Der Gläubige folgt in allen Bereichen den Regeln, die der Rechtsgelehrte aufstellt. Er führt darüber hinaus einen gewissen Teil seines Einkommens an den Gelehrten ab. Große Gelehrte mit Tausenden von Anhängern sind in der Lage, aus diesen Einkünften große karitative oder wissenschaftliche Einrichtungen zu finanzieren, aber sich auch politischen Einfluss zu verschaffen. Da aber auch Rechtsgelehrte im Verlauf ihren Lebens zunächst einmal in einem Abhängigkeitsverhältnis von einem anderen Rechtsgelehrten stehen, hat sich eine allerdings mehr oder weniger amorphe Hierarchie von Gelehrten entwickelt, an deren Spitze ein oberster Rechtsgelehrter, der Mardja' al-Taqlid (Quelle der Nachahmung), steht. Unter den bedeutendsten Rechtsgelehrten besteht ein ständiges Konkurrenzverhältnis um diese oberste Position. Seit der Entstehung dieser religiösen Autoritätsstrukturen hat es häufig eine Situation gegeben, in der die führenden Religionsgelehrten gezwungen waren, sich in tagespolitische Situationen einzumischen. Dies taten sie aber nur, wenn es aus ihrer Sicht unumgänglich war. Ansonsten zogen sie in ihrer Mehrheit quietistische Positionen einer aktiven Politik vor.

Ein Vertreter der Minderheit von Gelehrten, die die Position vertraten, dass sich die Rechtsgelehrten auch mit der politischen Praxis befassen müssten, war der Ayatollah Khomeini. In einer Vorlesungsserie, die er in der den Schiiten heiligen Stadt Nadjaf im Irak im Winter 1969/70 vor schiitischen Theologiestudenten hielt, hatte Khomeini seine Vorstellungen entwickelt, die später in einem Buch veröffentlicht wurden, das den Titel hat: ‚Islamische Herrschaft oder der Führungsauftrag der Rechtsgelehrten' (Hukumat-i islami ya velayet-i faqih)[22]. Darin stellt er fest, dass eine Monarchie oder ein säkulares staatliches System unislamisch sei. Aus der politischen Situation des Iran verständlich, richtet er sich vor allem gegen die Monarchie. In einer Predigt aus Anlass der 2500-Jahrfeier im Iran im Jahr 1971 sagte er: „Die Existenz von Königen in der Geschichte der Völker ist betrüblich und schändlich. Ihre Existenz muss zu Trauerfeierlichkeiten Anlass geben und nicht zu Festlichkeiten. Die iranischen Volksmassen müssen diese Feier bekämpfen. Die Nichtteilnahme an diesem Fest ist eine religiös-rechtliche Pflicht. Der Islam steht grundsätzlich in Widerspruch zu den Prinzipien des Königtums. Jeder, der die Biographie Muhammads hinsichtlich der Errichtung des Staates studiert, sieht deutlich, dass der Islam antrat, um die Paläste des tyrannischen Königtums zu zerstören, und dass die Monarchie nach Ansicht des Islams zu den abscheulichsten Erscheinungen des Rückschritts und der Rückständigkeit gehört." Er stellt im ‚Velayet-i faqih' fest, dass der Islam

---

[22] Das Buch ist heute vor allem als ‚Velayet-i Faqih' bekannt.

keinen Klerus kenne, daher sei auch keine Trennung von Staat und Kirche möglich. Im übrigen stellt er fest, dass Gott Gesetze erlassen habe und es daher auch eine Exekutive geben müsse, die über deren Einhaltung wache. Die Gesetze des Islams umfassten alle Lebensbereiche. Es gebe nichts, wozu das islamische Recht sich nicht äußere oder äußern könnte. Nachdem der letzte Imam in der Verborgenheit verharre, sei es die Aufgabe der Rechtsgelehrten, die Funktionen der Exekutive wahrzunehmen. Dies begründet er durch die Heranziehung verschiedener Aussprüche von Imamen. So heißt es z. B.: „Die gläubigen Rechtsgelehrten sind die Festungen des Islams, so wie es die Mauern für eine Stadt sind." Daraus schließt Khomeini die Verpflichtung der Rechtsgelehrten, den Islam zu verteidigen, indem sie die politische Macht an sich reißen. Für die Zuständigkeit in Sachen der Tagespolitik bietet er eine Tradition auf, die auf den letzten, den verborgenen Imam zurückgeführt wird. Da heißt es: „Wendet euch in Fragen der alltäglichen Ereignisse an die Überlieferer meiner Aussprüche. Sie sind ein Beweis für euch, so wie ich ein Beweis für Gott bin." Im Übrigen bleibt Khomeini hinsichtlich der von ihm geplanten Form eines islamischen Staates in Iran wenig präzise. Erst nach dem Erfolg der Islamischen Revolution werden hier konkrete Entscheidungen getroffen.

Scharf wendet sich Khomeini auch gegen den Westen, wenn er 1971 in einer Botschaft an Mekkapilger ausführt: „Eine reißende atheistische Flut wälzt sich gegen die Existenz des Islams ..., nachdem eine heftige Schlacht (Junikrieg 1967) gegen die Muslime stattgefunden hat und nachdem ihre Länder und Reichtümer ausgebeutet wurden. Das ist das Ergebnis der allgemeinen Schwäche, welche die Muslime gegenüber den Armeen des Unglaubens und Atheismus an den Tag legten ... Die verdorbene Kultur der Imperialisten erstreckt ihre Wurzeln schon bis in die Dörfer und ländlichen Gebiete der islamischen Staaten und fast ist sie schon ausschlaggebender als die Kultur des Korans und die einheimische Zivilisation des Islams. Die fremde Kultur verschlingt unsere Kinder, Jungen und Mädchen, und stellt sie als Sklaven in den Dienst des ungläubigen Ausländers." Nach dem Erfolg der Revolution sagte er vor Mitarbeitern des iranischen Rundfunks und Fernsehens: „Wenn die Feinde der Menschheit uns beherrschen wollen, versuchen sie, uns glauben zu machen, dass wir selbst nichts anzubieten haben und alles aus dem Ausland einführen müssen. Die

Unterentwicklung der unterdrückten Länder lag zum Teil darin begründet, dass sie an der Verwirklichung ihrer Ideen gehindert wurden. Die Gegenpropaganda war so erdrückend, dass keiner den Mut fand, Eigeninitiative zu entwickeln. Nachdem es uns durch die Gnade Gottes und den Einsatz junger Leute gelungen ist, können wir uns von dieser weit verbreiteten falschen Auffassung und von dem, was man uns einzureden versucht, frei machen. Was berechtigt diese Menschen dazu, sich uns überlegen zu fühlen? Gerade sie hinderten die besten Köpfe unseres Landes daran, sich für ihr Land einzusetzen. Die fähigsten Köpfe verließen das Land und stellten ihre Fähigkeit in den Dienst ausländischer Interessen. Ein Denker, der seinem Land und dem Islam dienen will, braucht nicht zu flüchten. Derjenige aber, der sich über den Schutz der amerikanischen und sowjetischen Interessen in unserem Land den Kopf zerbricht, soll gehen und das Feld denjenigen überlassen, die zum Wohl ihres eigenen Landes arbeiten." Typisch für seine Einstellung ist auch das folgende Zitat aus dem Jahr 1980: „Es ist unsere Pflicht, den Supermächten Widerstand zu leisten. Die Kraft zur Entschlossenheit und Standfestigkeit haben wir, vorausgesetzt, unsere Intellektuellen wenden sich vom Osten ab und vom Westen und von der Veröstlichung und der Verwestlichung und folgen dem graden Weg des Islams und des Volkes. Den internationalen Kommunismus bekämpfen wir ebenso wie die Weltverschwörung, die von Amerika angeführt wird, sowie den Zionismus und Israel."

Es wird hier deutlich, dass Khomeini die islamische Welt einer ständigen Aggression durch den Westen und seinen Verbündeten ausgesetzt sieht. Diese Aggression ist nach Khomeinis Ansicht sowohl militärischer, wie auch wirtschaftlicher und kultureller Art. Ein besonders schlagendes Beispiel für die Aggressivität des Westens ist für Khomeini, aber auch für viele andere radikale islamische Denker die Art und Weise wie von westlichen Medien und Politikern die Stellung der Frau in der islamischen Gesellschaft behandelt wird. Nach Ansicht Khomeinis bieten die Lehren des Islams die Voraussetzung für eine egalitäre Gesellschaft, in der alle, unabhängig von ihrer Rasse oder ihrem Geschlecht, über die gleichen Rechte verfügen und die gleichen Pflichten zu erfüllen haben. Zum iranischen Frauentag, dem Geburtstag der Prophetentochter Fatima, am 19. Mai 1985, sagte Khomeini: „Frauen wurden in zwei historischen Phasen besonders unterdrückt. Frauen wurden in der Zeit der Unwissenheit vor dem Islam unterdrückt, und der Islam hat die Frauen von dieser Unterdrückung befreit. Die Zeit der Unwissenheit war eine Zeit, in der die Frauen wie Tiere behandelt wurden und sogar noch schlechter als Tiere. Die andere Phase, in der die Frauen in unserem Iran unterdrückt wurden, war die Zeit des früheren, des ungerechten Schah. Im Namen der Befreiung der Frau wurden die Frauen unterdrückt. Sie erniedrigten die Frau, die sich vorher auf einem respektierten und ehrenvollen Platz befunden hatte ... Der Schah sagte, daß die Frauen charmant sein müßten. Natürlich, mit einer derartigen animalistischen, mit einer derartig physischen, materialistischen Einstellung, wie er sie hatte, konnte er die Frau ausschließlich als ein charmantes Wesen sehen. Er erniedrigte die Frau aus einer menschlichen Position in die Position eines Tieres unter dem Vorwand, daß er einen besonderen Status für sie schaffe. Er erniedrigte die Frau. Er machte sie zu einer Puppe."[23]

Betrachtet man die Äußerungen der hier vorgestellten islamischen radikalen Denker, lassen sich deren Positionen auf einige gemeinsame Grundformen oder Motivgruppen reduzieren. Zentrales Moment ist die Auseinandersetzung mit dem Westen, der als aggressive Macht verstanden wird, die es nicht nur auf die militärische und wirtschaftliche Kontrolle der islamischen Welt abgesehen hat, sondern auch ihre Form der Zivilisation der islamischen Kultur überstülpen will. Wie weit diese Furcht bei der breiten Bevölkerung in den islamischen Staaten geht, ist nur schwer einzuschätzen. Noch herrscht bei vielen eher Neugierde auf den Westen als Furcht vor einer Überfremdung. Gerade diese Tatsache mag mit dazu beitragen, dass die muslimischen Kritiker des Westens die Entfremdung von der eigenen Kultur zu einem zentralen Thema ihrer Veröffentlichungen gemacht haben. In vielen Fällen handelt es sich dabei um Reaktionen auf westliche Kritik an den Verhältnissen in den islamischen Gesellschaften. Dabei werden vor allem die kritischen Äußerungen von Vertretern westlicher Positionen an der Situation der Menschenrechte in islamischen Staaten

---

[23] Amir H. Ferdows: Die Feda'iyan-e Eslam und Ayatollah Khomeini: Das Modell einer islamischen Gesellschaft, in: Religion und Politik im Iran. Mardom Nameh – Jahrbuch zur Geschichte und Gesellschaft des Mittleren Ostens, Frankfurt 1981; Karl-Heinrich Göbel: Moderne schiitische Politik und Staatsidee, Opladen 1984; Ervand Abrahamian: Khomeinism. Essays on the Islamic Republic, London 1993.

mit großer Empfindlichkeit zur Kenntnis genommen. Auch wenn die muslimischen Autoren einem säkularistischen Autokraten wie dem irakischen Präsidenten Saddam Husain sehr fern stehen, haben sich viele von ihnen doch seinen Satz zu eigen gemacht, dass der Westen die Menschenrechte nur dann anwende oder als Argument vortrage, wenn es seinen eigenen Interessen entspreche. Die Tatsache, dass in den Äußerungen westlicher Politiker im Zusammenhang mit der Menschenrechtsargumentation häufig in der Tat mit zweierlei Maß gemessen wird, hat dazu geführt, dass diese kritische Position radikaler islamischer Denker von einer großen Mehrheit der muslimischen Bevölkerung in den islamischen Gesellschaften geteilt wird. Je häufiger westliche Politiker oder Publizisten die islamische Welt unter dem Gesichtspunkt der Menschenrechte kritisieren, umso mehr wird sich der Einfluss der radikalen Muslime in dieser Hinsicht verstärken.

Eine geringere Wirksamkeit entwickelt die Kritik der radikalen islamischen Denker an dem tatsächlichen oder vermeindlichen übertriebenen Konsumverhalten der Menschen in westlichen Gesellschaften. In der Mehrzahl der islamischen Gesellschaften kann man eine Situation feststellen, bei der es einer größeren Zahl von Menschen eher um die Befriedigung der Grundbedürfnisse geht als um die Teilnahme an einem westlich inspirierten Konsumrausch. Noch ist eine Situation festzustellen, in der diese Menschen nichts Negatives darin finden können, wenn man sich über das unbedingt Notwendige hinaus etwas leisten kann. Der Vergleich der Situation der Frau in den westlichen und in den islamischen Gesellschaften stellt dagegen ein Thema dar, bei dem die Position radikaler Muslime von einer immer größeren Zahl von Muslimen übernommen wird. Es muss nicht darauf hingewiesen werden, dass sich viele falsche Vorstellungen von den tatsächlichen Beziehungen zwischen den Geschlechtern in westlichen Gesellschaften machen. Das Bild ist geprägt durch verschiedene amerikanische Fernsehserien, in denen das Geschlechterverhältnis in den westlichen Gesellschaften auf eine zumindest problematische Weise wiedergegeben wird. Verstärkt wird dieser negative Eindruck noch durch die Tatsache, dass in einigen Ländern über Satellit westeuropäische Fernsehprogramme empfangen werden können, in denen auch Soft-Porno-Produktionen ausgestrahlt werden. Schließlich gelangen auch legal oder illegal eingeführte pornographische Video-Produktionen auf den Markt. Die Auseinandersetzungen von westlichen Feministinnen mit der Porno-Industrie sind in vielen islamistischen Publikationen in großer Aufmachungen behandelt worden. All das hat dazu geführt, dass die muslimischen Vorstellungen von den Beziehungen zwischen den Geschlechtern in der westlichen Welt sich sehr negativ gestaltet haben. In der Folge wird dem Westen jede moralische Berechtigung abgesprochen, sich kritisch über die Situation der Frau in islamischen Gesellschaften zu äußern.

Lange Zeit wurden die Vorstellungen der islamischen radikalen Denker weder in ihren eigenen Gesellschaften, noch von ausländischen Beobachtern ernsthaft zur Kenntnis genommen. Man sah sie eher als skurrile, mehr oder weniger überlebte Sonderformen des Islams an. Vor allem westliche Fachleute erwarteten eine Entwicklung hin zu einem aufgeklärten, die individuelle Frömmigkeit in den Vordergrund stellenden, vor allem auch im sozial-karitativen Bereich verstärkt aktiven Islam. Die politischen Ideologien, die den öffentlichen Diskurs in der islamischen Welt bestimmten, waren unterschiedliche Nationalismen und verschiedene Spielarten des Marxismus. Natürlich hatte es Versuche gegeben, diese Ideologien mit dem Islam zu verbinden. Dies war im Zusammenhang mit dem arabischen Nationalismus insofern leicht, als die Prägung des Islams durch die arabischen kulturellen Traditionen augenfällig ist. Doch auch im türkischen oder iranischen Nationalismus finden sich Versuche, den Islam zu integrieren. So argumentierten türkische Nationalisten, dass es die Türken gewesen seien, die den Islam nach der Dekadenz der arabischen Herrscher wieder zur kulturellen Blüte und politischen Macht geführt hätten. Für einige Formen des iranischen Nationalismus trug die schiitische Form des Islams geradezu entscheidend zur iranischen Identität bei. Im indischen nationalen Kontext wäre Pakistan ohne den Islam überhaupt nicht denkbar. Derartige Beispiele ließen sich beliebig vermehren. Vielfach versuchten islamische Autoren auch, den sozialistischen Charakter des Islams herauszuarbeiten. Alle großen Gestalten der islamischen Frühzeit wurden auf ihre soziale Kompetenz untersucht, und man kam zu dem Ergebnis, dass der Islam geradezu die Urform des Sozialismus darstellte. Dabei stellte der Islam in diesen nationalistischen oder sozialistischen Ideologien jedoch stets den weniger bedeutenden Teil dar. Kennzeichnend für die ideologische Situation in der Mehrzahl der islamischen Staaten war darüber hinaus eine Kombination von nationalistischen und sozialistischen Vorstellungen, in denen der Islam ebenfalls eine, wenn auch untergeordnete Rolle spielte. Die verschiedenen Regime nutzen diese Ideologien zur Legitimierung ihrer Macht. Angesichts einer sich ständig verringernden Effektivität bei der Erfüllung staatlicher Aufgaben, wachsender Korruption und einem immer größer werdenden Unterschied zwischen den propagandistischen Verlautbarungen und der Lebensrealität der Bevölkerung gerieten die Legitimationsideologien mehr und mehr in Misskredit. Höhepunkt dieser Entwicklung, nicht nur für die arabische Welt, war die Niederlage arabischer Armeen gegen Israel im Junikrieg von 1967. Man kann dieses Ereignis geradezu als die Wasserscheide in der ideologischen Entwicklung der islamischen Welt bezeichnen. Die Frustrationen der katastrophalen Niederlage führten zu einem radikalen Umdenken in weiten Kreisen von Intellektuellen und anderen Akademikern. Diese Entwicklung führte nicht ausschließlich zu einer Übernahme radikal-islamischer Vorstellungen; in diesem Zusammenhang würde ich auch die Hamas-Bewegung in Palästina nicht in einen solchen radikal-islamischen Kontext einordnen, da sie sich bisher noch nicht gegen die palästinensische Führung gewendet hat. Aber die grundsätzliche Haltung gegenüber dem Islam änderte sich. Der Islam als kulturelle Tradition stellte eine Möglichkeit der Selbstversicherung und Identitätsfindung nach der Niederlage auch für Nicht-Muslime dar.

Radikale islamistische Aktivisten

Zwar war der Einfluss radikaler islamischer Denker auf weite Teile der Bevölkerung in islamischen Ländern, vor allem aber auf die führenden Eliten dieser Staaten nur begrenzt. Dennoch fanden und finden sich immer wieder Gruppen, die von den Überlegungen dieser Autoren ausgehend noch radikalere Vorstellungen entwickeln und diese in die Tat umzusetzen versuchen. Im Folgenden kann es nicht darum gehen, die verschiedenen terroristischen Gruppen, die ihre radikal-islamischen Vorstellungen mit Gewalt durchsetzen wollen, in ihrer Gesamtheit zu beschreiben. Häufig finden sich auch nicht die notwendigen Quellen, um die Vorstellungen der Gruppen ausreichend beschreiben zu können. Daher erscheint eine Beschränkung auf einige besonders typische Gruppen mit einer längerfristigen Wirkung angebracht. Die gewaltförmigen Aktionen, mit denen die Organisation der ‚Muslimbruderschaft' im Ägypten der fünfziger Jahre von sich reden machte, können noch in einem Kontext innenpolitischer Auseinandersetzungen gesehen werden, die auch aus dem Selbstverständnis der Akteure heraus nicht spezifisch islamisch sind. Auch die Aufstände in Syrien unter der Herrschaft Hafiz al-Asads sind wohl als eine Reaktion auf die schweren Verfolgungen durch das Regime zu sehen. Da die ‚Muslimbrüder' in Ägypten sich seit den siebziger Jahren trotz ihrer Distanz zu den staatlichen Institutionen und Machthabern bis zu einem gewissen Grad etabliert hatten, entstanden neue, radikalere Organisationen, die den Staat mit großer Härte bekämpften. An die Öffentlichkeit traten sie zuerst in der Mitte der siebziger Jahre. Der Name der wohl ältesten Gruppe war ‚al-Takfir wa-l-Hijra', der sehr deutlich das Programm dieser Gruppe verdeutlicht. ‚al-Takfir' ist der arabische terminus technicus für einen rechtlichen Vorgang. ‚Takfir' bedeutet, jemanden als Ungläubigen zu betrachten oder ihn zu einer solchen Person zu erklären. Die Anhänger dieser Gruppe verdammten nun die gesamte ägyptische Gesellschaft als Ungläubige. Sie begründeten das damit, dass es ihnen in Äypten nicht möglich sei, ihrer Religion so zu folgen, wie das von Gott vorgeschrieben sei. Dabei wiesen sie vor allem auf die Tatsache hin, dass in Ägypten westliches Recht und nicht islamisches Recht angewendet werde. Sie kritisierten aber auch den offenen, staatlich sanktionierten Verkauf von Alkohol oder die Ausstrahlung von aus ihrer Sicht unmoralischen Programmen in den staatlichen Fernsehsendern. Durch diese Programme würden vor allem die jungen Ägypterinnen so verdorben, dass es einem jungen Mann kaum noch möglich sei, ein ‚anständiges' Mädchen als Ehefrau zu finden.

Bemerkenswert ist, dass die Mehrzahl der Mitglieder der Gruppe ‚al-Takfir-wa-l-Hijra' aus der unteren Mittelschicht stammte und über eine gewisse akademische Bildung verfügte. Auffallend ist die große Zahl von Studenten oder Absolventen technischer oder naturwissenschaftlicher Fächer. Zwar gab es in Ägypten die Regelung, dass alle Hochschulabsolventen eine Anstellung im öffentlichen Dienst erhalten sollten. Diese Regelung hatte jedoch dazu geführt, dass die Gehälter für einen adäquaten Lebensunterhalt nicht ausreichten und die Frustration unter jungen Akademikern beträchtlich war. Die Mitglieder von ‚al-Takfir wa-l-Hijra' sahen die Ursache für ihre Misere in der Tatsache begründet, dass sich Ägypten von den islamischen Wurzeln entfernt habe. Ihr Vorbild einer idealen Gesellschaft war der islamische Staat von Medina, in dem der Prophet Muhammad die Gemeinschaft der Gläubigen geführt hatte. Zu dieser Zeit waren die Menschen aber vor allem durch die Offenbarung Gottes auf den rechten Weg geleitet worden. Wenn man sich also bemühen würde, die Verhältnisse von Medina so weit als möglich zu rekonstruieren, wäre man der idealen islamischen Gesellschaft nahe. Man kann hier durchaus von einer rückwärts gewandten Utopie sprechen. Das Vorbild des Propheten Muhammad war auch ausschlaggebend für den zweiten Begriff des Namens der Gruppe. Der Prophet hatte seine Heimatstadt Mekka verlassen, als er sah, dass deren Einwohner ihm nicht folgen wollten. Er hatte die Hijra vollzogen. So wie der Prophet trennten sich die Mitglieder von ‚al-Takfir wa-l-Hijra' nun ganz von der ägyptischen Gesellschaft. Sie zogen sich in Wüstengebiete zurück und versuchten, hier eine wahrhaftige islamische Gemeinschaft aufzubauen. Dazu rekonstruierten sie einerseits die materielle Kultur des Staates von Medina, indem sie die entsprechende Kleidung trugen und die damalige Haar- und Barttracht nachahmten. Andererseits bauten sie eine politische Organisation auf, an deren Spitze ein Amir[24] stand, der die absolute Kontrolle und Befehlsgewalt über die Mitglieder der Gemeinschaft haben sollte.

Hieraus ergab sich übrigens einer der gravierenden Konflikte innerhalb der Gemeinschaft, weil die notwendige Autorität und Legitimität des Amir nicht gegeben war und sich immer wieder Konflikte um diese Position ergaben. In der Nachfolge des Propheten, der seiner Heimatstadt Mekka den Krieg erklärt hatte, griffen die Mitglieder von ‚al-Takfir wa-l-Hijra' nun den ägyptischen Staat an. Dazu benutzten sie allerdings moderne Waffen und Bomben und nicht etwa Lanzen oder Schwerter. Neben den polizeilichen und juristischen Reaktionen auf diese Attacken erfolgten auch umfängliche staatliche Propagandaaktionen, mit denen die ägyptische Öffentlichkeit davon überzeugt werden sollte, dass die Vorstellungen der Islamisten mit dem wahren Islam nichts zu tun hätten. Dabei wurde in den großen Zeitschriften, aber auch im Fernsehen ausführlich über die Vorstellungen der Mitglieder von ‚al-Takfir wa-l-Hijra' berichtet. Bis zu einem gewissen

---

[24] Damit nimmt die Gruppe Bezug auf einen Titel der islamischen Herrscher, der Khalifen, der ‚Amir al-Mu'min' (Beherrscher der Gläubigen) lautete.

Grad wurde dabei auch deren Kritik an den ägyptischen Verhältnissen dokumentiert. Eigentlicher Zweck der Veröffentlichungen war es aber, die mangelnden Kenntnisse der Delinquenten vom Islam bekannt zu machen. Zu diesem Zweck wurden sie mit führenden Gelehrten der Azhar-Hochschule, der bedeutendsten Stätte der sunnitischen Orthodoxie, konfrontiert. Diese zeigten nun unter Verweis auf die autoritativen Quellen des Islams die Fehler und Missverständnisse auf, denen die Islamisten erlegen waren. Zugleich glaubte man, dass sie auf diese Weise auch ihre Fehleinschätzung der ägyptischen Gesellschaft einsehen würden.[25]

Eine gewisse Zeit scheint diese Taktik der ägyptischen Behörden gegenüber den islamischen Radikalen auch Erfolg gehabt zu haben. Das Attentat auf den ägyptischen Präsidenten Anwar al-Sadat zeigte aber, dass man hier einer Fehleinschätzung aufgesessen war. Eher zufällig verfügen wir über einige Äußerungen von Personen, die dem Kreis um die Attentäter angehörten. Vor allem aber gibt es eine Veröffentlichung, in der die Hauptthesen der Attentäter zusammengestellt sind. An erster Stelle wird in dieser Veröffentlichung, die den Titel ‚Farida' (Religiöse Pflicht) trägt, darauf hingewiesen, dass die Glaubenspflicht des Jihad mehr und mehr in Vergessenheit geraten ist. Dabei sei es doch schon in der Zeit des Propheten so gewesen, dass nur mit menschlichen Mitteln gegen die heidnischen Götzen hätte vorgegangen werden können. Zentrales Moment der Diskussion aber ist die Frage nach dem islamischen Staat, die sich auch in den Gedanken anderer radikaler Muslime immer wieder findet. Dabei wird zunächst deutlich, dass diese Attentäter durchaus Perspektiven über die islamische Welt hinaus entwickeln. Sie gehen dabei von einer angeblichen Prophetentradition aus, nach der Muhammad die Eroberung von Konstantinopel und Rom vorausgesagt habe. Die Autoren kommentieren das mit der Bemerkung, dass die Eroberung von Ost-Rom achthundert Jahre habe auf sich warten lassen. Doch Rom selbst werde schließlich auch noch erobert werden. Umso wichtiger sei es zu definieren, wie ein islamischer Staat beschaffen sein müsse. Sie stellen fest, dass es vielen Muslimen gleichgültig sei, ob sie in solch einem

---

[25] Saad Eddin Ibrahim: Anatomy of Egypt's Militant Groups: Methodological Note and Preliminary Findings, in: International Journal of Middle East Studies 12 (1980).

Staat lebten oder nicht. Die Autoren der ‚Farida' ziehen aber den Koranvers 5:48 heran, in dem es heißt: „Diejenigen, die nicht entsprechend dem herrschen, was Gott herabgesandt hat, sind Ungläubige."[26] Die Folge für die Argumentation für die Existenz eines islamischen Staates lautet so: „Wenn die religiösen Vorschriften des Islams in ihrer Gesamtheit nicht ohne die Unterstützung des islamischen Staates durchgeführt werden können, dann ist auch die Einrichtung eines solchen Staates religiöse Pflicht. Wenn ein solcher Staat nicht ohne einen Krieg errichtet werden kann, dann ist dieser Krieg eine religiöse Pflicht für den Muslim." Die nächste Frage ergibt sich aus dieser Feststellung: „Leben wir in einem islamischen Staat?" Die Antwort darauf war natürlich negativ. Denn der ägyptische Staat arbeitet mit dem Westen[27], gottlosen Kommunisten und dem Zionismus zusammen. „Die Herrscher haben nichts mit dem Islam zu tun, auch wenn sie beten, fasten oder sonst wie vorgeben, Muslime zu sein." Vergleiche mit der Situation der islamischen Welt während der Mongolenzeit werden gezogen: „Es besteht kein Zweifel, dass das mongolische Gesetz weniger sündig ist als die Gesetze, die der Westen Ländern wie Ägypten übergestülpt hat, und die keine Beziehung zum Islam oder irgendeiner anderen Offenbarungsreligion haben." Dabei spielt es in dieser Argumentation auch keine Rolle, wenn in einem solchen Staat Muslime leben. Wenn ein solcher nicht-islamischer Staat von einem gebürtigen Muslim, wie im Fall Sadat, geführt wird, muss dieser als Apostat angesehen werden. Apostasie aber wird mit dem Tod bestraft.

Der Text setzt sich durchaus mit kritischen Stimmen gegenüber seiner Position auseinander, die ein lebhaftes Bild des Diskussionsstandes innerhalb des radikalen Diskurses geben. So ist, wohl unter Bezugnahme auf die geschilderten karitativen Aktivitäten von Gruppen wie den Muslimbrüdern, die Frage gestellt worden, ob diese Bemühungen nicht die Sache des Islams in Ägypten beförderten. Dabei

---

[26] Diese Übersetzung entspricht zwar den Intentionen der Autoren, der arabische Text lässt aber auch eine andere Deutung zu; so gibt A. Th. Khoury in seiner Übersetzung den Satz folgendermaßen wieder: „Diejenigen, die nicht nach dem urteilen, was Gott hinabgesandt hat, sind die Ungläubigen." Nach der ersten Übersetzung geht es um die Form politischer Herrschaft, nach der zweiten um juristisches oder auch persönliches Urteil.

[27] Der Text verwendet das Wort ‚Kreuzfahrertum', ein negativer Ausdruck für den Westen.

muss bedacht werden, dass diese ‚wohltätigen Gemeinschaften‘ in Ägypten in die Tausende gehen, so dass man geradezu von einer Massenbewegung sprechen kann. Die Gegenfrage der ‚Farida‘ lautet: Führen solche Aktivitäten zur Gründung eines islamischen Staates? Schon aus der Tatsache, dass die Organisationen, die solche karitativen Tätigkeiten organisieren, staatlich registriert werden müssen und unter Umständen sogar staatliche Gelder erhalten, disqualifizieren sie für die ‚Farida‘. Die andere Gruppe, mit der sich die radikalen Autoren auseinander setzen, sind die verschiedenen Formen und Gemeinschaften von quietistischem Islam, deren Mitglieder sich darauf konzentrieren, auf der persönlichen Ebene ihre religiösen Pflichten zu erfüllen. In diesen Gemeinschaften existiert wohl die Vorstellung, dass sich die Probleme der islamischen Gesellschaften dann erledigen würden, wenn alle Muslime sich erfolgreich konsequent um die Erfüllung des Willens Gottes auf dieser persönlichen Ebene bemühen würden. In diesen Vorstellungen spielt die Frage der Erziehung eine wichtige Rolle. Gerade auf den letzten Punkt geht der Text nicht ein. Auch von den im Islam ansonsten hoch geschätzten Begriffen wie Wissen oder Gelehrsamkeit[28] halten die Autoren der ‚Farida‘ nichts. Statt dessen meinen sie, dass die höchste Form des Gehorsams gegenüber Gott der Glaubenskampf, der Jihad, sei. Auch die Feststellung mancher islamischer Gelehrter, dass die Bemühung um Wissen der eigentliche Jihad sei, wird von der ‚Farida‘ abgelehnt.

Gleiches gilt auch für die Vorstellung, dass der wahre Jihad der Kampf gegen die eigenen Unzulänglichkeiten bei der Verfolgung einer wahrhaft islamischen Lebensführung sei. Das hängt sicherlich auch mit der Tatsache zusammen, dass die Vertreter der islamischen Wissenschaften stets mit den staatlichen Autoritäten zusammengearbeitet haben. Auch die von den islamischen Rechtsgelehrten vorgetragene Meinung, Jihad sei nur als Defensivkrieg erlaubt, wird von den radikalen Autoren unter Bezugnahme auf die entsprechenden Koranzitate abgelehnt. Zugleich wird auch die von Quietisten vertretene Vorstellung kritisiert, dass das Befassen mit Politik ‚die Herzen verhärte‘ und

[28] Eine Mehrzahl von Muslimen wird dagegen nicht müde, darauf hinzuweisen, dass der Erwerb von Wissen eine wichtige Form des Jihad sei und zitieren zu diesem Zweck gerne den Prophetenausspruch: Such Wissen, selbst wenn es in China wäre.

von der Erfüllung der Glaubenspflichten ablenke. Menschen, die eine solche Position vertreten, verstünden den Islam nicht richtig. Die ‚Farida' ist immerhin einverstanden mit der Gründung von islamischen politischen Parteien. Allerdings besteht dann die Gefahr, dass die Mitglieder solcher Parteien durch die politische Praxis korrumpiert werden. Auch die Tatsache, dass die Zahl der Anwälte, Ingenieure, Ärzte und anderen Akademiker, die sich als Muslime bewusst um eine Stärkung des Islams in Ägypten bemühen, gewachsen ist, habe den heidnischen Charakter des Staates nicht verändert. Manche Befürworter eines islamischen Staates vertreten die Meinung, dass dieser durch die friedlichen Mittel der Überzeugung und der Missionierung erreicht werden könnte. Die ‚Farida' stellt dazu fest, dass sich gezeigt habe, dass der Staat mit seinen Mitteln solche friedlichen Bemühungen bisher stets vereitelt habe. Auch die Praxis der Gruppe ‚al-Takfir wa-l-Hijra', sich in Wüstengebiete zurückzuziehen, wird von den Verfassern der ‚Farida' als völlig unsinnig und im Grunde erfolglos abgelehnt. Ausführlich wird auch auf die Form des Kampfes eingegangen. So bezieht man sich auf Koranverse, in denen der Erfolg im Kampf allein als eine Folge des göttlichen Willens betrachtet wird. Pläne und Vorbereitungen seien daher nicht notwendig. Die Sadat-Attentäter haben in der Tat offenbar auch keine elaborierten Pläne für ihr Vorhaben entwickelt, was ein Grund dafür gewesen sein mag, dass sie von den ägyptischen Sicherheitskräften nicht entdeckt wurden. Die weiteren Diskussionen über die richtige Taktik im Jihad diskutieren die Kriegsmethoden und deren Übereinstimmung mit den Normen des Islams. Danach ist es erlaubt, die Feinde zu täuschen, sie ohne Vorwarnung anzugreifen, das Risiko, Unbeteiligte, wie Frauen oder Kinder, zu töten, einzugehen und Nicht-Muslime als Helfer im Jihad zu nutzen.[29]

Der Text der ‚Farida' zeichnet sich durch das Bemühen aus, eine im traditionellen Sinne gelehrte Argumentation zu liefern. Er setzt sich mit möglicher Kritik islamischer Gelehrter auseinander und versucht diese mit einer Vielzahl von Zitaten und Belegen aus den Werken allgemein akzeptierter islamischer Gelehrter zu widerlegen. Dies beeindruckt vor allem die Leser, denen die Interpretation autoritativer Texte

---

[29] J. J. G. Jansen: The Creed of Sadad's Assassins. The Contents of the ‚Forgotten Duty' analyzed, in: Die Welt des Islams 25 (1985), S. 1–30.

nicht geläufig ist. Man darf davon ausgehen, dass alle weiteren terroristischen Aktionen, die Ägypten vor allem in den neunziger Jahren immer wieder erschüttert haben, vor diesem ideologischen Hintergrund durchgeführt worden sind. Wir wissen zwar nicht, wie weit die ‚Farida' in anderen islamischen Ländern verbreitet worden ist. Es ist jedoch nicht auszuschließen, dass die zahlreichen, bürgerkriegsähnlichen Ereignisse in Algerien seit dem Beginn der neunziger Jahre in einem ähnlichen argumentativen Zusammenhang stehen.[30]

Es hat sich inzwischen gezeigt, dass die Sicherheitsdienste in Ägypten, und in wachsendem Maße auch in Algerien, mehr und mehr in der Lage sind, die islamistischen Terrorgruppen unter Kontrolle zu bringen. Die Terrorgruppen weichen daher in vielen Fällen in andere Länder aus. Sie werden dabei von verschiedenen Staaten aus machtpolitischen Motiven unterstützt, befinden sich dabei jedoch in einer höchst unsicheren Situation, weil sich diese Motive schnell ändern können.

Glaubenskämpfer an vielen Fronten

Neben dem Junikrieg von 1967 waren es zwei weitere weltpolitische Ereignisse, die radikalen islamistischen Gruppen Auftrieb gaben: die Besetzung Afghanistans durch sowjetische Truppen Anfang der achtziger Jahre und die kriegerischen Auseinandersetzungen in Bosnien in den Neunzigern. Der sowjetische Angriff wurde von einer überwiegenden Öffentlichkeit in den islamischen Staaten, unabhängig von deren ideologischer Bindung, politischen Abhängigkeit oder staatlichen Form, als eine direkte Aggression auf die gesamte islamische Welt betrachtet. In dieser Bewertung befanden sie sich in Übereinstimmung mit einem großen Teil der Weltmeinung. Der Widerstand der Afghanen wurde unterstützt durch junge Männer aus der gesamten islamischen Welt, bei denen es sich häufig um radikale islamische Aktivisten handelte. Sie erhielten die ehrenvolle Bezeichnung ‚al-Mu-

---

[30] Gerade im Bezug auf Algerien muss allerdings darauf hingewiesen werden, dass längst nicht alle Hintergründe der zahlreichen blutigen Attentate bekannt sind. Hier mag sich auch ein Bürgerkrieg oder eine inter-ethnische Auseinandersetzung entwickelt haben, der die islamische Färbung nur aus propagandistischen Gründen angehängt worden ist.

jahidun' (Sing. al-Mujahid[31]). Im Kampf gegen die sowjetischen Truppen konnten sie ihre Vorstellungen von Jihad realisieren und wurden nicht nur von der westlichen Öffentlichkeit als Freiheitskämpfer gefeiert, sondern gewannen unter Muslimen beträchtliches Ansehen als Menschen, die die islamischen Wertvorstellungen und Glaubenspflichten besonders ernst nahmen. Es darf in diesem Zusammenhang auch nicht vergessen werden, dass diese Kämpfer vor allem von amerikanischen Instruktoren im Gebrauch modernster Waffen ausgebildet wurden. Wie groß die Zahl dieser Mujahidun war und wie viele von ihnen die Auseinandersetzungen in Afghanistan überlebt haben, ist bis heute nicht bekannt geworden. Schätzungen gehen davon aus, dass es sich um etliche Tausend Männer gehandelt hat. Nach dem Rückzug der sowjetischen Truppen aus Afghanistan entwickelte sich ein bis zum heutigen Tag andauernder erbitterter Bürgerkrieg zwischen den verschiedenen afghanischen Milizen um die politische Macht im Lande. Ein Teil der Mujahidun wollte sich an diesen Auseinandersetzungen nicht beteiligen, weil das islamische Recht den Kampf zwischen Muslimen verbietet und man die Angehörigen von Milizen, mit denen man kurz zuvor noch in Waffenbrüderschaft gegen einen gemeinsamen Feind gekämpft hatte, nicht ohne weiteres als Ungläubige bekämpfen konnte. Teilweise zogen sich diese Kämpfer in ihre Herkunftsländer zurück und schlossen sich hier in einigen Fällen den terroristischen Gruppen an, wo ihre waffentechnischen Kenntnisse sehr gefragt waren. Sie wurden nun als ‚die Afghanen' bezeichnet. Ein großer Prozentsatz der beschäftigungslos herumvagabundierenden Afghanistankämpfer fand im Balkankrieg dann auf bosnischer Seite und später im Kosovo ein neues Betätigungsfeld. Nun fanden sie auch wieder die Anerkennung der Öffentlichkeit in den islamischen Ländern, wo die Angriffe gegen die Muslime auf dem Balkan mit großer Anteilnahme verfolgt wurden. Man wird davon ausgehen dürfen, dass die Afghanistankämpfer auch in Zukunft sich an all den Konflikten, auf denen Muslime auf einer Seite stehen, beteiligen werden. Dabei kann es sich um Auseinandersetzungen auf dem indischen Subkontinent, also zwischen Indien und Pakistan, genau so handeln wie um solche zwischen Muslimen und Nicht-Muslimen in verschiedenen

[31] In dem Wort steckt die arabischen Wurzel ‚jhd', die auch in dem Wort ‚Jihad' verwendet wird. ‚Al-Mujahid' bezeichnet also den Kämpfer im Jihad.

westafrikanischen Staaten. In beiden Fällen weisen verschiedene Indikatoren auf die Entwicklung gewaltförmiger Konflikte hin.

Die Frage einer Gefährdung der bestehenden politischen Verhältnisse durch die Aktionen von muslimischen Terroristen ist auch in der langfristigen Perspektive negativ zu beantworten. Selbstverständlich ist es nicht ausgeschlossen, dass Attentate und andere terroristische Aktionen zu einer Verschärfung der Sicherheitslage führen können; es wird auch immer wieder Verluste an Leben und Zerstörungen von Sachen geben. Sicherheitskreise haben Szenarien entwickelt, bei denen Angriffe auf sensible Bereiche der westlichen Gesellschaften erwartet werden. Diese Gefahren könnten in gleicher Weise aber auch von anderen Terroristen ausgehen. Selbst wenn es zum Umsturz eines bestimmten Regimes in der islamischen Welt kommen würde, führte dies doch nicht zur Etablierung eines radikal-islamischen Staates, wie er sich nach der Lektüre z. B. der ‚Farida' vorstellen ließe. Für diese Prognose gibt es mehrere Gründe. Ein erster und wichtiger lässt sich aus den Veröffentlichungen der radikalen Islamisten selbst erschließen. Ihre konzeptuellen Vorstellungen reichen in der Regel nur bis zur Realisierung der Etablierung eines ‚islamischen Staates'. Die organisatorische Struktur dieses geplanten islamischen Staates mit einem Khalifen an der Spitze und einigen wenigen politischen Funktionsträgern kann nur als rudimentär bezeichnet werden. Komplexere politische Entscheidungsprozesse können mit einer derartigen Struktur nicht herbeigeführt werden. Ein weiteres politisches Programm, Vorstellungen über eine islamische Wirtschafts- oder Sozialpolitik werden nicht formuliert. Selbst grundsätzliche Fragen einer Erziehungs- und Wissenschaftspolitik bleiben offen. Auch die Frage, wie sich ein solcher Staat in einem internationalen Kontext verhalten sollte, wird nicht beantwortet. Dürfte er internationalen Organisationen wie der UNO und ihren Unterorganisationen angehören? Wie soll er sich gegenüber Staaten verhalten, die sich selbst ebenfalls als islamisch verstehen? Angesichts der auf der Welt herrschenden politischen und wirtschaftlichen Machtverteilung wären Versuche, mit Gewalt den Einflussbereich eines islamischen Staates zu erweitern, von vornherein zum Scheitern verurteilt. Mit anderen Worten: Vorstellungen von den zahlreichen Feldern politischer Praxis fehlen den radikalen Islamisten. Sie halten entsprechende Überlegungen offenbar auch für überflüssig, weil sie meinen, dass Gott einen wahrhaft islamischen

Staat auf die eine oder andere Weise führen werde. Würde sich also eine entsprechende Gruppe tatsächlich durchsetzen, müsste sie schon bald auf die nach einer Revolution noch vorhandenen administrativen und wirtschaftlichen Eliten zurückgreifen, um die notwendigen politischen und wirtschaftlichen Entscheidungen umzusetzen. Dann käme aber wieder eine praxisbezogene Rationalität zur Anwendung, die den islamistischen Extremismus abschwächen würde. Solch ein Prozess kann natürlich erst dann einsetzen, wenn sich eine entsprechende Gruppe durchgesetzt hat. Solange sie noch mit der Festigung ihrer Macht befasst ist, stehen die radikalen Positionen und ihre Vertreter im Vordergrund. Dies gilt beispielsweise für die Taliban-Milizen in Afghanistan. Wie lange derartige Angleichungsprozesse dauern würden, kann nicht vorausgesagt werden. Doch zeigt gerade auch die islamische Geschichte, dass extremistische Konzepte sich nie auf Dauer haben durchsetzen können.

Neben dieser grundsätzlichen politischen Schwäche ist ein Erfolg des islamischen Radikalismus auch aus einem anderen praktischen Grund nicht zu erwarten. Die Zahl der aktiven islamischen Radikalen und ihres Umfeldes muss als außerordentlich gering eingeschätzt werden. Bei verschiedenen Schätzungen hat sich herausgestellt, dass der Anteil an Islamisten an der Gesamtbevölkerung der unterschiedlichsten islamischen Staaten nicht mehr als zwei Prozent beträgt. Darin ist auch die Gruppe enthalten, die gewaltförmige Aktionen ablehnt und einen islamischen Staat durch friedliche Mittel erreichen will. Die Unterstützung von Radikalen durch die Gesamtbevölkerung in den verschiedenen islamischen Staaten kann als außerordentlich gering bezeichnet werden.

Ein weiteres Moment der politischen Schwäche ist die deutliche Tendenz zur Fragmentierung innerhalb der Gruppe der radikalen Muslime. Seit den frühesten modernen terroristischen Aktivistengruppen der siebziger Jahre ist es immer wieder zu internen Spannungen und Auseinandersetzungen gekommen, die teilweise einen ideologischen Hintergrund hatten, vor allem aber auf persönlichen Antipathien, Machtkämpfen usw. beruhten. Dabei ist auffällig, dass der Umgang der Radikalen untereinander sehr viel brutaler vonstatten ging als die Aktivitäten gegenüber der attackierten Gesellschaft. Man erklärte sich gegenseitig zum Ungläubigen und schrieb sich damit das Recht zu, den persönlichen Gegner zu töten. Es kam zur Kooperation mit Sicherheitsbehörden, wodurch dann diese Feinde ausgeschaltet wurden.[32] Diese bei terroristischen Gruppen vielfach zu beobachtende Entwicklung führt natürlich zu einer ständigen Schwächung der radikalen Organisationen, mit denen die Sicherheitsbehörden dann in der Regel ein leichtes Spiel haben.

Alles in allem darf festgehalten werden, dass radikal-islamische Denker in einigen Bereichen mit ihren Vorstellungen die Gedankenwelt einer breiten Bevölkerung in den islamischen Staaten beeinflussen. Dieser Einfluss könnte noch wachsen, wenn sich die wirtschaftliche Situation in diesen Ländern in einem Maß verschlechtert, dass eine allgemeine Hoffnungslosigkeit in breiten Bevölkerungsteilen entsteht, die nach jeder noch so irrealen Lösungsmöglichkeit greift. Gewalttätige Formen eines radikalen Islams werden dagegen nur in sehr geringem Maß Einfluss gewinnen.

---

[32] Hier ist das algerische Beispiel besonders erhellend, wo sich die verschiedenen terroristischen Gruppen durch ihre Aktionen gegenseitig zu übertrumpfen trachteten. Vor allem beschuldigten sie sich gegenseitig der Nachgiebigkeit gegenüber der Regierung und trieben die Spirale der Gewalt weiter voran, so dass jede auch noch so radikale politische Vorstellung diskreditiert wurde und die Bewegung in der Konsequenz in die gewöhnliche Kriminalität geriet.

Die Alternative – Islamische Mystik als gesellschaftlicher und politischer Faktor

Islamische Mystik und islamische Orthodoxie

Das Verhältnis zwischen der islamischen Orthodoxie sunnitischer, aber auch schiitischer Prägung und der islamischen Mystik ist von deutlichen Antagonismen gekennzeichnet. Mag der schiitische Islam noch durch ein erhebliches Maß an Emotionalität bestimmt sein, so zeichnet sich die sunnitische Orthodoxie durch eine große Kargheit an dogmatischen Konzepten und Ritualen aus. Das Verhältnis zwischen dem Schöpfergott und den Menschen ist nach sunnitischer Vorstellung gekennzeichnet durch die absolute Unterordnung unter den göttlichen Willen. Versuche der Beeinflussung der Allmacht Gottes durch jedwede Handlung des Menschen sind sinnlos. Auch rituelle Techniken zur Versicherung der Heilsgewissheit des einzelnen Gläubigen sind ursprünglich nicht vorgesehen. Religionsgemeinschaften haben aber in der Regel auch die Funktion, ihren Mitgliedern bis zu einem gewissen Grad diese Heilsgewissheit zu verschaffen. Sie sind im übrigen auch Gemeinschaften, durch die kollektive emotionale Erfahrungen gemacht werden, die wiederum das Moment der Heilsgewissheit verstärken. In dieser Hinsicht weist vor allem die sunnitische Orthodoxie erhebliche Defizite auf. Schon im ersten Jahrhunderts islamischer Zeitrechnung fanden sich daher einzelne Gestalten in der islamischen Religionsgeschichte, die dieses emotionale Defizit zu füllen versuchten und gefühlsbetonte Aspekte religiösen Verhaltens in den Islam brachten. Es handelte sich um Musliminnen und Muslime, die mystische Vorstellungen in ihre Religion einführten. Dabei spielt es in unserem Zusammenhang keine Rolle, ob diese mystischen Konzepte auf christliche oder indische Vorbilder zurückzuführen sind oder sich aus einem innerislamischen Zusammenhang entwickelten. Die islamische Mystik stieß natürlich auf Ablehnung von orthodoxen Kreisen, die sich bis in die Gegenwart fortgesetzt hat.[1] Die Vorstellungen der islamischen Mystiker müssen aber so überzeugend gewesen sein, dass die orthodoxe Kritik nur eine begrenzte Wirkung zeigen konnte. Der Erfolg der islamischen Mystik im sunnitischen Milieu hängt auch mit der Tatsache zusammen, dass einer der bedeutendsten Gelehrten der islamischen Religionsgeschichte, al-Ghazzali (gest. 1111), in seinem Buch ‚Die Wiederbelebung der religiösen Wissenschaften' den erfolgreichen Versuch unternahm, die sunnitische Orthodoxie mit der islamischen Mystik zu versöhnen. Mit diesem Werk und seinem Autor als Kronzeugen können bis in die Gegenwart Muslime, die mystischen Vorstellungen zuneigen, sich gegen Kritik von Orthodoxen verteidigen; orthodoxe sunnitische Muslime können dagegen unter Verweis auf al-Ghazzali ein gewisses Maß an Emotionalität in ihrem religiösen Alltag akzeptieren. Dass sie im sunnitischen Milieu erfolgreicher waren als unter den Anhängern der in vielerlei Hinsicht hochemotionalen Schia ist nicht verwunderlich. Es haben jedoch auch in diesen konfessionellen Kontext mystische Vorstellungen Eingang finden können.[2]

Für die islamischen Mystiker stand und steht nicht der unerfindliche Ratschluss des Schöpfergottes im Vordergrund des Gottesbildes. Sie suchten vielmehr den seine Geschöpfe liebenden Gott, dem sie mit einer vergleichbar absoluten Liebe begegnen wollten. Eine der Gestalten, die diese mystische Liebe am klarsten zum Ausdruck brachte, war Rabi'a, eine Frau, die im 7. Jahrhundert in der Hafenstadt Basra im heutigen Irak lebte. Von ihr wird berichtet, dass sie mit einer brennenden Fackel und einem mit Wasser gefüllten Eimer über den Basar der Stadt lief. Auf die Frage, was das zu bedeuten habe, soll sie geantwortet haben, dass sie mit der Fackel das Paradies verbrennen und mit dem Wasser das Feuer der Hölle auslöschen wolle, damit sie nicht in Versuchung käme, Gott zu gehorchen aus Furcht vor Bestrafung oder aus Hoffnung auf Belohnung, sondern allein aus Liebe zu ihm.[3] Die Beschreibung des Verhältnisses zwischen Gott und dem Menschen als

---

[1] S. F. de Jong u. B. Radtke (Hg.): Islamic Mysticism Contested. Thirteen Centuries of Controversies and Polemics, Leiden 1999.

[2] S. Richard Gramlich: Die schiitischen Derwischorden Persiens, 3 Bde., Wiesbaden 1978; Annemarie Schimmel: Mystische Dimensionen des Islam, Aalen 1979.

[3] Margeret Smith: Rabi'a the Mystic and her Fellow Saints in Islam, Cambridge 1928.

eine Beziehung zwischen Liebenden führte konsequenterweise dazu, dass es das Ziel der Mystiker war, sich mit dem Geliebten zu vereinigen. Diese ‚unio mystica' wurde von den islamischen Mystikern als ‚Entwerdung in Gott' (arabisch: fana') bezeichnet. Diesen Zustand versuchten sie durch die verschiedensten Techniken zu erreichen. Dazu gehörten extensives Beten, Fasten, Vigilien, sexuelle Enthaltsamkeit und andere asketische Übungen. Nicht allen gelang es, dieses Ziel zu erreichen. Der Weg (arabisch: tariqa) zu dieser Vereinigung wurde von denen, die ihn beschritten, als gefährlich angesehen. Das Risiko der Verirrung war groß. Daher lag es nahe, dass man sich einen Lehrer, einen Meister, für diesen Weg suchte. Diese Lehrer, die ihre mystischen Erfahrungen auch in Büchern zu beschreiben versuchten, sammelten häufig Scharen von Schülern und Anhängern um sich. Aus diesen zunächst oft losen Gemeinschaften entwickelten sich im Laufe der Zeit hierarchisch strukturierte, durch ein hohes Maß von Autorität gekennzeichnete Gruppen, die als ‚Orden' oder ‚Bruderschaften'[4] bezeichnet werden. Die in der islamischen Welt übliche Bezeichnung ist ‚Tariqa' (Plural: Turuq). Da sich die islamischen Mystiker zunächst als Zeichen ihrer Askese und Abkehr von der Welt in wollene Gewänder hüllten, setzte sich für sie die Bezeichnung ‚Sufi', von dem arabischen Wort 'Suf' für Wolle, durch.

Islamische Mystik als Vehikel für wirtschaftliche und politische Entwicklung

Man kann die Geschichte des Sufitums als ein religionsgeschichtliches Beispiel für die Modifikation religiöser Vorstellung angesichts spezieller Bedürfnisse der Gläubigen betrachten. In unserem Zusammenhang ist von größerer Bedeutung die Wirkung der Mystikerorganisationen

---

[4] Beide Begriffe sind nicht unproblematisch. Unter Orden verstehen wir gemeinhin religiös motivierte Gemeinschaften, deren Mitglieder sich auf Dauer zusammengefunden haben. Die Sufi-Gemeinschaften bestehen aber in der Regel aus Menschen, die sich zwar u. U. regelmäßig zu gemeinsamen Ritualen treffen und sich in ihrer individuellen Lebensgestaltung an einen Regelkanon halten, der ihnen gemeinsam ist. Sie leben aber nicht ständig zusammen. Da der Begriff ‚Bruderschaft' deutlich geschlechtsspezifisch ist, kann der Eindruck entstehen, dass nur Männer Mitglieder derartiger Gemeinschaften sein könnten. Dies ist jedoch nicht der Fall. Auch Frauen können ihnen angehören.

auf die wirtschaftliche, politische und gesellschaftliche Entwicklung der islamischen Welt. Noch ist zu wenig über die Form der Ausbreitung mystischen Gedankenguts und der entsprechenden Organisationen bekannt. Wir kennen nahezu ausschließlich die hagiographischen Beschreibungen der Erfolgsgeschichten der einzelnen Ordensgründer und ihrer Anhänger. Auf jeden Fall finden sich in allen Regionen der islamischen Welt heute derartige Sufi-Organisationen. In historischen Situationen, in denen der Islam als religiöses System staatlichen Verfolgungen ausgesetzt war, waren es diese Organisationen, die islamische Traditionen im Untergrund aufrecht erhielten. Häufig bildeten sie die autochthonen Strukturen, die alle äußeren Angriff auf staatliche Strukturen überlebten. Konkrete Zahlen über die Mitgliederschaft in derartigen Organisationen sind uns zwar nicht bekannt, aber aus dem Ägypten der zwanziger Jahre wird berichtet, dass dort niemand Muslim sein konnte, der nicht gleichzeitig Mitglied einer Bruderschaft war.[5] Ähnlich werden sich die Verhältnisse auch in allen anderen islamischen Staaten dargestellt haben. Der prozentuale Anteil von Anhängern einer Bruderschaft an der Gesamtzahl der Muslime war und ist besonders groß in Situationen, in denen die Muslime eine Minderheit der Gesamtbevölkerung eines Staates darstellen. Die Sufi-Gemeinschaften bilden dann eine organisatorische hierarchische Struktur, wie sie der sunnitische Islam nicht kennt. Diese fördert das Zusammengehörigkeitsgefühl und die religiöse Identität von Muslimen in einer Minderheitensituation. Ein wichtiger Grund für den Erfolg des Sufitums war neben dem individuellen religiös-emotionalen Aspekt dabei sicher die Tatsache, dass die ‚Bruderschaften' ein starkes Gemeinschaftsgefühl vermittelten, das in dieser Form in der üblichen sunnitischen Moscheegemeinde nicht entstehen kann. Die Zugehörigkeit zu der Weltgemeinschaft der Muslime ist im Bewusstsein vieler Muslime sicherlich tief verwurzelt. Aus Anlass der großen islamischen Feiertage, vor allem während des Fastenmonats Ramadan, wird dies auch durch die Prediger in den Moscheen und durch die Medien den Gläubigen immer wieder ins Bewusstsein gerufen. Dennoch handelt es sich dabei in der Regel um ein sehr abstraktes Zusammengehörigkeitsgefühl. Die ‚Bruderschaften' verfügen im Unterschied zum orthodoxen

---

[5] J. Heyworth-Dunne: Introduction to the History of Education in Modern Egypt, London 1938.

Islam über eine Reihe von spezifischen Vorstellungen und rituellen Praktiken, die nur für die Anhänger der jeweiligen Gemeinschaft von Bedeutung sind. Sie sind nicht unbedingt auf einen lokalen oder regionalen Bereich beschränkt, sondern können sich auch im nationalen und internationalen Kontext etabliert haben. Allerdings ist keine Gruppe bekannt, die ihren Wirkungskreis auf die gesamte islamische Welt ausgerichtet hat. Dennoch handelt es sich bei einigen der Gemeinschaften um Gruppen mit einer erheblichen geographischen Ausdehnung. So ist z.B. die Bruderschaft der im 18. Jahrhundert gegründeten Tidjaniyya über Nord- und große Teile Westafrikas verbreitet.[6] Da es sich um eine exklusivistische Gruppe handelt, die es nicht zulässt, dass ihre Mitglieder zugleich in anderen Sufi-Gemeinschaften aktiv sind, lassen sich ihre Strukturen recht klar erkennen. An der Spitze der Tidjaniyya steht die internationale Führung. Diese kontrolliert die Führung der jeweiligen nationalen Gemeinschaft, die wiederum die regionalen und lokalen Gruppen beaufsichtigt. Auf diese Weise entsteht eine große Einheitlichkeit, die sich auch im politischen oder wirtschaftlichen Bereich auswirkt. Die exklusivistischen Strukturen der Tidjaniyya haben dazu geführt, dass sie zur Betonung von ethnischen oder nationalen Besonderheiten benutzt werden konnten.

Islamische Mystik, Ethnizität und Wirtschaft in Westafrika

Zum Beleg dafür kann ein Beispiel aus Westafrika dienen. Der Islam ist in dieser Region seit dem 9. Jahrhundert bekannt und spielt vor allem seit dem 13. Jahrhundert eine nicht zu unterschätzende Rolle. Er war die Religion der intellektuellen, politischen und ökonomischen Elite in den heutigen Staaten der Sahelzone. Es gelang dem Islam aber während des Mittelalters nie, sich über die Savanne hinaus nach Süden auszubreiten. Die Gründe dafür sind unterschiedlich. So war das Vorhandensein der Tsetse-Fliege ein kaum zu überwindendes Hindernis. Sie übertrug nicht nur die Schlafkrankheit auf Menschen, sondern setzte auch dem Haupttransportmittel der muslimischen Händler und Soldaten, den Pferden, heftig zu. Das eigentliche Motiv eines Vor-

---

[6] Über diese Organisation s. Jamil Abun-Nasr: The Tidjaniyya. A Sufi Order in the Modern World, London 1965.

stoßes nach Süden war für die Muslime vor allem die Existenz von Goldminen. Diese wurden aber von den Gruppen, die diese kontrollierten, so geheim gehalten, dass alle Versuche, über sie militärische und damit auch wirtschaftliche Kontrolle zu erhalten, scheiterten. Der friedliche Handelsaustausch erwies sich als sehr viel ökonomischer.[7] Nachdem durch die britische und französische (aber auch deutsche) koloniale Eroberung Westafrikas ein gewisses Maß an Sicherheit des Reiseverkehrs entstanden war, wie man sie zuvor nicht kannte, rückten muslimische Händler in Westafrika von Norden nach Süden vor und erreichten z.B. im heutigen Nigeria um die vorige Jahrhundertwende die Küste. Die wichtigsten Handelsgüter waren Kolanüsse und Rinder. Vor allem der Bedarf an Rindfleisch wuchs im Laufe der Zeit, weil die Zahl der Muslime unter dem Volk der Yoruba, die sich infolge der Missionierungsaktivitäten der Händler dem Islam angeschlossen hatten, ständig stieg.[8]

Die erfolgreichste ethnische Gruppe unter diesen Händlern waren Angehörige des Volkes der Hausa, die den westafrikanischen Fernhandel seit Jahrhunderten beherrschten. Trotz der beginnenden Islamisierung lebten die Hausa im Yorubaland zu Beginn des 20. Jahrhunderts noch in einer Diaspora. Wie auch in anderen Regionen hatten sie sich in den großen Städten, wie Ibadan, in eigenen Wohnvierteln konzentriert. Die einsetzende Islamisierung unter der Mehrheitsbevölkerung der Yoruba blieb nicht ohne Konsequenzen für die Hausa. Zunächst war die Religionszugehörigkeit zum Islam für die Hausa exklusiv gewesen. Nun wurde dieses spezifische Merkmal durch die Islamisierung der Yoruba mehr und mehr egalisiert. Bis zum Ende der vierziger Jahre gehörte nur eine Minderheit von Hausa-Händlern oder ihren Angehörigen einer islamischen Bruderschaft an. Dann wurde das bestehende, ethnisch begründete politische und gesellschaftliche System durch einen neuen nigerianischen Nationalismus in Frage gestellt. Die britischen Kolonialherren hatten im Rahmen ihrer indirekten Herrschaftsausübung eine ethnienspezifische Politik verfolgt, die auf einem Prinzip des ‚Teile und herrsche' beruhte. Sie hatten mit den traditio-

---

[7] S. dazu J. Spencer Trimingham: A History of Islam in West Africa, Glasgow 1962; John Ralph Willis (Ed.): Studies in West African Islamic History, Bd. 1: The Cultivators of Islam, London 1979.

[8] T. G. O. Gbadamosi: The Growth of Islam among the Yoruba 1841–1908, London 1978.

nellen Herrschern der zahlreichen großen ethnischen Gruppen der Kolonie einzeln verhandelt, diese auch gegeneinander ausgespielt und so ein Gleichgewicht der ihnen potentiell feindlichen Kräfte aufgebaut. Die britische Administration hatte daher auch die Gründung von ethnienspezifischen Stadtvierteln in den großen Städten begünstigt. In diesen wurde nicht zuletzt nach dem jeweiligen traditionellen Recht gerichtet und die sozialen Regeln und ethischen Normen der entsprechenden Gruppe wurden unbeeinflusst von der britischen Kolonialverwaltung durch die traditionellen ethnischen Autoritäten praktiziert. Für die Hausa entstand in Ibadan so eine spezifische territoriale Autonomie. Nun entwickelte sich seit den vierziger Jahren ein die ethnischen Gruppen übergreifender nigerianischer Nationalgedanke. Durch diese Vorstellungen wurde einerseits die Exklusivität der Hausa erschüttert; andererseits erhielten die einzelnen Hausa die Möglichkeit, sich überall im Gebiet der Mehrheitsgruppe der Yoruba anzusiedeln und Land zu erwerben. Mit der damit verbundenen Dezentralisierung lief die bis dahin bestehende Autorität der traditionellen Hausa-Führer in Gefahr, an Bedeutung zu verlieren, die bis dahin den Kontakt zwischen der Hausa-Bevölkerung und der politischen Administration aufrecht erhalten hatte. Ihre Funktion übernahmen nun auch unter den Hausa entstehende politische Parteien, die auf diese Weise die traditionellen formalen Strukturen der Hausa-Gemeinden erschütterten. Diese komplizierte Situation fiel zusammen mit einem Missionierungsbesuch eines bedeutenden Shaikh der Tidjaniyya-Bruderschaft. In großer Zahl schlossen sich Hausa in der Folge dieser Bruderschaft an. Dieser Erfolg erklärt sich nicht zuletzt aus dem Aufbau der internen Strukturen und der Rekrutierung der Mitglieder der Bruderschaft der Tidjaniyya. Die hierarchische Struktur des Ordens setzt einen Shaikh in die Lage, aus einer Gruppe von gläubigen Muslimen einen ‚Muqaddim' zu berufen. Dieser nutzt wiederum in erster Linie ‚Bande der Freundschaft', um über seine Kontakte weitere Gefolgsleute für den Orden zu gewinnen. Diese ‚Bande der Freundschaft', die ethnische Grenzen nicht überspringen, begrenzen aber andererseits die Zahl der zur Ansprache geeigneten Personen, so dass man schon im Vorfeld von einer Selektion der Zugehörigkeit sprechen kann. Hieraus ergibt sich schlussendlich eine Exklusivität der Teilnahme an den Aktivitäten der Tidjaniyya. Diese religiös begründeten formellen Freundesgruppen entwickelten die durch die politischen Veränderungen in Frage gestellte Hausa-Existenz neu. Die Verhaltensweisen der Hausa untereinander sind nun nicht nur geprägt durch kulturelle Werte und traditionelle Normen, die aus dem ethnischen Kontext der Hausa herrühren, sondern auch aus denen der Tidjaniyya. Yoruba wurden in die Gemeinschaft nicht aufgenommen. Dagegen bot die Bruderschaft den aus dem Norden Nigerias zuziehenden Hausa eine rasche Möglichkeit zur Integration in die Gemeinde. Der mehr oder weniger problemlose Zuzug von Neuankömmlingen aus den traditionellen Herkunftsgebieten sorgte auch für die weitere Aufnahme traditioneller kultureller Elemente und damit für eine Stärkung des ethnischen Bewusstseins in einer Minderheitensituation. Die Zugehörigkeit zur ethnischen Gruppe der Hausa und zur Gemeinschaft der Tidjaniyya führte zu einer permanenten Intensivierung der sozialen Kontakte innerhalb der Hausa-Gruppe und zu einer Vereinheitlichung der spezifischen Diaspora-Kultur der Hausa im Süden Nigerias.[9]

Weniger klar strukturierte Gemeinschaften mystischer Tradition sind häufig zwar auch durch nationale oder regionale Besonderheiten von einander unterschieden. Sie erkennen sich jedoch in der Regel gegenseitig an und lassen alle Interessierten zur Teilnahme an ihren Ritualen zu. Die Erfahrung der gemeinsam vollzogenen Rituale schaffen auch hier ein starkes Zusammengehörigkeitsgefühl unter den Teilnehmern, das nicht zuletzt mit der Tatsache zusammenhängt, dass es bei einigen Teilnehmern dieser Rituale zu ekstatischen Zuständen kommen kann, die nicht nur die Ekstatiker, sondern alle an derartigen Erfahrungen aktiv oder passiv beteiligten Personen eng aneinander binden. Diese ekstatischen Zustände können durch die gemeinsamen rituellen Übungen hervorgerufen werden. Die Rituale bestehen in der Regel aus umfänglichen gemeinsamen Gebeten, denen sich so genannte Dhikr-Übungen anschließen. Bei diesen Übungen können sich die Teilnehmer zu einem Kreis zusammenschließen. Sie bewegen sich gemeinsam in einem vorgegebenen Rhythmus, wobei sie den Oberkörper rhythmisch hin und her bewegen. Zugleich sprechen sie festgelegte Formeln aus, die zu einer besonderen Atemfrequenz führen. Diese Atmung führt wiederum zu physiologischen Zuständen, die in Ekstasen münden können. Berühmt sind natürlich die Übungen der so

[9] Abner Cohen: Customs and Politics in Urban Africa. A Studiy of Hausa Migrants in Yoruba Towns, London 1969.

genannten ‚tanzenden Derwische', die sich in einer genau vorgeschriebenen und hoch symbolischen Weise bewegen und sich durch die Kombination von Drehbewegungen und Musik in einen ekstatischen Zustand versetzen können.[10] Diese in der Regel über längere Zeit andauernden Praktiken können bei einigen Teilnehmern zu einem Ausnahmeverhalten führen. Es gehört zu den organisatorischen Voraussetzungen solcher Veranstaltungen, dass einige der Anwesenden darauf achten, dass diese Übungen nicht außer Kontrolle geraten. Es sind aber nicht allein diese besonderen aus dem Ritual resultierenden Erfahrungen, die einen gemeinschaftsbildenden Charakter haben. Nach den Ritualen bleiben die Teilnehmer noch eine Zeitlang zusammen und tauschen sich auch über ihre alltäglichen Probleme miteinander aus. Falls es ihnen möglich ist, helfen sie einander in den zahlreichen Schwierigkeiten, die das Leben in einer Gesellschaft mit sich bringt, die durch die komplexen Probleme der Existenz in einem Land der Dritten Welt gekennzeichnet sind.

Auf diese Weise entstehen Netzwerke von Beziehungen, die weit über den religiösen Bereich hinaus gehen. Solche Netzwerke sind deshalb von besonderer Bedeutung, weil eines der zentralen Probleme von Ländern der Dritten Welt das Fehlen von Rechtssicherheit ist. Durch persönliche Beziehungen kann eine Struktur aufgebaut werden, die ein gewisses Maß an Sicherheit bei allen wirtschaftlichen oder politischen Unwägbarkeiten des Lebens darstellt. Es werden Heiratsbeziehungen verabredet und geschäftliche Kontakte geknüpft oder verstärkt. Verschiedene Untersuchungen westlicher Forscher unter Sufi-Gemeinschaften in Nord- und Westafrika haben, wie oben aufgezeigt, nachgewiesen, dass das besondere Vertrauensverhältnis, das zwischen den Angehörigen einer ‚Bruderschaft' besteht, z. B. die Grundlage für erfolgreiche Fernhandelsunternehmen darstellt, bei denen sich die Unternehmer ohne jede weitere Kontrolle sicher sein können, dass ihre Glaubensbrüder sie nicht übervorteilen werden. Diese gemeinsamen wirtschaftlichen Aktivitäten haben in einigen Fällen sogar dazu geführt, dass die Bruderschaften selbst als Wirtschaftsunternehmen zum Nutzen ihrer Mitglieder oder zur Finanzierung verschiedener

---

[10] Mit ist natürlich bewusst, dass diese Beschreibung unzureichend ist. Vor allem ist aus der Perspektive der Derwische die Vorstellung von einer bewussten Herbeiführung dieser Ekstase als blasphemisch anzusehen.

religiöser oder karitativer Aktivitäten in den Markt eingreifen. Dazu mag hier nur ein Beispiel genügen: Seit den zwanziger Jahren hat sich die Bruderschaft der Muridiyya, die noch vor dem Ersten Weltkrieg im heutigen Senegal gegründet wurde, zum wichtigsten Produzenten von Erdnüssen in diesem westafrikanischen Lande entwickelt. Erdnüsse stellen das Hauptexportprodukt des Senegal dar. Die Muridiyya kontrolliert darüber hinaus einen überwiegenden Anteil aller Transportkapazitäten des Landes. Das Prinzip der Muridiyya lautet: „Bete und arbeite". Im Gegensatz zum benediktinischen ‚ora et labora' hat sich in der Muridiyya jedoch eine Art von Arbeitsteilung entwickelt. Die von dem Gründer der Gemeinschaft, Ahmadu Bamba, abstammende Führung der Bruderschaft übernimmt die spirituelle Aufgabe, während die einfachen Mitglieder die körperliche Arbeit auf den Erdnussplantagen auf sich nehmen. Ahmadu Bamba werden von seinen Anhängern zahlreiche Wundertaten zugeschrieben. Diese dienen unter anderem als Legitimierung des arbeitsteiligen Systems der Muridiyya. Seit einigen Jahren hat die Muridiyya ihre Aktivitäten auch nach Europa ausgebreitet. Die Mehrzahl der gegenwärtig in den großen Städten West- und Mitteleuropas und in den mediterranen Tourismusgebieten tätigen afrikanischen Straßenhändler sind Mitglieder dieser Bruderschaft, die einen großen Anteil ihrer Einkünfte an die Ordensleitung im Senegal abführen. Mit diesen Mitteln werden bedürftige Mitglieder unterstützt; vor allem aber wird mit ihnen der Ausbau des Zentrums der Bruderschaft finanziert.[11] Angesichts der wirtschaftlichen Bedeutung der Bruderschaft ist es nicht verwunderlich, dass die direkte und indirekte politische Bedeutung der Organisation im Lande beträchtlich ist. Zu betonen ist, dass es sich hier nicht um einen Einzelfall im Zusammenhang mit der Rolle islamischer Bruderschaften in einem islamischen Staat handelt.[12]

Die einfachen Ordensmitglieder kamen in Europa aber auch in Kontakt mit senegalesischen Studenten, die an französischen Universitäten studierten. In einigen Fällen handelte es sich dabei ebenfalls um

---

[11] Ottavia Schmidt di Friedberg: Le résau sénégalais mouride en Italie, in: G. Kepel (Ed.): Exils et Royaumes. Les appartenances au monde arabo-musulman aujourd'hui, Paris 1994, S. 301–346.

[12] Lucie C. Behrman: Muslim Brotherhoods and Politics in Senegal, Cambridge, Mass. 1970; M. Klein: Islam and Imperialism in Sine Saloum, 1847–1914, Stanford 1968.

Mitglieder des Ordens. Teilweise fanden die Straßenhändler in den entsprechenden Studentenheimen eine zeitweilige Unterkunft. Aus der Auseinandersetzung mit der westlichen Kultur und ihren Normen entwickelte sich eine Reformbewegung innerhalb der Muridiyya, die sich kritisch mit der absoluten Macht der Ordensführung über die Mitglieder auseinander setzte. Diesen Reformbemühungen konnte sich die Ordensführung kaum widersetzen. Zwar blieben die hierarchischen Strukturen weitgehend erhalten, doch sah sich die Führung zu einer transparenteren Form ihrer Entscheidungsfindung veranlasst. Auch das Privatleben der führenden Personen wurde genauer durchleuchtet, so dass das persönliche Verhalten und die propagierten Normen in Übereinstimmung gebracht werden mussten oder der Einfluss der entsprechenden Personen auf die einfachen Mitglieder sich verringerte.[13]

Modernisierung im Sufismus

Man kann auch unter ideologischen Gründen von einer Modernisierung dieser Bruderschaft sprechen. Der Gründer der Gemeinschaft, Ahmadu Bamba, war vor allem als charismatischer Führer bekannt geworden, der sich einerseits um die besondere Situation der ethnischen Gruppe der Wolof gekümmert und sich andererseits auch als ein Gegner der französischen Kolonialherrschaft hervorgetan hatte. Aus seiner Feder stammten zahlreiche Schriften, die für seine Anhänger von normativer Bedeutung waren. Sie waren aber inhaltlich nur für diejenigen zugänglich, die auch lesen konnten. Der größere Teil seiner Anhänger war dagegen von der Fähigkeit Ahmadu Bambas, Wunder zu wirken, überzeugt, eine Fähigkeit, die sie auch seinen Nachfolgern in der Ordensführung zusprechen. Je mehr sich die Anhängerschaft seit den siebziger Jahren veränderte, umso deutlicher wandelte sich das Bild des ersten Ordensführers bei seinen Anhängern. Die Anhänger der Muridiyya zogen zu einem großen Teil aus den ländlichen Gebieten in die Städte des Senegal.[14] Die Zahl der Mitglieder der Bruder-

---

[13] Gerard Salem: De la brousse sénégalaise au Bou'Mich: Le système commercial mouride en France, in: Cahiers d'études africaines 21 (1983), S. 275–288.

[14] Die Migration in die Städte brachte es mit sich, dass von Wundern durch den Ordensgründer oder seine Nachfolger nicht mehr berichtet wurde. Eine Ausnahme bildete ein Fall, in dem die Kundin eines modernen Konfektionsgeschäftes in Dakar in einem Spiegel des Ladens an ihrer Stelle Ahmadu Bamba sah.

schaft, die eine moderne Schule besuchten, stieg und damit auch deren Erwartungen gegenüber der Ordensführung. Die gebildeteren Mitglieder betrachteten die Rolle Ahmadu Bambas abweichend von den Interpretationen früherer Generationen. Sie lasen seine Texte und interpretierten sie anders, als es ältere Leser getan hatten. Die modernen Anhänger der Muridiyya verstehen Ahmadu Bamba nicht mehr allein als einen Heiligen, der in der Lage ist, Wunder zu wirken. Auch für sie bleibt er eine Gestalt, die ihre Rettung im religiösen Sinn garantiert. Dass er Wunder gewirkt hat, wird von ihnen nicht in Abrede gestellt. Aber vor allem ist er für sie der Retter des Islams im Senegal, er ist der wichtigste Repräsentant der Würde der schwarzen Rasse[15] und einer der hervorragenden Helden der senegalesischen Nation. Diese moderne Interpretation der Schriften des Ordensgründers stellt ohne Zweifel die Kompetenz der heutigen traditionellen Ordensführer in Frage. Die modernen muridischen Intellektuellen sehen sich als besser qualifiziert, um die Bruderschaft in einer modernen Welt zu repräsentieren und ihre Mitglieder weiter zu fördern. Konsequent gehen sie bei der Propaganda für die Muridiyya und der Gewinnung neuer Mitglieder anders vor als die traditionelle Ordensführung. Sie nutzen z. B. die verschiedenen modernen Kommunikationsmedien. Wer in dieser Auseinandersetzung die Oberhand gewinnen wird, ist vorauszusehen. Mit einer sich verstärkenden Urbanisierung werden es die modernen Mitglieder der Muridiyya sein.[16]

Doch nicht nur in diesem wirtschaftlichen Zusammenhang spielen die Bruderschaften eine beträchtliche Rolle. Es liegt auf der Hand, dass diese Organisationen angesichts ihrer großen Mitgliederzahlen auch politische Bedeutung gewonnen haben. Die Ordensführer konnten ihren Einfluss auf die Mitglieder der Gemeinschaften als Druckmittel für bestimmte politische Positionen einsetzen. Dieser Einfluss

---

Dieser Vorgang erregte großes Aufsehen. Schließlich kauften die lokalen Vertreter der Muridiyya diesen Laden. Der Laden entwickelte sich zu einem Pilgerort. Der Vorgang macht die Tendenz zur Urbanisierung in dieser ursprünglich ländlich geprägten Gemeinschaft deutlich.

[15] Die Nähe zu den Konzepten der Négritude des senegalesischen Philosophen und langjährigen Staatspräsidenten Leopold S. Senghor ist hier deutlich.

[16] Donald B. Cruise O'Brien: Charisma Comes to Town. Mouride Urbanization 1945-1986, in: ders. und Christian Coulon (Hg.): Charisma and Brotherhood in African Islam, Oxford 1988.

der Ordensführung beruht auf zwei religiösen Faktoren. Einerseits wird der Ordensführer als vorläufig letztes Glied einer, möglicherweise fiktiven Kette (Silsila) von Ordensführern und großen Mystikern, die sich letztendlich auf den Propheten Muhammad selbst zurückführen lässt, betrachtet. Diese Bezugnahme auf den Propheten stellt den Versuch einer Legitimation der Vertreter der islamischen Mystik gegenüber der sunnitischen Orthodoxie dar. Durch diese Abfolge von Personen sei, so die Vorstellung, das Wissen um die Geheimnisse des mystischen Weges bis zu dem jeweiligen Amtsträger überliefert worden. Auf der anderen Seite werden dem Führer einer Tariqa auch eine ganze Reihe von übernatürlichen Fähigkeiten zugeschrieben. Dabei kann es sich um die Heilung von Kranken, das Wiederauffinden verlorener Gegenstände, die Voraussage zukünftiger Ereignisse u. ä. handeln. Diese Fähigkeit wird als ‚Baraka' (Gnadengabe) bezeichnet. Man kann ihrer auf unterschiedliche Weise teilhaftig werden. Sie kann vom Vater auf die Kinder vererbt werden. Zwar handelt es sich in der Regel um die Söhne, die diese ‚Baraka' erhalten; doch kann sie auch auf die Töchter übertragen werden. Eine andere Möglichkeit ist die Übertragung durch den körperlichen Kontakt. So gehen die Gläubigen davon aus, dass das gemeinsame Einnehmen einer Mahlzeit mit einem Träger von ‚Baraka' diese Gnadengabe auf die übrigen Teilnehmer am Essen überträgt und von diesen sogar an andere Menschen weitergegeben werden kann. Diese Form der ‚Baraka' verliert jedoch innerhalb von kurzer Zeit ihre Wirkung. Sie müsste ständig erneuert werden. Man kann ‚Baraka' auch durch ein heiligmäßiges Leben erwerben, indem man sich strikt an die Erfüllung der Glaubenspflichten hält und sich darüber hinaus asketischen Übungen ergibt, aber auch durch eifriges Studium religiöses Wissen erwirbt.

Diese Fähigkeit, Wunder zu wirken, ist in einem islamischen Kontext insofern von Bedeutung, als der Prophet Muhammad selbst es stets abgelehnt hat, seine Sendung durch Wunder zu beweisen. Für ihn war allein der Koran als das Heilige Buch der Muslime ein ausreichendes Wunder, um sein Prophetentum zu legitimieren. Diese Wundertaten (Karamat) der Ordensführer, von denen die Mitglieder lebhaft berichten, wurden und werden von den Kritikern der mystischen Formen des Islams als Scharlatanerie abgetan. Für modernistische wie radikal-islamistische Muslime sind die Sufi-Bruderschaften ein ständiger Stein des Anstoßes. Die Bruderschaften wurden von den Modernisten als das zentrale Moment angesehen, das die einfache Bevölkerung daran hindert, auf dem Weg von Fortschritt und Entwicklung voranzukommen. Der der islamischen Mystik vorgeworfene Obskurantismus, seine Ergebenheit in das Schicksal oder der Wunderglaube widersprechen den Vorstellungen, die die Vertreter eines modernen Islams von der Zukunft der islamischen Welt haben. Für die Islamisten bedeutet die hohe Stellung, die die früheren und gegenwärtigen Führer der Bruderschaften bei den Mitgliedern innehaben und die teilweise extreme Verehrung, die sie genießen, die schlimmste Sünde, die ein Muslim begehen kann, die ‚Beigesellung' (einer anderen Gottheit neben dem einzigen Gott), also einen Abfall vom strikten Monotheismus des Islams. Die Auseinandersetzungen zwischen den Sufis und ihren Gegnern sind bis auf den heutigen Tag sehr heftig. In einem 1948 in Ägypten erschienenen kritischen Buch werden die Folgen des Sufitums so beschrieben: „Der Händler kümmert sich nicht um seine Geschäfte, der Landmann nicht um seine Saat, den Kranken stört seine Krankheit nicht, und der Bösewicht versucht nicht, sein Unrecht wieder gut zu machen. Alle glauben, dass sich ihre Angelegenheiten durch die Vermittlung der Ordensführer von selbst ergeben ... Und von daher kommt es, dass die Forscher aus dem Ausland zu der Erkenntnis gelangt sind, dass der Islam eine Religion des Fatalismus ist, obwohl er doch eine Religion des Aktivismus und nicht der Trägheit ist." Die Orden wehrten sich gegen diese Kritik und erklärten ihrerseits, dass ihre Gegner schlechte Muslime seien, und forderten, dass deren Veröffentlichungen verboten würden.

Seit der Mitte des 20. Jahrhunderts konnte man den Eindruck gewinnen, dass die Bedeutung der Bruderschaften mehr und mehr zurückging. Schon die Reform- und Modernisierungspolitik des türkischen Staatsgründers Kemal Atatürk hatte alle Sufi-Organisationen verboten und ihre Besitztümer beschlagnahmt. Da Atatürk für andere Reformpolitiker in der islamischen Welt seiner Zeit ein Vorbild war, folgte man ihm auch in diesem Bereich, wenngleich nicht in der Radikalität des türkischen Beispiels. Der eigentliche Grund für ein Nachlassen des öffentlichen Interesses in der islamischen Welt an der Mystik hing aber mit den sich entwickelnden Veränderungen der Wirtschafts- und Gesellschaftsstrukturen zusammen. Die intensiven staatlichen Bemühungen um eine Verbesserung der Bildungssituation der Bevölkerung wirkte sich hier besonders aus. Ordensführer hatten

Autorität über die Mitglieder ihrer Gemeinschaften nicht zuletzt wegen ihrer überlegenen Fähigkeiten in den religiösen Wissenschaften und ihrer Kenntnisse der auch schriftlich fixierten mystischen Traditionen erlangt. Allein schon die Verbreiterung der Kenntnisse von Lesen und Schreiben führte daher Veränderungen herbei. Die Zahl der einfachen, der ungebildeten Muslime nahm mehr und mehr ab. Kritische, in modernen Wissenschaften ausgebildete junge Menschen sahen in den Mystikern und ihren Wundertaten nicht viel mehr als Hokuspokus, die sich in manchen Fällen auch durchaus mit rationalen Mitteln erklären ließen. Im Übrigen waren die Bruderschaften in der Regel Organisationen, die sich auf eine traditionelle Bevölkerung stützte, die im wirtschaftlichen Bereich vor allem in der Landwirtschaft, im Handel und im Handwerk tätig waren. Dies bedeutet ein größeres Maß an Flexibilität und Verfügungsmöglichkeiten über das vorhandene Zeitbudget im Vergleich zu einem Industriearbeiter oder Verwaltungsangestellten. Die Zahl der Anhänger der Bruderschaften nahm daher auch ab, weil ein immer größerer Anteil der Bevölkerung der sich industrialisierenden Teile der islamischen Welt immer weniger Zeit für die zeitaufwendigen Rituale einer Bruderschaft aufbringen konnte. Die Bruderschaften hatten in der Regel aber keine Möglichkeiten, auf diese Veränderungen zu reagieren. In den Regionen, in denen die traditionellen Wirtschaftsformen weiter von vornehmlicher Bedeutung waren, konnten die Bruderschaften ihre einflussreichen Positionen im öffentlichen Leben dagegen in vielen Fällen behalten.

Sufi-Orden und Politik in Ägypten

Ein anderes, ein strukturelles Problem der Sufi-Organisationen trat durch die zu verzeichnende Schwächung immer mehr in den Vordergrund. Organisationen, die in ihrer Wirkung in erheblichem Maße von der persönlichen Ausstrahlung ihrer Führer, im Fall der Bruderschaften: des Scheichs, abhängig sind und die andererseits durch ihre Führung über beträchtliches Einkommen, Prestige und politischen Einfluss verfügen, sind natürlich in hohem Maß der Gefahr von Auseinandersetzungen über die Führung ausgesetzt. Immer wieder lassen sich Spaltungsversuche in den einzelnen Ordensgemeinschaften feststellen, wenn der unumstrittene Führer gestorben war. Die Konflikte entstanden vor allem auf Grund der Tatsache, dass die übernatürlichen Fähigkeiten des Ordensführers sich auf dessen Söhne oder Töchter übertragen konnten. Wenn es sich um mehrere Nachkommen handelte, die in gleicher Weise Anspruch auf die Führung erhoben, waren die entsprechenden Auseinandersetzungen vorprogrammiert. Die Fähigkeit, Wunder zu wirken, wird als wichtiges Kriterium in diesen Auseinandersetzungen angesehen. Die Entscheidung darüber, was als Wunder angesehen werden kann, treffen letztendlich aber die Mitglieder der Gemeinschaft. Daher ist die Feststellung von Ernest Gellner über diesen Aspekt der Nachfolgediskussionen ‚Vox populi, vox die' völlig richtig.[17] Die Problematik des Vorgangs lässt sich an der folgenden Wunderbeschreibung des britischen Sozial-Anthropologen Michael Gilsenan, der in den sechziger Jahren eine Feldforschung bei einer ägyptischen Bruderschaft durchführte, leicht erkennen.[18] Einer der Anhänger des inzwischen schon verstorbenen Ordensgründers berichtete, er habe in einer sehr wichtigen Angelegenheit in einen anderen, weit entfernten Stadtteil Kairos fahren müssen. Für einen Fußweg war die Strecke zu weit, öffentliche Verkehrsmittel standen nicht zur Verfügung und Geld für eine Taxifahrt war nicht vorhanden. Der Mann wandte sich daraufhin in einem spontanen Gebet flehend an den Ordensgründer. Und siehe da, völlig überraschend fand er in einer Tasche seines Gewandes die für die Taxifahrt notwendige Summe. Dieser Vorgang wurde als Wunder verstanden und auch als solches bekannt gemacht. Die Entscheidung darüber, was als Wunder angesehen wird, ist also im Grunde abhängig von der Bereitschaft der Gläubigen, einen der Nachkommen eines verstorbenen Ordensführers als Träger von ‚Baraka' anzuerkennen. Dabei kommt es in manchen Fällen, in denen sich mehrere Nachkommen um die Führungsposition bemühen, zu unterschiedlichen Bewertungen der Fähigkeit, Wunder zu wirken, durch die Mitglieder. Wenn sich im Verlauf einer gewissen Zeit keine herausragende Führungspersönlichkeit herausschält, kann es geschehen, dass sich die Gemeinschaft spaltet, was natürlich zu deren Schwächung führt, von den Auseinandersetzungen um das Eigentum der ursprünglichen Gemeinschaft einmal ganz abgesehen.

---

[17] Ernest Gellner: Saints of the Atlas, London 1969.

[18] Michael Gilsenan: Saint and Sufi in Modern Egypt. An Essay in the Sociology of Religion, Oxford 1973.

Dieser Konflikt um die Ordensführung und den Ordensbesitz war häufig der Anlass, dass staatliche Stellen Einfluss auf die Gemeinschaften gewannen. Die Kontrahenten wandten sich an die Behörden, um die Anerkennung einer bestehenden oder neu entstehenden Bruderschaft durch staatliche Autorität zu erreichen und damit ein höheres Maß an Legitimation gegenüber den Anhängern zu erhalten. Seit 1903 gab es z. B. in Ägypten eine spezielle Institution, das Amt des Schaikh mashayikh al-turuq al-sufiyya (Scheich der Führer der Sufi-Bruderschaften), auf das alle Orden für ihre Anerkennung angewiesen waren.[19] Selbstverständlich war es in Ägypten weiterhin möglich, dass sich neue Bruderschaften bildeten, ohne die Approbation dieser Behörde zu erhalten. Diese inoffiziellen Gemeinschaften wurden auch nicht mit rechtlichen oder administrativen Mitteln verfolgt. Es entstand vielmehr eine Zweiteilung zwischen freien und offiziellen Bruderschaften. Dennoch waren viele neu entstandene Gruppierungen bemüht, eine offizielle Anerkennung zu erhalten. Ein wichtiger Grund dafür war, dass die Ordensführer bei öffentlichen Auftritten der Ordensgemeinschaften an der Spitze der Prozessionen marschieren konnten, was wiederum für das Prestige des Ordens und seine Attraktivität für mögliche Anhänger von nicht zu überschätzender Bedeutung war.

Natürlich ergab sich durch die Unterwerfung unter eine staatliche Institution für die Bruderschaften in Ägypten eine erhebliche Abhängigkeit von der politischen Führung des Landes. In manchen Bereichen der Innen- und Außenpolitik wurden die Bruderschaften, die ja nicht auf den nationalstaatlichen Bereich beschränkt waren, für die politischen Zwecke des Regimes instrumentalisiert. Dabei ist allerdings nicht in jedem Fall deutlich festzustellen, bei welchen Gelegenheiten ein Orden zum Instrument einer bestimmten politischen Absicht gemacht wurde und in welchen Fällen der Orden oder einer seiner Führer sich die Unterstützung einer bestimmten Politik durch Vorteile für sich oder seine Gemeinschaft vergelten ließ. Dass dies geschah, wird auch von muslimischen Beobachtern nicht bestritten. Als Beleg mögen zwei Beispiele aus Ägypten dienen. Vergleichbares könnte sicherlich auch aus Marokko, Syrien oder Pakistan berichtet

[19] F. S. de Jong: Turuq and turuq-Linked Institutions in 19th Century Egypt, Leiden 1978.

werden. Vor allem im Bereich der ägyptischen Außenpolitik boten die Bruderschaften als staatenübergreifende Organisationen mit ihren weitreichenden internationalen Kontakten zahlreiche Ansatzpunkte für die praktische Politik des Panarabismus während der Nasser-Zeit. Zweige solcher Gemeinschaften existierten in Ägypten ebenso wie in den verschiedensten Nachbarstaaten. So reiste im Herbst 1958 der Führer der Junaydiyya-Bruderschaft, Husain Ibrahim al-Junaydi, nach Syrien. Er unternahm diese Reise nicht nur in seiner Eigenschaft als Ordensoberhaupt, sondern auch als ehemaliges Mitglied der ägyptischen Nationalversammlung, die am 1. Februar 1958 aufgelöst worden war. Anlass für diese Parlamentsauflösung war die Gründung der ‚Vereinigten Arabischen Republik' (VAR), der Union von Ägypten und Syrien gewesen. Bei seiner Rundreise initiierte al-Junaydi zahlreiche Personen in seiner Bruderschaft, die mit etwa 50 000 Mitgliedern nicht zu den großen Sufi-Organisationen Syriens gehörte. Der Zeitpunkt von al-Junaydis Reise, die Tatsache, dass er sich auch als ehemaliges Parlamentsmitglied darstellte, und die Berichterstattung über diese Reise in der ägyptischen Presse gestatten zumindest die Vermutung, dass der Scheich seine Reise mit offizieller Billigung unternahm. Auf diese Weise konnten die engen Beziehungen und zahlreichen Gemeinsamkeiten zwischen den beiden Landesteilen der neuen Union dokumentiert werden. Der Ordensführer seinerseits konnte die Gelegenheit nutzen, durch seinen offiziellen Auftritt in Syrien die Position seiner Organisation in diesem Teil der neuen staatlichen Union zu stärken und seine herausgehobene Stellung im Kontext der offiziellen ägyptischen Orden zu verdeutlichen.

Ein weiteres Beispiel: Im Jahr 1963 nahm Hasan al-Kattani, der Sohn des Oberhauptes der vor allem in Marokko verbreiteten Bruderschaft der Kattaniyya, sein Studium in Kairo auf. Sein Vater, Muhammad al-Bakir al-Kattani, hatte in den dreißiger Jahren auf der Pilgerfahrt nach Mekka in Ägypten eine Anzahl von Anhängern gewonnen. Es war dem Orden in Ägypten aber nie gelungen, mehr als einige Hundert Mitglieder zu werben. Durch die Aktivitäten Hasans und die Unterstützung des damaligen ägyptischen Ministers für religiöse Angelegenheiten, Hasan Abbas Zaki, vergrößerte sich die Zahl der Mitglieder, blieb aber im Vergleich zu den großen ägyptischen Orden immer noch recht gering. Dennoch wurde der Orden 1966 von den ägyptischen Behörden offiziell anerkannt. Dies wurde allgemein als Geste des guten Willens gegenüber dem marokkanischen Hauptzweig der Tariqa und dem Respekt gegenüber der mächtigen Familie der Kattani angesehen. Darin lag aber sicherlich nicht das einzige Motiv. Das Regime Abd el-Nassers befand sich auf dem Höhepunkt seiner Wirksamkeit gegenüber der islamischen, vor allem aber der arabischen Welt. Die Ideologie des Panarabismus hatte sich bis zu einem gewissen Grad auch in Nordafrika verbreiten können. Vor allem in Algerien spielte sie eine bemerkenswerte Rolle. Marokko wie auch Tunesien standen ihr dagegen offiziell eher distanziert gegenüber. Den Nasserismus lehnen die beiden Staaten mehr oder weniger deutlich ab. Marokko ist ein Land, in dem der König, zu dieser Zeit Hassan II., auch als religiöses Oberhaupt der Einwohner angesehen wird. Seine Position war nicht unangefochten. Die ägyptischen Vorstellungen einer einheitlichen arabischen Nation wurden aber von der überwiegenden Mehrheit der Marokkaner nicht akzeptiert. Direkte Versuche der Destabilisierung des marokkanischen Regimes wären auf jeden Fall erfolglos geblieben. Die Förderung des Ordens der Kattaniyya durch Ägypten bedeutete sicherlich auch einen Versuch, ein pro-ägyptisches Netzwerk in Marokko aufzubauen, das langfristig von Bedeutung für den ägyptischen Einfluss auf die politische Entwicklung im Land hätten werden können.

Ein weiteres Beispiel bezieht sich auf die Beziehungen Ägyptens zu seinem südlichen Nachbarn, dem Sudan. Eine der einflussreichsten Bruderschaften in diesem Land ist die Burhaniyya, die heute Missionsbemühungen weit über den nahöstlichen Bereich hinaus übernimmt. Die Bruderschaft hatte in den fünfziger und sechziger Jahren auch zahlreiche Anhänger in Ägypten. Der Repräsentant des sudanesischen Ordensführers in Ägypten war sein Landsmann Djamal al-Din al-Sahhuri, der für einige Zeit persönlicher Sekretär des ägyptischen Ministers für ‚nationale Orientierung', Salah Salim, war, der dieses Amt 1955-1956 innehatte. Durch die Aktivitäten des Sekretärs, der durch seine Position mit vielen einflussreichen Persönlichkeiten der Nasser-Ära in Kontakt kam, nahm der Orden in Ägypten einen beträchtlichen Aufschwung. Vor allem in Zeiten einer engen politischen Zusammenarbeit zwischen den beiden Nachbarländern in der Zeit der Präsidenten Nasser und Sadat erhielt der Orden auch offizielle Unterstützung. Dies kam dadurch zum Ausdruck, dass der sudanesische Ordensführer, Muhammad Uthman Abduh, bei zahlreichen Besuchen in Ägypten von führenden Repräsentanten des politischen und religiösen Lebens offiziell empfangen wurde. Als sich die politischen Beziehungen zwischen den beiden Ländern Ende der siebziger Jahre infolge von Streitigkeiten um das Nilwasser jedoch verschlechterten, kam die offizielle ägyptische Unterstützung zu einem schnellen Ende. Die politischen Ursachen dieser Veränderung der ägyptischen Haltung gegenüber der Bruderschaft blieben natürlich im Hintergrund. Vielmehr brachte man religiöse Argumente vor, um der Burhaniyya die Unterstützung zu entziehen. Man klagte sie einer Reihe von unstatthaften Neuerungen an, die man als mit dem Islam unvereinbar betrachtete. So kam es schließlich sogar zu einem Verbot der Bruderschaft in Ägypten, was bemerkenswerterweise zeitgleich mit dem Abbruch der diplomatischen Beziehungen zwischen den beiden Ländern erfolgte.[20]

Diese Beispiele zeigen, wie das ägyptische Regime sich bemühte, den bi-nationalen Charakter der Bruderschaften für seine außenpolitischen Ziele zu nutzen. Die geschilderten Fälle mögen nicht besonders spektakulär erscheinen, greifbare Ergebnisse für die ägyptische Außenpolitik lassen sich auch kaum nachweisen. Dies schließt angesichts der großen Bedeutung, die persönliche Beziehungen im politischen Leben vieler islamischer Länder spielen, solche positiven Ergebnisse aber auch nicht aus. Wie wichtig die Nasser-Administration die Bruderschaften im Hinblick auf ihre internationalen Aspirationen einschätzte, zeigt auch die Tatsache, dass 1961 der Plan entwickelt wurde, eine ‚Internationale' der Sufi-Bruderschaften ins Leben zu rufen. Im Zusammenhang mit diesem Plan ist die Parallele der Stoßrichtung der ägyptischen Außenpolitik und dieser ‚Internationale' von Interesse. Vor allem Sufi-Organisationen in Westafrika (Nigeria, Ghana, Mali, Senegal) sollten in diesem Zusammenhang angesprochen werden. Den Führer der Tidjaniyya-Bruderschaft im Senegal, Ibrahim Niyass, hatte man als Vizepräsident der ‚Internationale' vorgesehen. Der Plan wurde zwar nie in die Tat umgesetzt. Dies tut der Bedeutung der internationalen Verflechtungen der Sufi-Organisationen auch für die unterschiedlichsten Aspekte der internationalen Politik aber keinen Abbruch. Dabei sind im ägyptischen Fall die Verbin-

---

[20] F. S. de Jong: Aspects of Political Involvement of Sufi Orders in 20th Century Egypt, 1907–1970, in: G. Warburg und U. M. Kupferschmidt (Hg.): Islam, Nationalism, and Radicalism in Egypt and Sudan, New York 1983, S. 183–214.

dungen von Außen- und Innenpolitik nicht zu vernachlässigen. Einer der innenpolitischen Hauptgegner des Nasser-Regimes waren die Muslimbrüder[21], die vor allem aus dem Untergrund und dem arabischen Exil gegen die Regierung der ‚freien Offiziere' kämpften. Die enge Zusammenarbeit mit sozialistischen Staaten bot den Muslimbrüdern die Möglichkeit, Nasser anti-islamisches Verhalten vorzuwerfen. Gleiches taten auch die konservativen Regime der arabischen Welt, an erster Stelle Saudi-Arabien, die mit Ägypten und seinen arabischen Verbündeten in einen lang andauernden ‚kalten Krieg' verstrickt waren. Muslimbrüder, wie auch die von der wahhabitischen Variante des Islams bestimmte saudische Politik, verhielten sich den islamischen Mystiker-Bewegungen gegenüber sehr ablehnend. Durch die Förderung der Bruderschaften konnte das Nasser-Regime einen Gegner seiner politischen Gegner fördern und zugleich auf der internationalen islamischen Ebene deutlich machen, dass der Vorwurf einer anti-islamischen Haltung zu Unrecht erhoben werde.

Die Beispiele sollen nicht den Eindruck hervorrufen, dass die führenden ägyptischen Politiker der sechziger und siebziger Jahre die Bruderschaften ausschließlich für ihre politischen Ziele instrumentalisierten. Von vielen ist bekannt, dass sie aus Überzeugung die islamischen Glaubenspflichten erfüllten. Vor allem seit 1955 hatte die ägyptische Führung ein aktives Interesse an den Sufi-Bruderschaften entwickelt. Das äußerte sich dadurch, dass der Vize-Präsident des Landes, Abd al-Hakim Amr, mit einer Reform des Sufi-Wesens beauftragt wurde. Schon bald zeigte sich, dass es sich bei dieser Reform eher um das Gegenteil handelte. Im Sufitum selbst hatte sich seit dem Ende des Zweiten Weltkriegs ein deutliches Bedürfnis nach einer Reform entwickelt. Solche Tendenzen hatten sich in der neueren Geschichte der Bruderschaften immer wieder eingestellt. Neben vielen anderen Gründen hatte zu dieser Reformbereitschaft sicherlich auch die Tatsache beigetragen, dass die Muslimbrüder, die auf eine Reform des Islams in seiner Gesamtheit hinarbeiteten, Interesse auch unter den Anhängern der Sufi-Organisationen gefunden hatten. Das galt vor allem für die jüngeren Mitglieder, die eine moderne Ausbildung erhalten hatten und in den mystischen Lehren und den hochemotionalen und zugleich

---

[21] Zu ihnen s. Michael Gilsenan: Saint and Sufi in Modern Egypt. An Essay on the Sociology of Religion, Oxford 1973.

stark formalisierten Ritualen keine Erklärungen für ihre Lebenssituation mehr fanden. Manche schlossen sich dieser orthodoxen und zugleich viel rationaleren religiösen Organisation an. Es lag also im Interesse der Ordensführungen, durch Reformen die Mitglieder stärker zu binden. Der ägyptische Vizepräsident löste nun überraschenderweise den Shaikh mashayikh al-turuq al-sufiyya, also den obersten Vertreter aller Sufi-Organisationen, Ahmad al-Sawi, der ein Vertreter der Reformfraktion unter den Sufi-Führern war, ab und ernannte einen engen persönlichen Freund, den Führer der Ilwaniyya-Bruderschaft, Muhammad Mahmud Ilwan, an seiner Stelle zum obersten Repräsentanten der Sufi-Organisationen in Ägypten. Dieser war ein erbitterter Gegner aller Reformen. Unter seiner Präsidentschaft kam es zu einem von Regierungsseite initiierten und geförderten Aufblühen des Sufitums in Ägypten. Kolloquien über Fragen der islamischen Mystik wurden veranstaltet, eine eigene Zeitschrift ‚al-Islam wa-l-tasawwuf' (Der Islam und die Mystik) wurde herausgegeben, zahlreiche neue Orden wurden offiziell anerkannt und die Festlichkeiten der Bruderschaften aus Anlass des Geburtstags des Propheten erhielten einen herausragenden Stellenwert im Kalender der offiziellen religiösen Feste in Ägypten. Darüber hinaus wurden einzelne Führer von Mystiker-Organisationen durch einflussreiche Persönlichkeiten des politischen Regimes des Landes besonders gefördert. Als Beispiel sei hier nur der in Oberägypten lebende Scheich Ahmad Ridwan genannt, der wohl populärste Sufi-Führer der Nasser-Zeit. Man erzählte in Ägypten, dass der langjährige, mächtige Innenminister des Landes, Ali Sabri, während einer Inspektionsreise durch Oberägypten bei einem Halt auf einem Bahnhof eine große Menschenmenge erblickte, die allerdings nicht gekommen war um ihn, den bedeutenden Politiker, zu begrüßen. Vielmehr galt ihre Anwesenheit einem bekannten, dem Regime gegenüber kritisch eingestellten, namentlich nicht bekannten Sufi-Scheich. Es besteht zumindest die Vermutung, dass die sich anschließende Förderung von Scheich Ahmad Ridwan durch die ägyptische Regierung auch mit der Überlegung zu tun hatte, auf diese Weise den Einfluss des oppositionellen Sufi-Scheichs zu reduzieren.

Scheich Ahmad ist ein gutes Beispiel für die Rolle von Sufis auch in einem Land, das nach westlichem Eindruck in der Zeit der Regierung von Abd el-Nasser mehr und mehr von atheistischen Strömungen beeinflusst wurde. Es lässt sich nachweisen, dass Ahmad Ridwan von führenden Vertretern des Staates bis hin zum Präsidenten gefördert wurde. Diese Beziehung beruhte auf Gegenseitigkeit. Von der Zeitschrift ‚al-Muslim' wurde 1977, also einige Jahre nach dem Tode Nassers, berichtet, dass Ahmad Ridwan einer der engsten Berater des Präsidenten in religiösen Angelegenheiten gewesen ist. Er sei es auch gewesen, der Nasser zur Vorbereitung für den katastrophalen Junikrieg von 1967 gedrängt habe. Er wird als eine Art von Rasputin des Nasser-Regimes beschrieben. Solche Enthüllungen müssen verstanden werden vor dem Hintergrund einer Entwicklung in der ägyptischen Innenpolitik, in der am Denkmal des ägyptischen Revolutionshelden heftig gerüttelt wurde. Wenn man auch nicht alles glauben mag, was in der zweiten Hälfte der siebziger Jahre über Nasser veröffentlicht wurde, lässt sich die besondere Wertschätzung von Ahmad Ridwan durch das Regime doch an verschiedenen Beispielen dokumentieren. Sie äußerte sich u. a. darin, dass die Straße, die zu seinem Dorf führte, eine der wenigen war, die in Oberägypten in dieser Zeit asphaltiert wurde. Ja, es wurde sogar ein eigener Bahnhof für diese an sich unbedeutende Ansiedlung an der Bahnstrecke von Kairo nach Assuan gebaut. Auf diese Weise wurden die Besuchsmöglichkeiten für die Anhänger bei ihrem Idol verbessert.

Die Probleme, denen sich die Sufi-Bruderschaften durch die erheblichen Entwicklungen des kulturellen, wirtschaftlichen und sozialen Wandels in den verschiedenen Ländern der islamischen Welt ausgesetzt sahen, brachten Veränderungen ihres religiösen Lebens, ihrer Rituale und damit ihres Auftretens in der Öffentlichkeit mit sich. Dabei muss bedacht werden, dass sich die verschiedenen Bruderschaften in einem ständigen Konkurrenzverhältnis untereinander befinden. Die Zahl der Anhänger einer Bruderschaft bestätigen einerseits die religiöse Bedeutung der Führung, deren religiöser Erfolg wiederum wirkt sich positiv auf die Größe der Anhängerschaft aus. Es besteht also ein Abhängigkeitsverhältnis zwischen der Ordensführung und ihrer Anhängerschaft. Sind also Bruderschaften nicht mehr in der Lage, sich auf neue gesellschaftliche Verhältnisse einzustellen, laufen sie Gefahr, an Einfluss zu verlieren und unter Umständen sogar ganz in Vergessenheit zu geraten. Ein besonders gutes Beispiel, das ebenfalls aus Ägypten stammt, hat Michael Gilsenan beschrieben. Es handelt sich um die Bruderschaft der Hamidiyya, die zwar schon in den vierziger Jahren entstanden war, sich aber später eine organisatorische Struktur gab, die in vieler Hinsicht mit der der ägyptischen Einheitspartei der Nasser-Zeit, der Arabischen Sozialistischen Union (ASU), übereinstimmte. Sie war zentral organisiert und stark hierarchisiert. Gilsenan spricht davon, dass sie sich geradezu bürokratische Strukturen gegeben habe. Sie wirkte aus diesem Grund möglicherweise besonders attraktiv auf das wachsende Heer von kleinen Angestellten des ägyptischen Staatsapparates. Diese neue untere Mittelklasse war einerseits immer noch einem traditionellen, städtischen Leben mit seinen Glaubensvorstellungen und ethischen Regeln verbunden, andererseits waren ihre Angehörigen bis zu einem gewissen Grade mitbeteiligt an der Modernisierung der ägyptischen Gesellschaft. Dieser Zwiespalt konnte durch die Teilnahme an den Veranstaltungen einer religiösen Organisation, wie der Bruderschaft der Hamidiyya, überbrückt werden. Diese Bruderschaft war einerseits traditionell, weil sie in ihren religiösen Vorstellungen all das propagierte, mit dem die Mitglieder aufgewachsen waren, dem Glauben an Wunder oder der Überzeugung, durch die Teilnahme an den vorgeschriebenen Ritualen das eigene Seelenheil zu fördern. Im Gegensatz zu den wenig strukturierten älteren Bruderschaften, in denen als einzig hierarchisches Moment die Enge der Verwandtschaft zum Ordensgründer eine Rolle spielte, trat bei der Hamidiyya eine bürokratische Hierarchisierung hinzu. Das Land war parallel zu den staatlichen Verwaltungseinheiten in Untergruppen gegliedert, deren Führung durch eine entsprechende Fortbildung für ihre Positionen qualifiziert worden waren und nicht ausschließlich durch eine verwandtschaftliche Beziehung zum Ordensgründer.

Die Politik der Hamidiyya war im Übrigen gekennzeichnet durch eine Betonung von nationalen Momenten, die sich vor allem auf den ägyptischen Kontext bezogen. Sie unternahm nie den Versuch, sich über den Bereich der arabischen Welt hinaus auszubreiten, wie es bei anderen Bruderschaften üblich ist. Die Parallele der religiösen Strukturen und der geistigen Inhalte der Hamidiyya und der Organisationsform und zumindest einiger inhaltlicher Aspekte der Ideologie der ägyptischen Einheitspartei wirkten gerade für eine Personengruppe, die religiös und zugleich durchaus staatsnah war, sehr attraktiv. Ein wichtiges Moment für den zeitweiligen Erfolg der Hamidiyya war auch die Tatsache, dass sie die Zentren ihrer Organisation stets in den Wohnbereichen der Bevölkerungsgruppen etablierte, die sie besonders ansprechen wollte. Dieser Erfolg der Hamidiyya war durchaus auch finanziell zu messen. Die öffentlichen Zuschüsse, privaten Spenden und Almosen, die in ihre Kassen flossen, waren beträchtlich. Die Bruderschaft kam dadurch in die Lage, ihre bedürftigen Mitglieder zu unterstützen. Die Führung bemühte sich aber auch, durch den Bau eines religiösen Zentrums mit einer Moschee, auch äußerlich den Erfolg der Hamidiyya zu dokumentieren. Sie selbst hatte sich inzwischen in einen Stadtteil Kairos zurückgezogen, der vor allem von der ägyptischen Oberschicht bewohnt wird. Sie etablierte das Zentrum in ihrer Wohnnähe. Dies hatte zur Konsequenz, dass die Angehörigen der Bruderschaft mit einem niedrigen Einkommen, und das war die Mehrheit, nur unter großen Schwierigkeiten und einem für sie kaum zu tragenden Kostenaufwand in das Zentrum kommen konnten. Relativ bald verebbte das aktive Leben der Bruderschaft. Die Mitglieder schlossen sich anderen religiösen Organisationen an. Auch die Tatsache, dass die staatliche Einheitspartei sich auflöste und in Ägypten ein Mehrparteiensystem eingeführt wurde, hat die Konsequenz gehabt, dass die Hamidiyya sich heute nahezu aufgelöst hat.[22]

Die Sufis unter dem Kommunismus in der UdSSR

Die offensichtliche politische Bedeutung von mystischen Bruderschaften lässt sich auch noch in einer ganz anderen Region der islamischen Welt dokumentieren, in Zentralasien. Trotz der mehr oder weniger konsequenten anti-religiösen Propaganda der kommunistischen Partei in der damaligen Sowjetunion hatte sich der Islam als widerstandskräftiger gegenüber der atheistischen Propaganda erwiesen als andere Religionsgemeinschaften. Sowjetische Quellen der Breschnijew-Zeit gehen davon aus, dass die Zahl der Atheisten in der muslimischen Bevölkerung nicht mehr als 20 Prozent ausgemacht habe, während sie z.B. bei den orthodoxen Christen bis zu 80 Prozent erreichte.[23] Hier kann nur summarisch auf die Geschichte des Islams in der UdSSR eingegangen werden. Der muslimische militärische Widerstand gegen die

[22] Michael Gilsenan: Recognizing Islam, London 1982.

[23] Man muss diese Zahlen allerdings mit einer gewissen Vorsicht betrachten. Die Gruppe der Muslime wird von den sowjetischen Untersuchungen sehr differenziert dargestellt; es finden sich ‚Fanatiker', die 15-20 % der Gruppe ausmachen, ‚Zögernde' und sogar ‚Ungläubige, die aber die religiösen Rituale praktizieren'.

sowjetische Herrschaft konnte erst zu Beginn der dreißiger Jahre endgültig gebrochen werden. In der Zeit des Stalinismus wurde auch der Islam konsequent verfolgt, und erst der Ausbruch des Zweiten Weltkriegs zwang die sowjetische Führung zu einer weniger radikalen Haltung gegenüber den Muslimen.

Seit 1943 wurde der Islam mehr oder weniger in den sowjetischen Herrschaftsapparat integriert. Es entstand so etwas wie ein ‚offizieller Islam'. Dieser war in vier Geistliche Direktionen eingeteilt, in die Mufti-Ämter von Taschkent, Ufa, Buynaksk und Baku. Aus der Sicht der Regierung hatten diese Direktorate die Aufgabe, den sowjetischen Islam nach außen zu repräsentieren und damit den außenpolitischen Zielen der UdSSR in der Zeit des Kalten Krieges zu dienen. Innenpolitisch hatten sie die Funktion, die Loyalität der muslimischen Bevölkerung gegenüber der Moskauer Führung sicherzustellen. Während der ‚offizielle Islam' im außenpolitischen Kontext sicherlich erfolgreich war, konnte er schon aus organisatorischen Gründen seine innenpolitischen Funktionen nur rudimentär erfüllen. Dies wird verständlich, wenn man sich einige Zahlen vor Augen führt. Bei einer muslimischen Gesamtbevölkerung von etwa 50 Millionen Gläubigen gab es 2000 offizielle religiöse Funktionsträger, 400 Moscheen ‚arbeiteten' und an zwei Hochschulen wurden Religionsgelehrte ausgebildet.[24] Es gab eine offizielle Zeitschrift ‚Die Muslime des sowjetischen Ostens', die allerdings den Gläubigen schon aus sprachlichen Gründen kaum zugänglich war, da sie in Uzbekisch, in arabischer Schrift, in Persisch, Französisch und Englisch publiziert wurde und daher eindeutig auf die Wirkung nach außen hin konzipiert war. Neben diesem ‚offiziellen' Islam existierte in den zentralasiatischen Teilen der UdSSR ein Parallel-Islam, dessen Grundlage die Strukturen des Sufitums waren. Gerade in Zentralasien waren seit dem 12. Jahrhundert verschiedene mystische Gemeinschaften aktiv gewesen und hatten zur Verbreitung und Intensivierung des Islams in dieser Region stark beigetragen. Immer wieder waren sie auch in die politischen Entwicklungen involviert worden. Seit der Stalin-Zeit war dieser Parallel-Islam ein bevorzugtes Ziel der anti-religiösen Propaganda und der staatlichen Verfolgung gewesen.

---

[24] Helene Carrère d'Encausse: Risse im roten Imperium, München 1980.

In zahlreichen Gesetzen und Vorschriften waren die Zugehörigkeit und Verbreitung von religiösen Vorstellungen der Sufi-Bruderschaften unter drakonische Strafen gestellt worden. Trotz dieser offiziellen Bemühungen ist es der Administration nie gelungen, die Bruderschaften vollständig zu unterdrücken; eher kann man vom Gegenteil ausgehen. Durch die verschiedensten Techniken konspirativen Verhaltens waren die Organisationen in der Lage, sich am Leben zu erhalten und die Zahl ihrer Anhänger nach Phasen des Niedergangs sogar zu erhöhen. Die überwiegende Mehrheit der Beobachter ist der Meinung, dass es gerade den Bruderschaften zu verdanken ist, dass der Islam in der UdSSR überlebt hat und nach dem Ende der Sowjetunion als ein wichtiges Moment der politischen Entwicklung in den jungen Staaten Zentralasiens in Erscheinung getreten ist. Es sind vor allem zwei Gründe, die für diesen Erfolg verantwortlich gemacht werden. Der erste hängt mit der sozialen Struktur der muslimischen Bevölkerung in der Sowjetunion zusammen. Seit der Oktoberrevolution war es zu einer Symbiose zwischen den Bruderschaften und den großen muslimischen Verwandtschaftsorganisationen, den Klanen, gekommen. Die in der UdSSR agierenden Bruderschaften waren, im Unterschied zur Tidjaniyya in Nord- oder Westafrika, von ihrer Organisationsstruktur her dezentralisiert. Es ergab sich nun eine mehr oder weniger rigorose Übereinstimmung zwischen den Untergruppen der Bruderschaften und den einzelnen Klanen. Diese Situation hatte eine doppelte Loyalität zur Folge, eine verwandtschaftliche und eine religiöse. Dies erhöhte die Sicherheit der einzelnen Mitglieder der Gemeinschaft angesichts der staatlichen Unterdrückungsmaßnahmen. Gerade dort, wo auch heute noch die Klanstruktur besonders gefestigt ist, ist auch die Bedeutung der Bruderschaften besonders sichtbar. Dies gilt vor allem für den Nord-Kaukasus, die sich gegenwärtig in einer besonders tragischen Situation befindlichen Regionen von Tschetschenien und Inguschetien, für Turkmenistan, Kirghizien und einige Stämme der Uzbeken. Dabei handelt es sich um Gebiete, die bis zur Oktoberrevolution im Vergleich mit anderen Regionen der russischen Herrschaft in Zentralasien als wenig islamisiert galten. Hier haben die Bruderschaften demnach nicht nur für den Islam stabilisierend, sondern sogar expandierend gewirkt. Die besondere Dynamik der Bruderschaften wirkt sich, und das ist der zweite Grund, vor allem dort aus, wo der ‚offizielle Islam' keine besonderen Aktivitäten entwickeln konnte. So gelang es den staatlich geförderten Vertretern des Islams zwischen 1973 und 1978 nicht, auch nur eine Moschee in Tschetschenien zu eröffnen.[25] Man muss davon ausgehen, dass das Fehlen des offiziellen Islams, die Möglichkeiten für die Bruderschaften, ihren Einflussbereich zu erweitern, erleichterte. Leider liegen uns keine Zahlen über die Größe der Mitgliederschaft der Bruderschaften im Kaukasus oder in Zentralasien vor. Doch die sowjetischen Berichte, nach denen sich nicht nur Angehörige der traditionellen Schichten der Bevölkerung zu den Ritualen der Bruderschaften einfanden, sondern auch Mitglieder der Kommunistischen Partei bis hin zu führenden regionalen Parteikadern, macht deutlich, wie einflussreich der Parallel-Islam in den achtziger Jahren geworden war.[26]

Die Veränderungen, die sich nach dem Ende der Sowjetunion auch in Zentralasien ergaben, blieben nicht ohne Wirkung auf das Verhältnis zwischen dem offiziellen Islam und den Bruderschaften. Der offizielle Islam konnte seine Position gegenüber den Bruderschaften verbessern. Für seine Vertreter hatte schon in der Zeit der Sowjetunion die Möglichkeit bestanden, persönlichen Kontakt mit den internationalen islamischen Organisationen, wie der ‚Islamischen Weltliga', aufzunehmen, die den Bruderschaften gegenüber in der Regel kritisch eingestellt sind. Sie hatten auch immer wieder die Möglichkeit gehabt, im Rahmen von Staatsbesuchen der sowjetischen Führung in islamischen Ländern als Begleitpersonal die entsprechenden Kontakte zu knüpfen, die dann durch weitere Reisen und Pilgerfahrten intensiviert werden konnten. Nach der Wende konnten sie nun auf diese Verbindungen zurückgreifen. Es war den internationalen Muslim-Organisationen ein besonderes Bedürfnis, die Muslime in Zentralasien, die unter schwierigen Umständen ihre religiöse Identität bewahrt hatten, zu unterstützen und für eine Intensivierung der Rolle des Islams in diesen traditionell muslimischen Regionen zu sorgen. Auch die Regierungen von Staaten der islamischen Welt, wie der Iran und die Türkei,

---

[25] Man kann gewiss darüber nachdenken, ob die aktuellen gewaltförmigen Konflikte in Tschetschenien nicht auch mit der Tatsache zusammenhängen, dass da ein relativ großes religiöses Vakuum bestand, in das radikale muslimische Kräfte von außen eindringen konnten.

[26] Alexandre Bennigsen: Les tariqat en Asie Centrale, in: A. Popovic et G. Veinstein (Hg.): Les ordres mystiques dans l'Islam. Cheminements et situation actuelle, Paris 1986, S. 27–36.

die politische Interessen in Zentralasien verfolgen, bemühten sich um die Unterstützung des Aufbaus oder der Verbesserung der organisatorischen Strukturen des offiziellen Islams. Die politischen Führer der neuen zentralasiatischen Staaten wandten sich, nicht nur aus opportunistischen Motiven, in vielen Fällen dem Islam zu. Um eine entsprechende internationale Unterstützung von kapitalkräftigen islamischen Staaten wie Saudi-Arabien zu erhalten, wahrten sie Distanz zu den Bruderschaften. Sie gestatteten muslimischen Missionaren, die häufig der wahhabitischen Ideologie Saudi-Arabiens oder den Muslimbrüdern nahe stehen, Schulen einzurichten, in denen auch Kritik an den traditionellen Mystiker-Organisationen geübt wird. Damit werden die Bruderschaften in die Defensive gedrängt. Bisher ist noch nicht zu erkennen, wie sie sich in Zentralasien in Zukunft werden behaupten können.

Auch in China

Die gegenwärtige Situation der Mystiker-Organisationen in Zentralasien ist beispielhaft auch für andere Regionen der islamischen Welt. Hier sei auf zwei aktuelle Fälle in Regionen hingewiesen, in denen die Existenz des Islams nicht für jeden selbstverständlich erscheinen mag. In der Volksrepublik China leben 21 Millionen Muslime.[27] Die Existenz des Islams geht hier auf das 13. und 14. Jahrhundert zurück. In der Regel werden sie heute in zwei große Gruppen unterteilt. Bei der einen handelt es sich um die Angehörigen verschiedener Turkstämme, die vor allem in Xingjiang (Sinkiang) leben und sprachlich wie kulturell mit den entsprechenden turksprachigen Gruppen in Zentralasien eng verbunden sind. Bei der anderen Gruppe handelt es sich, wenn sprachliche und kulturelle Kriterien angelegt werden, um Chinesen, die sich lediglich in einigen grundlegenden Aspekten ihrer religiösen Vorstellungen von ihren Landsleuten unterscheiden. Sie werden als Hui bezeichnet. Es handelt sich um ca. neun Millionen Muslime, die über ganz China verstreut leben. Von diesen soll im Folgenden die Rede sein. Man kann den chinesischen Islam wiederum in drei große Gruppen einteilen, die sich nicht nur in der Form ihrer Rituale, son-

[27] Diese Zahl beruht auf verschiedenen Schätzungen. Man findet auch Angaben, die von 13 oder 30 Millionen Muslimen in China ausgehen.

dern auch in der Art und Weise ihrer Organisation von einander unterscheiden. Die älteste Gruppe bezeichnet sich als Gedimu (vom arabischen qadim für alt). Zentrum dieser in der Regel kleinen, über die verschiedensten Regionen des großen Landes verteilten Hui-Gemeinden ist die Moschee. Diese einzelnen Moscheegemeinden agieren unabhängig von einander. Sie werden von einem ‚Verwaltungskomitee' geleitet, das für die Unterhaltung der Moschee und der Medrese, der der Moschee angeschlossenen religiösen Ausbildungsstätte, verantwortlich ist. Es wählt den Ahong (Imam) aus und bezahlt ihn auch. Die Hui folgen vor allem der hanafitischen Rechtsschule, sind also orthodox und haben keine mystischen Tendenzen. Es kann aber nicht erstaunen, dass sie von ihrer chinesischen Umgebung manche Anschauungen und Praktiken übernommen haben, die von muslimischen Kritikern als Aberglauben angesehen werden.

Die zweite Gruppe sind die Mystiker-Bruderschaften (Menhuan), die unter dem Einfluss von zentralasiatischen Sufis und ihren chinesischen Anhängern seit dem 17. Jahrhundert entstanden sind. In der Regel handelt es sich um Untergruppen des Naqshbandiyya-Ordens. Sie sind häufig um die Grabmoschee oder Schule eines Ordensführers ansässig. Seit ihrem Auftauchen in China gewannen sie schnell an politischem und wirtschaftlichem Einfluss. Dazu trug vor allem bei, dass die Führer der Mystiker-Organisationen ihre Anhänger zur Zahlung von beträchtlichen Almosen und anderen Gaben bewegen konnten. Vor allem in der zweiten Hälfte des 19. Jahrhunderts kam es zwischen den verschiedenen Bruderschaften aber zu schweren, mit Gewalt ausgetragenen Konflikten um vorgeblich rituelle Fragen wie das Tragen von Turbanen. Diese Auseinandersetzungen wurden von der chinesischen Zentralregierung genutzt, um gegen die unterschiedlichen Sufi-Gruppen vorzugehen, aber auch andere Hui zu verfolgen.[28]

Die dritte Gruppe sind die Yihewani (vom arabischen Ikhwan = Brüder). Sie stehen den verschiedenen radikalen Reformbewegungen der Islams des 19. und frühen 20. Jahrhunderts nahe. Vor allem die

---

[28] F. Aubin: En Islam chinois: quels Naqshbandis?, in: M. Garborieau, A. Popovic et T. Zarcone (Hg.): Naqshbandis. Cheminements et situation actuelle d'un ordere mystique musulman, Istanbul 1990, S. 491-572; Jonathan Lipman: Sufism in the Chinese Courts: Islam and Qing Law in the 18th and 19th Centuries, in: F. de Jong und B. Radtke (Hg.): Islamic Mysticism Contested. Thirteen Centuries of Controversies and Polemics, Leiden 1999, S. 553–575.

Wahhabiten übten hier einen beträchtlichen Einfluss aus. Im Unterschied zu den Gedimu sind sie straff zentralistisch organisiert. Es gibt eine Hauptmoschee, von der alle anderen zu den Yihewani gehörenden Moscheen abhängig sind.[29] Zwischen ihnen und den Vertretern der Mystiker-Gruppen kam es vor allem in den dreißiger Jahren zu heftigen Auseinandersetzungen, die man wohl auch im Zusammenhang mit den bürgerkriegsähnlichen Zuständen im China dieser Epoche sehen muss. Die Yihewani wandten sich mit aller Schärfe gegen die Almosenpraxis der Mystiker-Organisationen, aber auch gegen deren besondere Rituale. Für sie gilt nur die Erfüllung der islamischen Glaubenspflichten als verbindlich; alle darüber hinausgehenden rituellen Praktiken sehen sie als unstatthafte Neuerungen (Bida') an. Im Gegensatz zu den Sufis lehnen es die Yihewani ab, den Koran kollektiv zu rezitieren, sondern verlangen, dass ein Gläubiger vorträgt, während die anderen zuhören. Nach ihrer Ansicht muss auch die Zahl der privaten Gebete, die ein Gläubiger aus einem bestimmten Anlass an Gott richtet (Du'a), begrenzt sein. Sie lehnen jede Form von Gräberkult ab. Das bedeutet auch, dass sie die in den Mystiker-Bruderschaften üblichen Feste aus Anlass des Geburts- oder Todestages einer Gründungsgestalt oder eines Heiligen verbieten. Sie wenden sich weiterhin auch gegen die bei den Sufis praktizierte Bezahlung für Koran-Rezitationen. All diese Praktiken sind bei den Sufis verbreitet. Zum Teil ist deren schneller Erfolg in China wohl auch auf diese Rituale zurückzuführen. Sind sie doch in vieler Hinsicht mit denen der in China vorherrschenden religiösen Praktiken vergleichbar.

Nachdem sich die Kommunisten 1949 in China durchgesetzt hatten, wurde 1953 von der Regierung eine ‚Islamische Vereinigung Chinas' gegründet, die die Aufgabe hatte, die Muslime des Landes unabhängig von ihrer ethnischen Zugehörigkeit zusammenzufassen. Sie besteht auch heute noch. Ihre Funktion war und ist, die gemeinsamen Angelegenheiten der Muslime zu organisieren, als Sprecher der Muslime gegenüber dem Staat aufzutreten und den Islam in China gegenüber den übrigen islamischen Staaten zu repräsentieren. In dieser Organisation bilden die Hui eine Mehrheit, weil sie am gleichmäßigsten über das gesamte Staatsgebiet verteilt sind. Sie haben daher überall lokale

---

[29] Jonathan Lipman: The Third Wave: Establishment and Transformation of the Muslim Brotherhood in China, in: Études Orientales 13/14 (1994), S. 89–106.

Gemeinden und erscheinen als die wichtigsten Repräsentanten des Islams. Die Yihewani konnten mit ihren nüchternen, auf sozialen Ausgleich bedachten Vorstellungen zunächst das Wohlwollen der neuen Herren in China gewinnen. Einzelne muslimische Persönlichkeiten stiegen in den staatlichen Rängen zu wichtigen Positionen auf. Die Sufi-Gruppen wurden dagegen mit Feudalismus und Großgrundbesitzertum in Verbindung gebracht. Bis 1954 waren die Beziehungen der Menhuan zur Staatsmacht daher sehr viel gespannter als die der Yihewani. Dann veränderte sich die grundsätzliche Haltung der Kommunistischen Partei Chinas gegenüber den Muslimen, und von 1957 an kann man von regelrechten Verfolgungen aller muslimischen Gruppen sprechen. Diese Unterdrückungen verstärkten sich während der Zeit der Kulturrevolution und hielten bis 1979 an. Vor allem die Führer der Sufi-Organisationen wurden zu Haftstrafen verurteilt, in Umerziehungslager gesteckt und in einigen Fällen auch zum Tode verurteilt und hingerichtet. Doch auch die Yihewani hatten Märtyrer zu beklagen.

Seit dem Beginn der achtziger Jahre hat sich die Lage deutlich entspannt. Das Verhältnis der verschiedenen islamischen Gruppierungen untereinander hat sich nicht zuletzt infolge der gemeinsamen Erfahrung der Verfolgung etwas entspannt. Die Yihewani sind derzeit die wohl stärkste Gruppe. Dies hängt wahrscheinlich auch mit der Tatsache zusammen, dass ihre Verbindungen zu den internationalen Muslim-Organisationen besser sind als die der Sufi-Gruppen. Auch in der ‚Islamischen Vereinigung Chinas' spielen sie daher inzwischen eine wichtige Rolle. Trotz der weniger schroffen Haltung der Yihewani gegenüber den Sufi-Gruppen hat sich das Verhältnis zwischen ihnen dann vor allem in den achtziger und neunziger Jahren wieder verschlechtert. In verschiedenen Publikationen der Yihewani werden die historischen Verdienste der Sufi-Gruppen um den Islam in China zwar anerkannt, die gegenwärtigen Menhuan aber angegriffen. Dabei wird wiederum kritisch das Verhältnis zwischen den Führern der Sufi-Gruppen und deren Anhängern betrachtet, wobei die Behauptung wiederholt wird, die Sufi-Scheichs seien vor allem darauf aus, durch Abgaben und Geschenke ihrer Adepten möglichst große Reichtümer zu erwerben.[30]

---

[30] Leila Cherif-Chebbi: L'Yihewani, une machine des guerre contre le Soufisme en Chine?, in: F. de Jong und B. Radtke (Hg.): Islamic Mysticism Contested, Leiden 1999, S. 576–602.

Solche Konflikte werden auch Zukunft immer wieder einmal bekannt werden. Die Haltung der Yihewani gegenüber den islamischen Mystikern wird weiterhin ablehnend bleiben, und diese Ablehnung wird auch von Vertretern eines strengen, an wahhabitischen Vorstellungen ausgerichteten Islams aus anderen Teilen der islamischen Welt weiterhin unterstützt werden. Insgesamt werden sich die verschiedenen islamischen Gruppierungen in China in den kommenden Jahren allerdings bemühen müssen, eine Form von Koexistenz zu entwickeln, um zu vermeiden, dass die Mehrheitsbevölkerung oder auch die staatlichen Autoritäten die Gelegenheit innerer Streitigkeiten unter den Muslimen nutzen, um gegen diese vorzugehen, und sei es nur, um von anderen Auseinandersetzungen in diesem konfliktreichen Land abzulenken. Wie schnell hier schwierige Situationen entstehen können, haben die Auseinandersetzungen zwischen turkmenischen Muslimen und der chinesischen Zentralregierung Ende 1998 gezeigt. Wie sich die wirtschaftlichen Veränderungen und die mit ihnen verbundene Öffnung des Landes für den Islam auswirken wird, bleibt abzuwarten.

Indonesien als Land der islamischen Mystik

Frühe chinesische Quellen berichten, dass schon in der 2. Hälfte des 7. Jahrhunderts in Ost-Sumatra muslimische Siedlungen existierten, deren Bewohner von der arabischen Halbinsel eingewandert sein sollen. Zweihundert Jahre später berichtete der arabische Geograph al-Mas'udi von Muslimen, die nach politischen und sozialen Unruhen in der chinesischen Provinz Kanton, denen zahlreiche dort ansässige Muslime zum Opfer gefallen waren, in den malayisch-indonesischen Archipel geflüchtet waren. Intensiver wurde der islamische Einfluss in Nord-Sumatra in der ersten Hälfte des 12. Jahrhunderts, als arabische ‚Missionare' Schüler um sich sammelten und mit ihrer Hilfe ihre Konversionsbemühungen bis an die Westküste der Insel ausdehnten. Ein erstes muslimisches Sultanat soll im 13. Jahrhundert entstanden sein. Nach Java gelangte der Islam durch die Vermittlung von arabischen und persischen Händlern zu Beginn des 15. Jahrhunderts. Man kann davon ausgehen, dass die Islamisierung Sumatras und Javas Anfang des 17. Jahrhunderts abgeschlossen war.

Wie Clifford Geertz aufgezeigt hat, bedeutete diese Islamisierung allerdings eine Symbiose aus buddhistisch-hinduistischen und islamischen Elementen. Diese symbiotische Form des Islams behielt ihre Bedeutung bis zum Beginn des 19. Jahrhunderts.[31] In der Folge der europäischen Dominanz der Seestraßen konnten Muslime aus Java und Sumatra die Pilgerfahrt nach Mekka unternehmen, ohne von Piraten bedroht zu werden. Gleichzeitig wuchs die Zahl der aus dem Hadramaut auf der arabischen Halbinsel stammenden Händler und Seefahrer, die sich für sehr lange Zeit oder gar auf Dauer in Südostasien niederließen, beträchtlich. Beides brachte einen engen Austausch von Gütern mit sich, zugleich wurde die südostasiatische Inselwelt aber auch von den Entwicklungen in einer der zentralen Regionen der islamischen Welt stark beeinflusst.[32] Dies gilt auch für die Vorstellungen der islamischen Mystik in ihren organisierten Formen, die von Mekka und Medina aus nach Java und Sumatra gelangten. Selbst Bruderschaften, die im Kontext des indischen Islams entstanden waren, kamen nicht direkt, sondern über den Umweg über die arabische Halbinsel nach Südostasien. Im Gegensatz zu anderen Regionen der islamischen Welt blieben die Ableger der Bruderschaften auch immer abhängig von den Zentren in Mekka und Medina. Die ostasiatischen Führer der Sufi-Organisationen mussten durch die Führung auf der arabischen Halbinsel bestätigt werden. Auf diese Weise entstand der Nebeneffekt, dass der Gefahr des Synchretismus, die auf Java und Sumatra immer vorhanden war, begegnet werden konnte. Personen, die die regionale Führung der jeweiligen Sufi-Gruppe übernehmen wollten, konnten auf ihre Übereinstimmung mit den religiösen Vorstellungen der Ordensmeister in Mekka und Medina überprüft werden. War die Abweichung zu groß, wurde die Zustimmung zur Übernahme einer Führungsposition verweigert. In einem größeren Maße als in anderen Regionen der islamischen Welt wurde die Lebensweise der Muslime in den Zentren des Islams als vorbildlich angesehen. Dies bedeutete, dass Studenten und Pilger aus Mekka und Medina nicht nur Buchwissen oder die neuen rituellen Praktiken aus dem Kontext des Sufitums mitbrachten, sondern auch traditionelle Verhaltensweisen aus den Bereichen der Volksreligion und Regeln des Sozialverhaltens. Dies hat zu Missverständnissen bei der Beobachtung

---

[31] Clifford Geertz: The Religion of Java, New York 1960.

[32] S. dazu Ulrike Freitag und William G. Clarence-Smith (Hg.): Hadrami Traders, Scholars, and Statesmen in the Indian Ocean, 1750s – 1960s, Leiden 1997.

durch westliche Sozialwissenschaftler geführt, die sich unbewusst Positionen von orthodoxen muslimischen Gelehrten zu eigen gemacht hatten. Der niederländische Sozialwissenschaftler Martin van Bruinessen hat aufgezeigt, dass viele der als indonesisch interpretierten lokalen Verhaltensweisen in der Realität Praktiken sind, die aus verschiedenen Teilen der islamischen Welt über den ‚Transmissionsriemen' von Mekka und Medina nach Südostasien gelangt sind.

Auch in Indonesien spielten die Bruderschaften während der niederländischen Kolonialherrschaft eine Rolle, die für die traditionellen geistigen Strukturen des Landes von großer Bedeutung war. Sie formulierten und organisierten, nicht ohne Beeinflussung aus Mekka und Medina, den sozialen und religiösen Protest gegen die niederländische Vorherrschaft. Der Kolonialverwaltung blieb die Interdependenz zwischen den Aktivitäten der Bruderschaften und der Situation auf der arabischen Halbinsel nicht verborgen. Sie beauftragte daher sogar einen der bekanntesten niederländischen Orientalisten, Christiaan Snouck Hurgronje, damit, die Methoden, mit denen die südostasiatischen Pilger an den heiligen Stätten des Islams indoktriniert wurden, zu erforschen. Die Forschungsergebnisse des Feldforschers sind von großer Bedeutung für unsere Kenntnisse des Lebens in Mekka und Medina gegen Ende des 19. Jahrhunderts. Unklar bleibt aus seinen Berichten hingegen, in welcher Form z. B. die Informationen über die Kontroversen zwischen den Vertretern der Bruderschaften und deren Gegnern in Niederländisch-Indien bekannt gemacht wurden. Auch ohne die Informationen aus der Zeit des niederländischen Gelehrten ist allerdings klar, dass die gewichtigsten Gegner der Sufi-Organisationen auch in Südostasien einerseits Wahhabiten, andererseits aber die islamischen Reformer waren. Der auf der arabischen Halbinsel sich vollziehende allgemeine Konflikt zwischen den verschiedenen Vorstellungen von dem, was der wirkliche Islam sei, spiegelte sich daher direkt in einem der islamischen Gebiete wider, das rein zahlenmäßig zu den am stärksten islamisierten zählte. So gab es in der Mitte der zwanziger Jahre eine heftige Kontroverse darum, ob eine aus Indonesien stammende Delegation an einer Konferenz des Islamischen Weltkongresses teilnehmen sollte. Dieser Kongress wurde auf Einladung des saudischen Königs, Ibn Saud, abgehalten, der ihn auch zumindest teilweise finanzierte. Die indonesische Diskussion drehte sich vor allem darum, wie man sich einem Regime gegenüber verhalten sollte, das traditionelle religiöse Praktiken, wie den Gräberkult und die Heiligenverehrung in radikaler Weise in seinem Herrschaftsbereich unterdrückte.

Da man sich innerhalb der indonesischen Gelehrtenschar über eine gemeinsame Haltung nicht einigen konnte, kam es zu einer Spaltung. Die traditionellen, mit mystischen Vorstellungen verbundenen Gelehrten gründeten eine eigene Organisation, die ‚Nahdatul Umala' (NU), die jedoch keiner speziellen Sufi-Bruderschaft verbunden war. Die Organisation blieb nicht auf ihre ursprüngliche Region, die Insel Java, beschränkt, sondern versuchte durchaus erfolgreich, ihren Einfluss auch über den Bereich der indonesischen Inselwelt hinaus zu verbreiten. Der ‚Nahdatul Islam' ging es nicht in erster Linie um eine Auseinandersetzung mit den reformerischen Vorstellungen vom Islam, wie sie nicht zuletzt durch ‚islamistische' Vereinigungen vertreten wurden. Sie bemühten sich innerhalb ihrer eigenen Gemeinschaften, abergläubische und übertriebene Vorstellungen und Praktiken zu unterdrücken. Der Konflikt spielte sich also vor allem innerhalb der einzelnen Bruderschaften oder zwischen diesen ab. Die Bruderschaften hatten in ihrer Mehrheit der niederländischen Kolonialherrschaft gegenüber Distanz gewahrt. Nach dem Entstehen eines unabhängigen indonesischen Staates entwickelten sich aus einigen von ihnen politische Parteien, deren Einfluss angesichts eines sich entwickelnden indonesischen Nationalismus jedoch begrenzt blieb. Im Gegensatz zu anderen Regionen, in denen es um die Auseinandersetzung zwischen der mystischen und der orthodoxen Seite des Islams geht, lassen sich die internen Auseinandersetzungen im indonesischen Islam auf Konflikte zwischen den verschiedenen Bruderschaften reduzieren.[33]

Die Zukunft mystischer Formen des Islams ist von mehreren Faktoren abhängig. Ein erster ist die Frage nach dem Einfluss, den die radikalen islamistischen Gruppen auf die islamischen Gesellschaften gewinnen werden. Falls es ihnen gelingt, in einigen Staaten der islamischen Welt die politische Herrschaft zu erlangen, wird dort die Rolle der Bruderschaften stark zurückgedrängt werden. Beispiele für eine solche Entwicklung lassen sich in Saudi-Arabien oder in Afghanistan

---

[33] Martin van Bruinessen: Controversies and Polemics involving the Sudi Orders in 20th Century Indonesia, in: F. de Jon und B. Radtke (Hg.): Islamic Mysticism Contested, Leiden 1999, S. 705–728.

finden. Nachdem die wahhabitische Dynastie der Familie Saud auf der arabischen Halbinsel zu Beginn der zwanziger Jahre die Herrschaft übernommen hatte, unterdrückte sie die zahlreichen dort operierenden Bruderschaften konsequent. Ähnliches lässt sich in der aktuellen Situation in Afghanistan beobachten. Angesichts des beträchtlichen Einflusses, den in der gegenwärtigen Lage Saudi-Arabien auf die islamische Welt in ihrer Gesamtheit ausübt, findet die den Sufi-Organisationen gegenüber kritische Grundhaltung der führenden religiösen Kreise des Königreichs weitere Verbreitung. So überprüfen islamische Entwicklungshilfeorganisationen, die vor allem von Saudi-Arabien finanziert werden, nicht nur die wirtschaftliche Plausibilität von Anträgen auf Entwicklungshilfe, sondern auch die religiöse Haltung der Antragsteller. Die Zugehörigkeit zu einer Sufi-Gemeinschaft wird dabei als Ablehnungsgrund gewertet. Wie effektiv diese Gewissensprüfungen sind, steht allerdings auf einem anderen Blatt. Saudi-Arabien hat aber die Möglichkeit, in der islamischen Welt die muslimischen Organisationen finanziell und politisch zu fördern, die ihren Vorstellungen nahestehen. Dies bezieht sich auch auf die Haltung gegenüber der islamischen Mystik.

Einen weiteren für die islamische Mystik als Organisation negativen Aspekt stellt die Tatsache dar, dass die Zahl der Muslime, die eine moderne Ausbildung absolvieren, ständig steigt. Diese Gruppe steht in der Regel den Vorstellungen von Wundertätigkeit und volksreligiösen Praktiken, wie sie von Sufi-Meistern praktiziert werden, kritisch oder ablehnend gegenüber.

Dies hat Konsequenzen für die Rekrutierung des Nachwuchses. Auch die zunehmende Verstädterung der islamischen Welt führt zu einer Veränderung der Bedeutung der traditionellen islamischen Bruderschaften für die einfachen, vom Lande stammenden Gläubigen. Die Bindung an die Ordensführer nimmt schon aus organisatorischen Gründen ab. Wer einmal versucht hat, in Kairo von einem Teil der Stadt zu einem anderen zu kommen, kann das nachvollziehen. Da die Zugehörigkeit zu einer Sufi-Gemeinschaft sich häufig innerhalb der Familie vererbt, kann die Entfremdung der Elterngeneration von einer Bruderschaft negative Konsequenzen auch für die Haltung der Kinder dem Sufitum gegenüber mit sich bringen. Dies bedeutet nicht, dass die ländlichen Formen der Sufi-Bruderschaften mit ihren Ritualen, Meidungsgeboten, charismatischen Persönlichkeiten und volksreligiösen

Aspekten über kurz oder lang aussterben werden. So lange einfache Menschen in einer ländlichen Umgebung die Formen der mystischen Frömmigkeit als befriedigende Form religiösen Lebens erfahren, wird diese Form der Mystik auch nicht untergehen. Sie läuft jedoch Gefahr, als unbedeutende Sonderform des Islams marginalisiert zu werden. Seit der Mitte der sechziger Jahre ist den Führern der verschiedenen Bruderschaften diese Situation bewusst geworden. Es ist zu einer Reformbewegung innerhalb des Sufitums gekommen. Inzwischen wird großer Wert auf die karitativen und spirituellen Aspekte der islamischen Mystik gelegt. Dies kommt zum Ausdruck durch eine rege Publikationstätigkeit von Organisationen, die dem Sufitum nahe stehen. Bemerkenswert ist vor allem, dass die Texte der großen Gestalten der islamischen Mystik neu herausgegeben und gegenwartsbezogen kommentiert werden. Damit ist eine Intellektualisierung verbunden, die vor allem auf muslimische Intellektuelle mit einem westlichen Bildungshintergrund sehr anziehend wirkt. Das bedeutet, dass die modernen Bildungseliten in den islamischen Gesellschaften sich auf die Gedankenwelt der Mystik einlassen. Die Konsequenz daraus wird eine weitere Modernisierung der islamischen Mystik sein, die wiederum deren Attraktivität auf die modernen Eliten erhöht. Die Modernisierung wird auch noch einen weiteren Effekt haben. Mystische Vorstellungen aus dem Islam sind auch für eine wachsende Zahl von Angehörigen des europäischen und amerikanischen Bildungsbürgertums attraktiv geworden. Einige Bruderschaften, wie die sudanesische Burhaniyya oder der iranische Owaisiyya, haben auf dieses Interesse mit Missionsaktivitäten und einer regen Übersetzungstätigkeit der Schriften ihrer Gründer reagiert, die nicht ohne Erfolg geblieben sind. Dabei lassen sich vor allem Frauen von dem Gedankengebäude der islamischen Mystik faszinieren. Damit ist auch dem Sufitum der Sprung in den Westen geglückt. Dies wird wahrscheinlich Veränderungen des Sufitums in der islamischen Welt selbst hin zu strafferen Organisationsformen mit sich bringen, die Bedeutung von Frauen innerhalb der Sufi-Gemeinschaften wird sich verstärken. Möglicherweise stellt dieses moderne Sufitum langfristig die zukunftsweisende Form des Islams dar.

Alltagsglaube und religiöse Praktiken

Wie alle großen Weltreligionen besteht auch der Islam nicht nur aus einer hochreligiösen Orthodoxie und entsprechenden Heterodoxien, sondern aus einer Vielzahl von Formen der Volksreligion, die sich häufig nur schwer miteinander vergleichen lassen. Genau so schwierig ist es oft, in der religiösen Alltagspraxis eine Trennungslinie zwischen der Hochreligion und der Volksreligion zu ziehen. Die entsprechenden Versuche von Religionswissenschaftlern blieben in der Regel unbefriedigend.[1] Es kann nicht der Zweck dieses Kapitels sein, eine endgültige Definition von ‚Volksreligion' zu formulieren, wenn dies überhaupt möglich ist; denn es ist nicht ausgeschlossen, dass die Mehrzahl der Menschen, die sich zu einer Religion bekennen, in ihrem religiösen Handeln und ihren Vorstellungen ständig zwischen hoch- und volksreligiösen Konzepten hin und herwandern. Dies gilt unabhängig von der allgemeinen oder speziell der religiösen Bildung des einzelnen Gläubigen. Es wäre daher vielleicht besser, wenn man an Stelle des Begriffs der ‚Volksreligion' den der ‚Alltagsreligion' benutzen würde; denn ‚Volksreligion' hat den Beigeschmack von wirtschaftlicher, sozialer und kultureller Benachteiligung. Wenn Religionen u. a. die Funktion haben, Menschen Vorkommnisse im gesellschaftlichen, politischen, wirtschaftlichen, ja in jedem Bereich des Lebens zu erklären, die mit den üblichen rationalen Kategorien und Kriterien nicht zu erklären sind, dann sind dies gerade Phänomene vor

[1] Zu den verschiedenen Definitionen von Volksreligion s. G. Mensching: Folk and Universal Religion, in: L. Schneider (Hg.): Religion, Culture and Society, New York 1964, S. 254f; K. Goldammer: Die Formenwelt des Religiösen, Stuttgart 1960, S. 14; W. Bock: Symbols in Conflict, in: Journal for the Scientific Study of Religion, 1965, S. 204ff; R. Towler: Homo Religiosus. Sociological Problems in the Study of Religion, London 1974, S. 147; N. Luhmann: Funktion der Religion, Frankfurt/M. 1977, S. 48.

allem des Alltags. Diese Alltäglichkeit führt dazu, dass sich diese Formen religiöser Praxis in unterschiedlichen Religionen in gleicher Weise finden. Grundtatsachen des menschlichen Lebens werden in der Alltagsreligion unterschiedlicher Religionen nicht selten in gleicher Form, mit vergleichbaren Ritualen angegangen. In Situationen, in denen innerhalb einer Gesellschaft verschiedene Religionen oder Konfessionen praktiziert werden, kommt es vor, dass sich die Angehörigen der unterschiedlichen Glaubensvorstellungen unter bestimmten Umständen an den Ritualen der anderen Glaubensgemeinschaft beteiligen. So denke ich immer noch gerne an die Mutter eines protestantischen Schulkameraden, die mich bat, für das erfolgreiche Bestehen der Abiturprüfung ihres Sohnes bei der wundertätigen Marienstatue der katholischen Kirche in meiner Heimatstadt eine Kerze aufzustellen. Vergleichbare Beispiele lassen sich leicht auch aus dem Zusammenleben der Angehörigen verschiedener Religionen beibringen.

Viele religiöse Funktionsträger der unterschiedlichen großen Weltreligionen lehnen offiziell Formen der Praxis der Alltagsreligion ab, weil sie sie für unvereinbar mit den Lehren der Hochreligion halten. Gerade Vertreter der monotheistischen Religionen sehen in manchen Praktiken einen Rückfall in ein polytheistisches ‚Heidentum'. Auch der Vorwurf des Aberglaubens wird im Zusammenhang mit alltagsreligiösen Praktiken von Vertretern der offiziellen Religionen gerne erhoben. Vor allem religiöse Reformer haben im Verlauf der Religionsgeschichte immer wieder versucht, Praktiken der Alltagsreligion auszumerzen. Endgültig erfolgreich sind sie mit ihren häufig radikalen Bemühungen gegen Formen des Aberglaubens allerdings nie gewesen. Es ist nicht auszuschließen, dass sich die gegenwärtig praktizierten Formen der Alltagsreligion in Zukunft verändern werden. Möglicherweise werden sie dann noch stärker von den Vertretern der offiziellen Religionen ausgegrenzt werden. Die alltagsreligiösen Rituale werden sich unter dem Einfluss neuer Medien verändern; ihre Bedeutung für den Einzelnen wird aber möglicherweise in dem Maße zunehmen, in dem die offiziellen Religionen ihren Aufgaben, das Alltagsleben der Menschen zu strukturieren und zu erklären, immer weniger in der Lage sind nachzukommen.

Formen islamischer Alltagsreligion

Es ist nicht möglich, die zahlreichen verschiedenen, regional unterschiedlichen Formen der islamischen Alltagsreligion zu beschreiben und miteinander zu vergleichen. Die unterschiedlichen Rituale sind abhängig von gesellschaftlichen Bedingungen wie dem Grad der allgemeinen Schulbildung, dem Einfluss der Hochreligion und nicht zuletzt dem der Substratkulturen. In der Regel ist der Islam ein Import in andere Kulturen gewesen. Er hat sich in einem langsamen Prozess gegenüber anderen religiösen und sonstigen kulturellen Vorstellungen durchsetzen müssen. Dabei war er in der Lage, eine Vielzahl von fremden religiösen Phänomenen aufzunehmen[2] und diese zu islamisieren und in die Hochreligion zu integrieren. Die verschiedensten Praktiken und Vorstellungen der älteren Religionen bildeten in vielen Regionen ein Substrat, aus dem vor allem die Alltagsreligion ihre Vorstellungen und Rituale bezog und noch heute bezieht. Die Versuche der islamischen Orthodoxie, diese religiösen Formen als ‚unstatthafte Neuerungen' zurückzudrängen, sind nicht erfolgreich gewesen. Dies liegt nicht zuletzt an der Tatsache, dass die wichtigsten autoritativen Texte des Islams, also der Koran und die Prophetentraditionen, Phänomene aufweisen, die auch in den alltagsreligiösen Überzeugungen einfacher Muslime eine wichtige Rolle spielen. Dafür seien hier nur einige Beispiele genannt.

Die hundert Namen Gottes

Nach islamischer Vorstellung hat Gott einhundert Namen. Sie werden im Koran direkt oder indirekt genannt. Gerade sie haben im Verlauf der islamischen Religionsgeschichte Anlass zu heftigen theologischen Auseinandersetzungen gegeben, weil man aus ihnen verschiedene Eigenschaften Gottes herauslesen wollte. Dies konnte wiederum als Versuch, die Einheit Gottes in Frage zu stellen, aufgefasst werden. Trotz dieser Diskussionen hat sich auch in der islamischen Orthodoxie die Praxis durchgesetzt, in Gebeten und Predigten einen oder mehrere der 99 Namen zu benutzen. Dabei hat sich eine Hierarchie der Namen entwickelt, an deren Spitze der arabische Begriff für ‚Gott', nämlich

[2] Dieses Phänomen ist zuerst von Clifford Geertz in: Islam Observed, New York 1969, beschrieben worden.

‚Allah' steht. Andere sind ‚Der Gerechte', ‚Der Barmherzige', ‚Der Mächtige', ‚Der Schöpfer', ‚Der Allwissende', ‚Der Vergebende' usw. Bei der Interpretation der Bedeutung der verschiedenen Namen durch islamische Theologen befindet man sich zweifelsohne noch im Bereich orthodoxer Glaubensvorstellungen. Die islamische Tradition sagt aber auch: „Wer die 99 Namen Gottes kennt, wird in das Paradies eingehen." Damit nähert man sich schon alltagsreligiösen Vorstellungen. Denn es hat sich die Praxis ergeben, die ‚Schönsten Namen' wiederholt zu rezitieren, um sich seines Seelenheils zu versichern. Der große islamische Rosenkranz besteht aus 99 Perlen, jede für einen der göttlichen Namen. Daher wird er auch als mnemotechnisches Hilfsmittel für die Rezitation der Namen verwendet. Allerdings wird er auch bei magischen Praktiken eingesetzt. Man beginnt z. B. bei einer beliebigen Perle und zählt bis zum Ende der Kette. Je nach der Zahl der gezählten Kugeln, schließt man auf den guten oder den negativen Ausgang eines geplanten Vorhabens. Man kann auch von der ersten Perle zu der zufällig gegriffenen Perle zählen und von dem entsprechend zugeordneten Namen auf das Vorhaben schließen. Den verschiedenen Namen Gottes werden auch besondere Kräfte zugesprochen. Besonders wirkungsmächtig aber ist der hundertste Name Gottes, der den Menschen verborgen ist. Diese Vorstellung wird von der Orthodoxie nicht mehr getragen. Von der Macht des hundertsten Namens Gottes ist aber schon in Berichten über magische Praktiken des 9. Jahrhunderts n. Chr. aus der islamischen Welt die Rede. Er befindet sich nach der Tradition z.B. auf dem Siegel Salomons. Im Volksglauben wird auch erzählt, dass die Kamele diesen Namen kennen. Daher sähen sie hochmütig aus. Wer ihn kennt, verfügt über die Fähigkeit, Geister zu beschwören. Die Bedeutung Salomons wird in diesem Zusammenhang auch deutlich durch die Praxis, in verschiedenen Amulett-Texten zur Abwehr der unterschiedlichsten Gefahren auf ihn Bezug zu nehmen.

Djinnen

An zahlreichen Stellen des Korans[3] und in etlichen Prophetentraditionen[4] ist die Rede von Djinnen (arabisch Djinn, pl. Djunun). Es handelt

---

[3] Z.B. Koran Sure 55,14.

[4] S. Encyclopaedia of Islam Bd. 2, Leiden 1965, S. 547.

sich um Wesen aus Dampf oder Feuer, die von Gott geschaffen sind. Es gibt unter ihnen Muslime, die den Menschen wohl gesonnen sind, aber auch Ungläubige und Böse, die ihnen schaden. Ihnen werden bei Verstößen gegen den Willen Gottes die gleichen Strafen angedroht und bei Gehorsam die gleichen Belohnungen zugesagt wie den Menschen. Vom offiziellen Islam wird die Existenz von Djinnen als gesichert angesehen, und die islamische Rechtsgelehrsamkeit stellt zahlreiche Überlegungen zu rechtlichen Positionen dieser Wesen an. Im Zentrum dieser Betrachtungen stehen die möglichen Beziehungen zwischen Djinnen und Menschen, wie mögliche Liebesbeziehungen zwischen ihnen, Heiraten und die Stellung von Kindern aus derartigen Verbindungen. Auch bedeutende Vertreter der islamischen Geistesgeschichte waren der Meinung, dass Djinnen existieren. Selbst moderne Rechtsgelehrte haben dieser Meinung zugestimmt. Die Djinnen sind nach den islamischen Traditionen für die Menschen nur in Ausnahmefällen sichtbar. Sie sind in der Lage, besonders schwierige und komplizierte Arbeiten zu vollführen, aber auch im Stande, einem Menschen Schaden zuzufügen, indem sie veranlassen, dass er erkrankt. Es hat zu Beginn des 20. Jahrhunderts Versuche gegeben, eine Rationalisierung der Existenz von Djinnen in einem modernen Sinn durchzuführen. Der bedeutende modernistische Koran-Interpret Muhammad Abduh ging dabei folgendermaßen vor: Er stellte fest, dass der Koran von unsichtbaren Djinnen spreche, die in der Lage seien, Menschen übel mitzuspielen, indem sie sie erkranken ließen. Aus der Sicht von Muhammad Abduh waren mit den Djinnen Bazillen gemeint, die für das menschliche Auge unsichtbar Menschen mit Krankheiten infizierten.[5] Für Abduh war nicht unbedingt der konkrete Vorgang von Bedeutung. Vielmehr sah er seine Interpretation als einen Beleg dafür an, dass der Mensch die Komplexität der göttlichen Offenbarung im Koran nicht ohne weiteres erkennen könne. Das Beispiel der Djinnen war für ihn ein Beleg für den alles Wissen der Menschheit umfassenden Charakter des Korans, den er als einen Beleg für seinen göttlichen Ursprung ansah. Diese Interpretation wurde allerdings schon von

[5] Ignaz Goldziher: Die Richtungen der muhammedanischen Koranauslegung, Leiden 1920, S. 310-370; auch in modernen Koraninterpretationen finden sich vergleichbare Überlegungen, s. J.J. Janssen: The Interpretation of the Koran in Modern Egypt, Leiden 1974.

einem der einflussreichsten Schüler Muhammad Abduhs, von Muhammad Rashid Rida, nicht akzeptiert. Er lehnte diese Form rationalistischer Interpretation ab und stellte fest, dass man davon ausgehen müsse, dass es Djinnen tatsächlich gebe. Mit diesem Dissens zweier orthodoxer Rechtsgelehrter sieht man sich der eigentlichen Problematik des Verhältnisses zwischen islamischer Hochreligion und Alltagsreligion gegenüber. Eine traditionelle, konservative Form der Koran-Interpretation, für die die Bedeutung des Textes nur in einer sehr engen Bandbreite variiert werden kann, muss sich hier möglicherweise gegen ihren Willen alltagsreligiösen Vorstellungen annähern.

Neben diesen von islamischen Rechtsgelehrten erläuterten Vorstellungen hat sich in den Alltagsvorstellungen der traditionellen islamischen Bevölkerung ein kaum übersehbares Spektrum von Djinnen unterschiedlichster Art entwickelt, die das Leben in einem hohen Maße bestimmen. Einerseits sind sie in der Lage, dem Menschen Gutes zu tun, ja einem einzelnen Menschen sogar die Fähigkeit, bestimmte Schäden zu heilen, zu vermitteln. So ist man im ländlichen Iran davon überzeugt, dass es Menschen gebe, die von Djinnen die Fähigkeit erhalten haben, Pigmentstörungen der Haut oder andere Hautveränderungen durch Blasen zu heilen.[6] Vor allem aber sind sie nach vielen traditionellen Vorstellungen auf Grund eines unberechenbaren Temperaments für die Menschen in hohem Maße gefährlich. Schon aus der für die islamische Kultur- und Sozialgeschichte bedeutsamen Quelle der Märchensammlung von 1001 Nacht kennen wir die von den Djinnen ausgehende Gefahr. Dort gerät ein Kaufmann, der durch einen achtlos ausgespuckten Dattelkern das Kind eines Djinn getötet hat, in Lebensgefahr.[7] Auch heute noch wird eine marokkanische Hausfrau in einem traditionellen Viertel von Marrakesch oder Taroudant keine Schüssel Wasser auf der Straße ausleeren, ohne zuvor nicht einen sich dort möglicherweise aufhaltenden Djinn vor dem Wasserguss gewarnt zu haben. Diese Frau wird auch nicht durch ein leeres Zimmer gehen, ohne eine leise Warnung von sich zu geben, um zu vermeiden, dass sie einen der für sie unsichtbaren Djinnen tritt.[8] Die

---

[6] Reinhold Löffler: Islam in Practice. Religious Beliefs in a Persian Village, New York 1988, S. 138f.

[7] Die Erzählungen von 1001 Nächten, übersetzt von Enno Littman, Frankfurt 1966, Bd. 1, S. 32–48.

[8] Eigene Beobachtungen aus den Jahren 1978, 1988, 1990.

Reaktionen der Djinnen selbst auf unbeabsichtigte Störungen können schrecklich sein. Sie rächen sich zum einen durch direkte Angriffe, zum anderen aber auch indirekt durch Besessenheit, andere Krankheiten und die unterschiedlichsten Formen von Unglücken. Nach den landläufigen Vorstellungen halten sich Djinnen besonders gerne an bestimmten Orten auf. Dabei kann es sich um Bade- und Toilettenanlagen handeln, die feucht oder dunkel sind, aber auch um Friedhöfe oder andere als unheimlich angesehene Orte. Man sollte solche Plätze nach traditioneller Vorstellung vor allem dann meiden, wenn man alleine ist. Gegen die Gefahr der Besessenheit durch Djinnen gibt es eine Reihe von Gegenmitteln, zu denen vor allem Amulette mit Koranzitaten gehören.

Besonders spektakulär sind unterschiedliche Besessenheitsphänomene, die sich in Nordafrika und Ägypten, aber inzwischen auch an den Küsten des Persischen Golfs und am Horn von Afrika finden.[9] Inzwischen haben sich solche Besessenheitsphänomene auch in der islamischen Migrantengesellschaft in Westeuropa feststellen lassen. Neuere Untersuchungen zeigen, dass es häufig junge, durchaus gebildete Frauen sind, die von dieser Besessenheit befallen werden.[10] Aus häufig für die Patienten wie deren Angehörige nicht nachvollziehbaren Gründen ergreifen Djinnen Besitz von einzelnen Menschen. Die Besessenheit äußert sich in verschiedenen Formen von abweichendem Verhalten. Die Besessenen schreien, bewegen sich unkoordiniert und

---

[9] Aus der beträchtlichen Zahl der Untersuchungen zu Besessenheitsphänomenen in der islamischen Welt nenne ich hier nur: R. Kriss und H. Kriss-Heinrich: Volksglaube im Bereich des Islam, Bd. 2, Wiesbaden 1962, S. 142-204; V. Crapanzano: Die Hamadsha. Eine ethno-psychiatrische Untersuchung, Stuttgart 1981; I. M. Lewis: Schamanen, Hexer, Kannibalen. Die Realität des Religiösen, Frankfurt/M. 1989; Almuth Wieland: Studien zur Djinn-Vorstellung im modernen Ägypten, Würzburg 1994.

[10] Es muss in diesem Zusammenhang auch darauf hingewiesen werden, dass diese Form von Besessenheitsphänomenen nicht auf Muslime oder Musliminnen beschränkt sind. Auch Angehörige der christlichen oder jüdischen Minderheiten in islamischen Gesellschaften können von Djinnen besessen werden. Mir ist auch der Fall einer christlich-aramäischen Migrantengruppe in einer westfälischen Kleinstadt bekannt, in der vor allem die Frauen über Besessenheit klagten. Die Situation der Betroffenen war deshalb besonders schwierig, weil die traditionellen Spezialisten, die eine Therapie hätten durchführen können, dort nicht zur Verfügung standen.

sind nicht mehr Herr über sich selbst. Dabei kann es auch zu Aggressionen gegen die Umgebung oder gegen sich selbst kommen. Es finden sich aber auch Formen gegenteiligen Verhaltens. Patienten werden still, teilnahmslos und apathisch. Die traditionelle Medizin hat verschiedene Therapien für diese Erscheinungen entwickelt, deren Ziel nicht immer die Heilung oder der Exorzismus der Djinnen ist. Vielmehr geht es darum, die, in der Mehrzahl weiblichen Patienten in eine Situation zu versetzen, die ihnen das Leben mit der Besessenheit erträglich macht. Die Therapie beginnt z. B. in Marokko mit einer Identifizierung des Djinn, um dessen Vorlieben und Abneigungen für bestimmte Parfüms, Räucherwerke, Melodien, Rhythmen, Tänze, Nahrungsmittel usw. bestimmen zu können. Durch die Benutzung dieser Mittel kann der Djinn beruhigt werden. Die Patienten und Patientinnen werden in der traditionellen islamischen Gesellschaft nicht marginalisiert, sondern genießen eine gewisse Vorzugsbehandlung. Die Therapie und Betreuung der Besessenen ist in der Regel wohl organisiert. Die Behandlung hat einen durchaus rituellen Charakter, bei dem Spezialisten, die oft ebenfalls von Besessenheit heimgesucht werden, nach traditionell überlieferten Methoden Heilungsbemühungen unternehmen. Das auffallende Verhalten der Patienten wie der Heiler und die Rituale insgesamt erregen immer wieder öffentliches Interesse. Nicht selten kann man solchen Veranstaltungen einen gewissen Show-Charakter nicht absprechen. In einigen Fällen sind vor allem die Heilungsrituale sogar in die Folklore-Programme der Tourismus-Industrie integriert worden.

Die islamische Orthodoxie steht den Besessenheitsphänomenen mit einer kritischen Distanz gegenüber. Sie kann nicht leugnen, dass es Besessenheit gibt und dass die großen Gestalten der islamischen Frühzeit sich mit dem Umgang mit ihr auseinander setzen mussten. Da auch religiöse Aspekte mit den Ursachen der Besessenheit wie mit deren Heilung verbunden sind, muss sie dazu immer wieder Stellung nehmen. Die mit den Besessenheitszuständen einhergehenden Formen abweichenden Verhaltens, die dem von den traditionellen Vorschriften eines ruhigen, zurückhaltenden, würdevollen Auftretens eines Muslims oder einer Muslimin in der Öffentlichkeit widersprechen, geben aber zur Sorge bei den Religionsgelehrten Anlass. Da es im Umfeld von Besessenheitsritualen zu einer zeitweiligen Destabilisierung der traditionellen Normen kommt, werden sie häufig auch mit Formen von Prostitution in Zusammenhang gebracht. Dies verstärkt die Ablehnung der Besessenheitskulte durch die Rechtsgelehrten.

Die westlichen Erklärungen für die zahlreichen Besessenheitsphänomene lassen sich folgendermaßen zusammenfassen: Betroffen werden von der Besessenheit vor allem Personen, die sich aus unterschiedlichsten Gründen in einer schwierigen psychischen und/oder sozialen Situation befinden. Bei männlichen Patienten handelt es sich häufig um Homosexuelle, Transvestiten oder Personen mit einem anderen, von den gesellschaftlichen Normen abweichenden Sexualverhalten. Sie finden in den Besessenheitskulten ein gesellschaftliches Netz, das für sie die üblichen sozialen Zusammenhänge ersetzt. Nach den Untersuchungen von Ethnopsychologen tritt die Besessenheit bei Frauen vor allem in Krisensituationen auf. Berichtet wird von solchen Phänomenen infolge von Migration vom Land in die Stadt oder in ein fremdes Land. Häufig sind sie auch nach arrangierten Heiraten, mit denen die jungen Frauen nicht einverstanden waren, oder bei schwierigen innerfamiliären Situationen und Konflikten. Durch die Besessenheit erlangt die Patientin die Aufmerksamkeit und Fürsorge ihrer Umgebung und kann ihre gesellschaftliche oder familiäre Position verbessern.

Es hat sich herausgestellt, dass die Modernisierung des Alltagslebens und die damit verbundenen Erleichterungen für die praktischen Aufgaben der Frauen in islamischen Gesellschaften nicht zu einer Verringerung der Besessenheitsphänomene geführt haben. Gerade die Modernisierung hat zu einer weiteren regionalen Ausbreitung der Besessenheit beigetragen.[11] Dies deutet darauf hin, dass die zahlreichen technischen und sozialen Veränderungen, denen sich Musliminnen vor allem in den urbanen Gesellschaften der islamischen Welt gegenüber sehen, sie vor häufig schwer lösbare Konflikte stellen, denen sie – aus einer westlichen Perspektive gesehen – in die Besessenheit ausweichen. In einer gegenwärtig laufenden Untersuchung konnte festgestellt werden, dass sich Djinnenvorstellungen, die mit der Furcht vor Besessenheit einhergehen, auch unter Musliminnen in Westeuropa finden. Bemerkenswert ist dabei, dass diese Vorstellungen

---

[11] S. dazu: Z. Ashkanani: Zar in a Changing World', in: I. M. Lewis u. a. (Ed.): Women's Medicine. The Zar-Bori Cult in Africa and Beyond, Edinburgh 1991, S. 219–229.

signifikant häufig sogar unter Mädchen und jungen Frauen aus bi-kulturellen Ehen anzutreffen sind.[12] Es kann nicht ausgeschlossen werden, dass die Besessenheitsphänomene unter Muslimen noch weiter zunehmen werden. Dazu trägt einerseits der weiter Geschwindigkeit gewinnende gesellschaftliche und kulturelle Wandel auch und gerade in der islamischen Welt bei. Die Globalisierung der Unterhaltungsmedien wird darüber hinaus in diesem Zusammenhang eine wichtige Rolle spielen. Die Zahl der Horror- und Phantasy-Filme, Serien und pseudo-wissenschaftlichen Dokumentationen zu übersinnlichen Phänomenen, die über die verschiedensten Medien in die Wohnzimmer muslimischer Familien gelangen, wird weiter steigen.[13] Dies wird, wie in Teilen westlicher Gesellschaften auch, die Überzeugung von der Existenz von Djinnen u. ä. weiter stärken. Zu rechnen ist auch damit, dass es zu modernisierten Beschwörungs- und Heilungsritualen kommen wird, bei denen die Möglichkeiten der modernen EDV-Kommunikation intensiv genutzt werden.

Islamische Heiligenverehrung

Heiligenverehrung ist ein Phänomen, das sich mit orthodoxen Vorstellungen vom Islam kaum in Übereinstimmung bringen lässt; dennoch ist es in der gesamten islamischen Welt verbreitet und lässt sich auch in Ländern, in denen strikte Formen des Islams mit staatlichen Mitteln durchgesetzt werden sollen, nicht gänzlich unterdrücken. In der Alltagsreligion besteht eine enge Verbindung zwischen der Heiligenverehrung und den zahlreichen Formen der organisierten islamischen Mystik. Etliche Ordensgründer werden weit über ihre Anhängerschaft hinaus als Heilige verehrt. Unter islamischen Heiligen, Männern wie Frauen, versteht man Personen, die nach den Vorstellungen zahlreicher Muslime begnadet sind, bei Gott zugunsten eines Menschen, der sie darum bittet, zu intervenieren. Diese Gnade (arabisch: Baraka) kann auf verschiedene Weise erworben werden. Einerseits gibt es

[12] Da die Untersuchung noch nicht abgeschlossen ist, können hier auch mit Rücksicht auf die Informantinnen noch keine näheren Einzelheiten bekannt gemacht werden.

[13] Man bedenke, dass in den Haushalten muslimischer Familien in Deutschland durchschnittlich eine doppelt so große Zahl von Geräten der Unterhaltungselektronik zu finden ist, wie in Familien deutscher Herkunft.

die Möglichkeit, durch Frömmigkeit, asketische Übungen wie Fasten, sexuelle Enthaltsamkeit, Schlafentzug usw. in diesen Stand der Heiligkeit zu gelangen. Andererseits kann man diese ‚Baraka' auch auf genealogische Weise erhalten, indem man sie erbt. In diesen Fällen führen die Träger von ‚Baraka' ihre Abstammung häufig auf den Propheten Muhammad zurück. Dieses genealogische Moment hat dazu geführt, dass ganze Heiligenfamilien entstanden sind, die nicht nur über eine besondere religiöse, sondern auch über beträchtliche politische Autorität verfügen. Das äußert sich z.B. dadurch, dass sie in Regionen, in denen eine zentrale politische Autorität nur wenig ausgeprägt ist, entscheidend zur Beilegung von Konflikten zwischen verschiedenen ethnischen oder politischen Gruppen beitragen. Die ‚Baraka' verleiht dem Heiligen übernatürliche Fähigkeiten. Sie sind in der Lage, Kranke zu heilen, zukünftige Ereignisse vorauszusagen oder verloren gegangene Gegenstände wiederzufinden. Der Heilige verliert seine ‚Baraka' nicht durch seinen Tod. Auch aus dem Grab heraus kann er segensreich wirken.

Diese Vorstellung hat zu einem intensiven Gräberkult in der gesamten islamischen Welt geführt. Eine große Zahl lebendiger oder verstorbener islamischer Heiliger werden nur in einer bestimmten engeren Umgebung verehrt. Zahlreiche Heilige haben aber auch Bedeutung weit über einen engeren regionalen Bereich hinaus erlangt und werden auf nationaler Ebene und schließlich auch in der gesamten islamischen Welt verehrt. Dabei kann diese Verehrung wiederum durchaus regionale Varianten aufweisen. So unterscheidet sich die Verehrung, die der berühmte Baghdader Heilige Abd al-Qadir al-Djilani[14] im Nahen Osten genießt, erheblich von den Verehrungsformen für den gleichen Heiligen in Westafrika oder in Indien. An der Gestalt von Abd al-Qadir al-Djilani [15] (1077-1166) lassen sich leicht einige Stereotypen für die Biographien islamischer Heiliger verdeutlichen: Abd al-Qadir soll mütterlicherseits von Ali, dem Schwiegersohn des Propheten Muhammad, abstammen. Nach der Tradition soll seine Mutter bei seiner Geburt schon 60 Jahre alt gewesen sein. Dies sei wiederum nur bei dem Stamm der Quraisch möglich, aus dem der Prophet

[14] Über ihn s. The Encyclopaedia of Islam, Leiden 1960, Bd. 1, S. 69f.

[15] Eine andere Schreibweise ist al-Ghailani oder al-Djailani; die Variante al-Djilani weist auf seine Herkunftsregion, das das iranische Djilan bezeichnet.

stammte. Um die Geburt von Abd al-Qadir ranken sich zahlreiche wundersame Berichte. So soll schon seine Mutter als Mädchen durch einen grauen Falken vor einer Vergewaltigung bewahrt worden sein. Er wurde im Ramadan geboren und nahm erst nach Sonnenuntergang die Brust seiner Mutter. Als das die Bewohner der Umgebung erfuhren, fragten sie seine Mutter, wenn sie bei wolkenverhangenem Himmel nicht wussten, ob die Sonne schon untergegangen war, ob das Kind schon die Milch genommen habe. In seiner Jugend soll Abd al-Qadir Geistwesen gesehen haben, die ihn begleiteten. Ein Ochse sagte ihm, dass er nicht für gewöhnliche Arbeiten bestimmt sei. Als er seine Mutter verließ, um in Baghdad sein Studium aufzunehmen versprach er ihr, niemals zu lügen. Während der Reise wurde seine Karawane von einer Räuberbande überfallen, der er offenbarte, dass er einen größeren Geldbetrag versteckt bei sich führe. Die Räuber waren von seiner Ehrlichkeit so beeindruckt, dass sie fortan ihr Leben änderten. Nachdem er in Baghdad als religiöser Führer bekannt geworden war, wollten ihn einige Rechtsgelehrte auf die Probe stellen. Sie waren von seiner Erscheinung jedoch so beeindruckt, dass sie kein Wort herausbringen konnten. Abd al-Qadir kannte jedoch die Fragen, die sie ihm stellen wollten, und beantwortete sie. Geschenke, die ihm von Reichen und Mächtigen überreicht wurden, verwandelten sich in Blut, während die Gaben von Armen positiv aufgenommen wurden. Seine Anhänger berichteten, sie hätten ihn schwebend erlebt oder es sei von ihm ein Leuchten ausgegangen. Im Winter trat ihm der Schweiß auf die Stirn, obwohl er nur mit einem Hemd bekleidet war, während sich ihm im Sommer keine Fliege näherte. Er heilte viele Krankheiten, wusste die Geheimnisse der Menschen und konnte an verschiedenen Orten zugleich anwesend sein. Auch nach seinem Tod wirkte er zahlreiche weitere Wunder.[16] Über einen zeitgenössischen Heiligen berichtete der belgische Ethnologe A. Jaussen im Jahr 1923 Folgendes: Der Shaikh Sa'd al-Din lebte um diese Zeit in der syrischen Stadt Nablus. Im großen Hof seines Hauses hielt er regelmäßige Audienzen für seine Anhänger ab. Aus seiner Familie waren vor ihm schon einige berühmte Vorfahren hervorgegangen. Eine Verbindung zu einer der in der Stadt existierenden Bruderschaften wird nicht berichtet. Der Scheich war in der Lage, zwischen ‚gewöhnlichen Krankheiten', die

[16] Kriss und Kriss-Heinrich (wie Anm. 9), Bd. 1, 1960, S. 12–14.

von Medizinern behandelt werden mussten, und Krankheiten, die durch den ‚bösen Blick‘ oder durch Besessenheit hervorgerufen waren, zu unterscheiden. Für seine Heilungsaktivitäten ließ er sich bezahlen und war mit der Billigung der staatlichen Behörden tätig. Seiner Ansicht nach wurden die meisten Krankheiten durch den bösen Blick hervorgerufen. Zu seinen Therapietechniken gehörte, dass er dem Patienten die Hand fest auf die Stirn legte, worauf dieser zu gähnen begann, so als ob er aus einem tiefen Schlaf erwachte. Danach schrieb er ein Amulett, das auf den betroffenen Körperteil gelegt wurde. Weiterhin massierte er den entsprechenden Körperteil. Diese Massagen wurden teilweise bis zu einer Woche lang wiederholt, bis die Beschwerden abgeklungen waren. Häufig wurde er von Patienten mit Glieder- oder Gelenkschmerzen aufgesucht. Der Scheich behandelte diese Beschwerden mit einer kombinierten Therapie. Er verordnete dem Patienten eine Diät, bei der alle schweren oder salzigen Speisen vermieden werden mussten. Des Weiteren schrieb er auch in diesen Fällen Amulette, und schließlich suchte er im Gebirge eine bestimmte Pflanze, deren Wurzel er in der Länge des betroffenen Glieds oder Nervs ausgrub. Wenn diese Wurzel getrocknet war, verschwanden die Schmerzen. Falls der Patient sich weigerte, den Heiligen zu bezahlen, feuchtete er die Wurzel wieder an, worauf die Schmerzen zurückkamen. Besonders erfolgreich soll der Scheich bei der Behandlung von Besessenheit gewesen sein. Bemerkenswert ist, dass er im Unterschied zu marokkanischen, westafrikanischen oder somalischen Beispielen als Exorzist auftrat, also die Djinnen aus dem Körper der Besessenen vertrieb. Als Grund dafür, dass Djinnen von Menschen Besitz ergriffen, erklärte er, dass sich Djinnen in Menschen verlieben würden. Besonders männliche Djinnen würden sich häufig in menschliche Frauen verlieben. Die Parallelität zu entsprechenden Diskussionen der islamischen Rechtsgelehrten ist offensichtlich. Daher trete nach der Ansicht des Scheichs Besessenheit öfter bei Frauen als bei Männern auf. Die Fähigkeit, die Djinnen zu vertreiben, sei ihm von Gott verliehen worden. Bei einem Exorzismus schrieb der Scheich zunächst einige der Namen Gottes auf Stirn und Glieder des Besessenen und legte ein Blatt Papier mit Gottesnamen unter dessen Füße. Darauf verbrannte er Weihrauch und andere Duftstoffe in einem Räuchergefäß. Diesen Düften wird in der islamischen Welt eine beruhigende Wirkung zugeschrieben. So sagt man im Weihrauchland Oman, dass Frieden ins Haus einziehe, wenn man Räucherwerk verbrennt. Dann wurden verschiedene Beschwörungsformeln rezitiert. Der Scheich drückte auf die Stirn des Besessenen, der daraufhin sein Bewusstsein verlor. Der Djinn wurde dann nach seinem Namen, seiner Konfession und dem Grund seines Eindringens in den Körper des Besessenen befragt. Der Djinn antwortete durch den Mund des Patienten. Der Scheich konnte dann den entsprechenden Austrittsbefehl formulieren. Falls der Djinn sich weigerte, den Besessenen zu verlassen, oder nach einiger Zeit zurückkehrte, musste das Ritual wiederholt werden. Kam er zum dritten Male, bildete der Scheich aus Wachs eine Figur. Er zwang den Djinn dann, in diese einzufahren. Dann wurde die Figur in einen Topf gelegt und versiegelt, mit einigen von den Namen Gottes versehen und vergraben. Als Alternative wurde der Wachspuppe mit einer Schere der Kopf abgeschnitten, womit der Djinn als enthauptet angesehen wurde. Der Scheich genoß wegen seiner allseits anerkannten Fähigkeiten in der Bevölkerung große Verehrung.[17] Auch die Tatsache, dass er mit offizieller Zustimmung praktizierte, lässt die Vermutung zu, dass die islamischen religiösen Autoritäten von Nablus nichts gegen ihn unternahmen.

Selbstverständlich haben sich in der vergangenen 80 Jahren hier Veränderungen ergeben. Dennoch ist die Zahl der Heiler, die sich einer geradezu schwärmerischen Verehrung erfreuen, in Syrien eher gestiegen als gesunken. Dass auch hohe Vertreter des offiziellen Islams in diesem Land versuchen, mit der Fähigkeit zu übernatürlichen Handlungen ihre Anhänger zu beeindrucken, wird aus dem von der nationalistischen arabischen Baath-Partei kontrollierten Syrien berichtet. So erzählte eine Beobachterin, dass sie im Rahmen einer Feldforschung in der ersten Hälfte der neunziger Jahre das Anwesen des offiziellen Muftis Syriens, Scheich Kaftaru, häufiger aufgesucht hat, um an seinen Lehrveranstaltungen teilzunehmen. Mit Anhängerinnen des Scheichs hat sie regelmäßig hinter den männlichen Zuhörern in einiger Entfernung von dem Vortragenden gesessen. Wenn sie einer Verwandten während des Vortrags leise eine Frage gestellt hatte, kam es mehrfach vor, dass diese kurz darauf in laute Rufe des Erstaunens ausgebrochen sei, weil Scheich Kaftaru nahezu zeitgleich diese Frage

---

[17] A. Jaussen: Le Cheikh Sa'd ad-Din et les Djinn à Naplouse, in: JPOS 3 (1923).

beantwortete, obwohl er die Bemerkung der deutschen Forscherin nicht gehört haben konnte.[18]

Gegen jede Form der Heiligenverehrung sind islamische Reformer immer wieder Sturm gelaufen, weil sie befürchteten, dass durch diese der strikte Monotheismus des Islams aufgeweicht würde. Vor allem die verschiedenen Gruppen von islamischen Radikalen, angefangen bei den Wahhabiten auf der arabischen Halbinsel des frühen 19. Jahrhunderts bis zu den gegenwärtigen Verfechtern radikal-islamischer Vorstellungen, haben sich immer wieder scharf und konsequent gegen den Gräberkult gewandt. Sie haben Heiligengräber zerstört und, wenn sie dazu in der Lage waren, alle damit zusammenhängenden Rituale unterdrückt.

Die Heiligenverehrung ist häufig auch mit der einen oder anderen Form von Grabkult verbunden. Die Verehrer eines Heiligen gehen davon aus, dass dieser auch nach seinem Tod sein gnadenreiches Wirken zugunsten seiner Anhänger fortzusetzen in der Lage ist. Über den Gräbern der Heiligen werden Grabmoscheen errichtet, die zu Wallfahrtsorten werden. Häufig sind es die Angehörigen und Nachkommen eines Heiligen, die für die Unterhaltung und Sauberkeit des Gebäudes sorgen, aber auch für die Besucher den einen oder anderen Dienst anbieten. Dieser Service kann sogar aus dem Angebot von Speisen und Getränken bestehen, hat aber sehr viel häufiger einen religiösen Kontext. Die Diener der Grabmoschee kennen die Gebete und Rituale, die bei den verschiedenen Anliegen durchgeführt werden müssen, und erläutern sie den Pilgern. Dafür werden sie entlohnt. Je häufiger Wünsche, die an den Heiligen gerichtet werden, in Erfüllung gehen, umso größer wird die Zahl der Besucher, was sich wiederum positiv für das Einkommen der Moscheediener auswirkt.[19]

Es liegt nahe, dass die Verehrung für einen Heiligen sich vor allem in der Region besonders intensiv darstellt, mit der er auf Grund seiner Biographie besonders eng verbunden ist. So sind die Geburtsorte und Begräbnisstätten von Heiligen besondere Pilgerorte, die bei ‚interna-

---

[18] Persönliche Informationen von Frau Anabelle Böttcher aus dem September 1996.

[19] Die Literatur über islamische Heiligengräber ist umfangreich. Ich nenne hier nur: J. Gonella: Islamische Heiligenverehrung im urbanen Kontext am Beispiel von Aleppo (Syrien), Berlin 1995.

tionalen' Heiligen von Gläubigen, die weite Reisen auf sich nehmen, besucht werden. Die Tatsache, dass ein Heiliger nur über ein lokales oder regionales Renommee verfügt, bedeutet aber nicht, dass er von Muslimen aus einer anderen Gegend nicht als solcher anerkannt wird. Das Gegenteil ist der Fall. Gläubige nehmen auch Reisen auf sich, um einem bestimmten, regional bekannten Heiligen ihr Anliegen vorzutragen, der in dieser Frage als besonders kompetent gilt; denn es hat sich im Verlauf der Geschichte der islamischen Heiligenverehrung eine gewisse Arbeitsteilung entwickelt. Der eine Heilige ist für ein bestimmtes Anliegen besser geeignet als der andere. Man wird davon ausgehen können, dass diese Formen der Heiligen- und Gräberverehrung trotz der Kritik von orthodoxer islamischer Seite weiter erhalten bleiben werden. Sie bieten den in der Mehrzahl weiblichen Besuchern einerseits ein Konzept, das ihnen in ihren spezifischen Problemen in einem ihnen verständlichen und nachvollziehbaren Rahmen Abhilfe verspricht. Die Frauen können zugleich die Grabbesuche auch als eine Möglichkeit nutzen, sich der Enge ihrer Familien, Haushalte und Nachbarschaften für eine gewisse Zeit auf legitime Weise zu entziehen.

Böser Blick

Vorstellungen vom Bösen Blick sind nicht spezifisch islamisch. Sie finden sich in allen traditionellen Gesellschaften rund um das Mittelmeer, aber auch in Schwarzafrika, ja selbst in West- und Mitteleuropa. Menschen, die an den Bösen Blick glauben, gehen davon aus, dass es Personen gibt, die in der Lage sind, durch ihren Blick einem anderen zu schaden. Dieser Schaden kann bewusst, aber auch unbewusst hervorgerufen werden. Die Fähigkeit des Bösen Blicks wird einigen Personengruppen bevorzugt zugeschrieben. Zu ihnen gehören im orientalischen Kontext Menschen mit blauen oder hellen Augen. Auch bei alten, gebrechlichen oder behinderten Menschen wird vermutet, dass sie den Bösen Blick haben. In der Regel wird nach diesen Vorstellungen der Böse Blick durch Neid hervorgerufen. Alle Menschen, die sich in günstigen Verhältnissen befinden oder als glücklich angesehen werden, laufen Gefahr, durch den Bösen Blick geschädigt zu werden. Daher kann die Vorstellung vom Bösen Blick als Erklärung für unerklärliche Unglücksfälle dienen.

Zu den besonders gefährdeten Personengruppen gehören Bräute und Neugeborene. Um einerseits sie zu schützen, andererseits aber nicht selbst in den Verdacht zu geraten, zum Bösen Blick fähig zu sein, müssen Menschen in traditionellen Gesellschaften eine Reihe von Verhaltensregeln beachten. Bräute werden beispielsweise tiefverschleiert vom Elternhaus in das Haus der zukünftigen Schwiegereltern gebracht. Oft verkehrt sogar eine leere Brautsänfte oder ein leeres Fahrzeug zwischen den beiden Häusern, während die Braut schnell und unauffällig an ihren neuen Wohnort geleitet wird. Als Alternative kann eine andere weibliche Person in dem offiziellen Fahrzeug sitzen, der in diesem Fall ein Böser Blick nichts anhaben kann. Auf diese Weise wird vermieden, dass neidische Blicke der jungen Frau schaden können. In einer noch größeren Gefahr, durch Bösen Blick geschädigt zu werden, befinden sich neugeborene Kinder, besonders Jungen. Angesichts von Phänomenen wie dem plötzlichen Kindstod, um dessen Erklärung ja auch die moderne Medizin noch immer ringt, ist der Erklärungsnotstand in traditionellen Gesellschaften nicht weiter verwunderlich. Vor allem kinderlose Frauen geraten leicht in Verdacht, dass sie aus Neid den Säuglingen schaden. Es ist andererseits aber verpflichtende Regel, dass man einer jungen Mutter mit ihrem Kleinkind nach der Entbindung einen Besuch abstattet. Bei dem Besuch nehmen vor allem Frauen das Neugeborene in den Arm und sagen dabei: „Nein, was für ein hässliches Kind." Dieser Satz wird allerdings von einem Lächeln begleitet. Auf diese Weise haben die Besucherinnen deutlich gemacht, dass sie Mutter und Kind gegenüber keine Neidgefühle hegen, die verbale Äußerung zugleich aber durch ihr Mienenspiel wieder relativiert. Zu den Möglichkeiten, mit denen man die Kinder vor dem Bösen Blick schützen kann, gehören verschiedene Arten von Amuletten. Daneben gibt es aber auch den Versuch, eventuelle Neider irrezuführen. So werden Kinder nicht mit dem Namen gerufen, der ihnen in der traditionellen islamischen Namenzeremonie zugedacht worden ist. Häufig werden diese Alias-Namen so selbstverständlich, dass die Kinder in ihrer engeren und weiteren Umgebung unter diesem Namen tatsächlich bekannt werden. Üblich ist auch, dass man Jungen bis zu einem gewissen Alter in Mädchenkleidern herumlaufen lässt oder sie besonders schlecht kleidet, auch wenn die Eltern finanziell in der Lage sind, das Kind mit neuen Kleidern auszustatten. Auch auf diese Weise werden neidische Blicke vermieden. Als apotropäisches Mittel gelten weiterhin verschiedene Gegenstände, die aus blauen Materialien hergestellt worden sind, vor allem, wenn sie die Form von Augen haben. Man findet sie als Amulette am Körper, aber auch in Wohnungen, als Sticker an Autos geklebt oder als Anhängsel um deren Innenspiegel gewickelt. In einigen islamischen Ländern wird Bildern von Fischen eine abwehrende Wirkung zugeschrieben. Sie finden sich auf Hauswänden, häufig über Türen oder Fenstern. Typisch für muslimische Abwehrzauber sind auch Mini-Korane, die man als Anhänger tragen kann. Die islamischen Rechtsgelehrten lehnen in der Regel alle mit dem Bösen Blick verbundenen Praktiken als reinen Aberglauben ab. Die Tatsache, dass man sich gegen ihn mit religiösen Symbolen zu schützen versucht, sehen sie als mehr oder weniger großes Sakrileg an. In zahlreichen neueren Rechtsgutachten wird diese Position einmütig bestätigt. Dennoch hält sich der Glauben an den Bösen Blick in ländlichen wie in städtischen Gesellschaften weiter hartnäckig. Man wird davon ausgehen können, dass derartige Erklärungsmuster für ansonsten unerklärliche Unglücksfälle auch weiter zu finden sein werden. Auch in diesem Zusammenhang wird sich die Bedeutung dieser Vorstellung gerade unter ‚modernen' jungen Menschen unter Umständen weiter verstärken, wenn die entsprechenden Horror-Filme und ähnliche Produktionen über die weltweit operierenden Medien auch in der islamischen Welt Verbreitung finden.

Amulette

Wie andere Religionen kennt auch der Islam Amulette[20], Zauberformeln und Beschwörungen. Das in der Alltagsreligion am häufigsten anzutreffende Amulett hat die Form einer Hand. An diesem Beispiel lässt sich leicht die Gemeinsamkeit der alltagsreligiösen Vorstellungen in den monotheistischen Religionen im Orient aufzeigen. Juden nennen diese Hand ‚die Hand Gottes', für orientalische Christen ist sie ‚die Hand Marias' und für Muslime schließlich, ‚die Hand Fatimas'. Dabei sind eine gespreizte und eine geschlossene Hand zu unterscheiden. Die offene, gerade ausgestreckte Hand mit geschlossenen Fingern wird von Muslimen in verschiedener Hinsicht als Symbol des Islams verstanden. Die Geschlossenheit versinnbildlicht die Einheit des Islams,

---

[20] Das deutsche Wort Amulett stammt von dem arabischen Wort ‚Hamula'.

zugleich durch die Fünfzahl der Finger, aber auch die fünf islamischen Glaubenspflichten: Glaubensbekenntnis, Gebet, Fasten, Almosengeben und Pilgerfahrt. Die Hand, die als das vollkommenste Instrument angesehen wird, das Gott dem Menschen zur Verfügung gestellt hat, gilt auch als Schutzmittel gegen den Bösen Blick. Daher findet es sich als Anhänger aus edlen und anderen Metallen, als Darstellung über Türen oder auf Fahrzeugen. Man kann sie heute auch als Abziehbild für Autos kaufen. Die Wirkung der Hand kann durch die Kombination mit anderen Symbolen noch verstärkt werden. So finden sich Formen, bei denen die Hand mit einer Eidechse kombiniert wird. Dies soll als Abwehrzauber gegen Reptilienbisse dienen. Gegen den Bösen Blick wirkt die Kombination der Hand mit einem Auge. Während der religiöse Zusammenhang bei der Hand mit geschlossenen Fingern noch deutlich ist, stellt die Hand mit gespreizten Fingern einen sehr viel archaischeren Gestus dar. Sie findet sich nur selten als bildliche Darstellung, sondern wird zur Abwehr direkt praktiziert, das heißt, wenn Menschen sich gegen etwas zur Wehr setzen wollen, strecken sie dem abzulehnenden Phänomen die Hand mit den gespreizten Fingern entgegen. Diese Geste kann im Nahen Osten mit der Fluchformel ‚Fünf in dein Auge' verbunden werden. Selbst das Wort ‚Fünf' kann schon ausreichen.

Neben der ‚Hand der Fatima' gilt auch das Auge als Abwehrmittel gegen den Bösen Blick. Dabei kann es sich um stilisierte Darstellungen eines Auges handeln, die auf Hauswänden oder Autos zu finden sind. Andererseits finden sich auch Perlen, die wie Augen gestaltet sind und die einzeln oder zu Ketten verbunden getragen werden.[21] Natürlich sind es vor allem die besonders gefährdeten Personengruppen, die diese Amulette tragen. Daher ist ein übliches Geschenk, das man zur Geburt eines Kindes überreicht, eine ‚Hand der Fatima', die nicht selten aus kostbaren Materialien wie Gold oder Silber angefertigt worden ist. Man kann diese Amulette und Darstellungen als eine allgemeine Versicherung gegen den Bösen Blick oder andere negative Erscheinungen ansehen. Nicht selten finden sich aber auch ganz spezielle, für einen bestimmten Zweck hergestellte Amulette. Menschen, die unter einer bestimmten Krankheit leiden, können sich an einen Gelehrten wenden, der sich auf die Anfertigung von entsprechenden

---

[21] S. Kriss und Kriss-Heinrich (wie Anm. 9), Bd. 2, S. 4–7.

Amuletten versteht. In der Regel schreibt er gegen ein entsprechendes Honorar ein Koranzitat auf ein Blatt Papier und legt dies in ein Behältnis oder wickelt es in ein Stück Leder, das der Patient dann am Körper trägt. Solche Amulette können auch für Tiere hergestellt werden. Nicht selten ist auch eine andere Form der Verwendung von Koranzitaten. Sie werden auf eine Tafel geschrieben. Dann wird die Schrift mit Wasser abgewaschen. Das aufgefangene Wasser wird den Patienten dann als Medizin zu trinken gegeben. Beide Verwendungen des Korantextes gehen von der großen Macht des Heiligen Buches der Muslime aus. Dass es auch medizinische Wirkungen hat, ist eine weit verbreitete Vorstellung, zumal der Koran selbst in dieser Hinsicht interpretiert werden kann: „Und wir senden vom Koran herab, was den Gläubigen Heilung und Barmherzigkeit bringt..."[22] Welche Koranstellen eine besondere medizinische Wirkung haben, entnehmen die Gelehrten vor allem der mittelalterlichen arabischen Literatur. Viele besitzen die entsprechenden Werke selbst oder verfügen zumindest über handschriftliche Zusammenstellungen der kraftvollsten Verse. So gibt es Verse gegen Unfruchtbarkeit, für eine Verbesserung der Intelligenz, vor allem aber gegen den Bösen Blick und gegen Krankheiten, deren Ursachen man nicht kennt. Natürlich stellt sich die Frage, wie es zu diesen Formen von Medikation gekommen ist. Die Muslime sind davon überzeugt, dass der Korantext große Kräfte besitzt. Es nützt also, wenn man in Kontakt mit ihm steht, indem man ihn an sich trägt oder wenn man den Text in sich aufnimmt. Diese Aufnahme des Korans geschieht vor allem dann, wenn man ihn auswendig lernt. Eine andere Form aber stellt das Trinken des Textes dar.[23]

Die Stellung der Verfasser von Amuletten und Heiltränken innerhalb der Gruppe der islamischen Rechtsgelehrten ist nicht einfach zu definieren. Natürlich sind sie Teil der traditionellen islamischen Gesellschaften. Es wäre aber ein Irrtum zu glauben, ihre Aktivitäten seien nur auf die ländlichen Bezirke oder die so genannten Volksviertel der großen islamischen Städte beschränkt. Ihre Dienste werden auch von Angehörigen der ‚modernen' Gesellschaftsschichten in Anspruch

---

[22] Koran Sure 17, 82 (Übersetzung Khoury).

[23] Peter Heine: Rechtsgelehrte und Heilige. Zum Verhältnis von Hochislam und Volksislam, in: Jahrbuch für Religionswissenschaft und Theologie der Religionen 1 (1993), S. 37–48.

genommen. Teilweise bieten sie sie auch über eigene Homepages im Internet an. Die Nachfrage soll in einem ständigen Steigen begriffen sein. Diese Spezialisten haben nicht selten eine Ausbildung an den großen Stätten islamischer Gelehrsamkeit ihrer Heimatländer, ja sogar an Hochschulen wie der al-Azhar-Universität in Kairo oder der Zaytuna in Tunis absolviert. Ihre Kenntnisse in der klassischen islamischen theologischen Literatur sind beträchtlich. Zugleich sind sie, wie die Nutzung des Internet zeigt, modernen Technologien gegenüber durchaus aufgeschlossen. Neben ihren Kenntnissen in der Herstellung von Amuletten üben sie auch zahlreiche andere Tätigkeiten aus, die zu den traditionellen Aufgaben eines religiösen Funktionsträgers in der islamischen Welt gehören. Sie raten und helfen, sie leiten das Gemeinschaftsgebet. Auf Grund ihrer besonderen Kenntnisse üben sie eine gewisse Autorität aus. Die Grenzen zwischen dem offiziellen, orthodoxen Islam und den alltagsreligiösen Praktiken verläuft in ihnen selbst. Sie müssen in dem Maß in beiden Bereichen zu Hause sein, wie dies ihre Umgebung von ihnen erwartet. Diese Situation wird sich auch in absehbarer Zeit nicht ändern. Die Zahl der unerklärlichen Krankheiten, der seltsamen, von der Mehrzahl der Menschen nicht erklär- oder verstehbaren Phänomene in den unterschiedlichsten technischen und wissenschaftlichen Bereichen wird in der islamischen wie in der westlichen Welt nicht abnehmen. Daher wird weiterhin Bedarf für Amulette, Heiltränke und andere alltagsreligiöse Praktiken bestehen bleiben, mit deren Hilfe die auf den Einzelnen einstürmenden unerklärlichen Neuerungen bis zu einem gewissen Grad als beherrschbar erscheinen.

Islamische internationale Organisationen

Die Vorgeschichte

Die wenig ausgebildeten hierarchischen Strukturen des Islams ergaben für die überwiegende Mehrheit der sunnitischen wie der schiitischen Muslime lange Zeit unter religiösen Aspekten kaum Probleme. Der größte Teil der Fragen des Alltagslebens war durch die allgemein bekannten, seit vielen Jahrhunderten tradierten Entscheidungen des islamischen Rechts geregelt. Seit dem 12. Jahrhundert war eine Mehrzahl der islamischen Rechtsgelehrten und Theologen der Ansicht gewesen, dass die Bewahrung der Traditionen ihre Hauptaufgabe sei. Die Bemühung um eine selbständige Weiterentwicklung des islamischen Rechts wurde als unnötig betrachtet. Das freie Nachdenken in rechtlichen Fragen, das mit dem Terminus ‚Idjtihad' bezeichnet wird, war zwar nicht verboten, aber die islamischen Traditionen sprachen davon, dass das ‚Tor des Idjtihad geschlossen worden sei'. Die Zahl der Meinungen, ob diese Feststellung in einem historischen Sinne korrekt war oder nicht, ist groß. Richtig ist aber sicherlich, dass die Tradierung islamischen Denkens bis zum Beginn der Moderne generell stärker im Vordergrund der Bemühungen der Gelehrten stand als die der Neuformulierung und Weiterentwicklung von Begriffen, Regeln und Normen. Entsprechende Veränderungen waren im Grunde auch nur in seltenen Fällen notwendig, weil der kulturelle und gesellschaftliche Wandel sich sehr langsam vollzog. Erst durch die Konfrontation mit der westlichen Zivilisation sahen sich die Vertreter des islamischen Rechts gezwungen, rasch auf grundlegende Veränderungen von Lebensformen und Alltagspraxis der Muslime zu reagieren.

Die Liga der islamischen Welt

Es war aber nicht nur das islamische Recht oder eine theologische Dogmatik, die durch die Begegnung mit westlichem Denken zu Veränderungen gezwungen waren. Politisch war die islamische Welt in nicht minder deutlicher Weise zu Reaktionen gezwungen. Sie sah sich in ihrer Gesamtheit als die *dar al-islam*, einer übermächtigen politisch-militärischen Gegenmacht, dem Westen, gegenüber. So stellte sich vielen Muslimen die Situation jedenfalls dar. Während sie aber mit Bedauern, ja Verzweiflung, die Aufsplitterung der islamischen Welt in zahlreiche, sich oft bekämpfende Staaten konstatierten, erschien ihnen der Westen als ein einiger Block. Dass dieser Eindruck nicht den Realitäten entsprach, lag nicht zuletzt an der Tatsache, dass sich die westlichen Staaten bei Interessenwidersprüchen im Bezug auf die islamische Welt häufig auf Kosten eben dieser einigten und ihre schweren Konflikte vor allem in Europa austrugen. Die Einheit der islamischen Welt oder zumindest ihre einheitliche Vertretung gegenüber dem Westen war eines der Ziele, in dem sich die unterschiedlichsten, oft gegenläufigen politischen und geistigen Strömungen unter den Muslimen seit dem Ende des 19. Jahrhunderts einig waren.[1] Zumindest teilweise konnten sich die Muslime gegenüber der restlichen Welt durch die Khalifen, die Herrscher des Osmanischen Reiches, vertreten wissen. Vor allem Sultan Abdulhamid nutzte seine religiöse Position als Khalif, um sich gegen die westlichen Kolonialmächte zur Wehr zu setzen. Die Spannungen allein zwischen der türkischen und der arabischen muslimischen Bevölkerung in seinem Reich waren aber so beträchtlich, dass hier keine dauerhaften erfolgreichen Aktivitäten zum Nutzen der Muslime entwickelt werden konnten. Der Zusammenbruch des Osmanischen Reiches nach dem Ersten Weltkrieg und die Entwicklung verschiedener Nationalismen in den arabischen und südosteuropäischen Nachfolgestaaten des wichtigsten islamischen Staates ließen das Interesse an einer internationalen Vertretung des Islams in den Hintergrund treten. Im Grunde war es erst die Auseinandersetzung zwischen dem mehr oder weniger sozialistischen Nationalismus

---

[1] Über die Vorgeschichte der Entstehung der internationalen islamischen Organisationen s. Reinhard Schulze: Islamischer Internationalismus im 20. Jahrhundert. Untersuchungen zur Geschichte der islamischen Weltliga, Leiden 1990, S. 17–182.

ägyptisch-panarabischer Prägung und den traditionellen Regimen der arabischen Welt unter der Führung Saudi-Arabiens, der zur Gründung der bis heute wichtigsten internationalen islamischen Organisation führte.

Im Jahr 1962 wurde in Medina, also in Saudi-Arabien, eine islamische Universität „als Zentrum für die Verbreitung der islamischen Wissenschaft und Kultur unter den Muslimen überall in der Welt" gegründet. Der Bezug auf die Förderung der Kenntnisse in Gemeinschaft aller Muslime als Ziel der Universität muss als erster Hinweis auf die spezifischen Absichten der saudischen Politik gesehen werden. Dies wird auch aus den Verlautbarungen der Universität deutlich: „Der Islam ist die Religion, die gekommen ist, um das menschliche gesellschaftliche Leben in allen Zeiten zu organisieren ... Und wenn wir heute verschiedene Nationen erleben, die sich selbst islamische Nationen nennen, dann trifft dies nicht zu; denn sie befolgen in Wirklichkeit nicht ausschließlich die Weisung des Islams und urteilen in allen Bereichen nicht in Bezug auf seine Ge- und Verbote ... Daher sind sie nicht in der vollen und wahren Bedeutung islamisch. Es ist gerade diese Bedeutung, die die Staaten der Muslime in der heutigen Zeit von den Staaten der Muslime in der Vergangenheit unterscheidet. Aus all diesen Gründen wurde die islamische Universität in Medina gegründet, mit der Absicht, die islamische Dogmatik zu erneuern, indem einzelne aus jedem islamischen Land aufgerufen werden, nach Medina zu kommen, den Islam zu studieren ... und dann zu ihren Leuten zurückzukehren, um zu unterweisen und rechtzuleiten."[2] Hier sollte also ein Gegengewicht gegen die panarabische Propaganda Ägyptens entstehen. Zugleich ging es aber auch darum, der mit linken Slogans operierenden Politik der führenden Staaten der Bandung-Konferenz, Ägypten, Indien, Indonesien, Jugoslawien usw., die ja auch Staaten mit einer ganz erheblichen muslimischen Bevölkerung sind, entgegenzutreten. Die saudische Vorstellung ging dagegen von einer Vertretung für die religiöse Einheit aller Muslime aus, für die eine organisatorische Form gefunden werden musste. Daher wurde bei einer Konferenz, die während der Pilgerzeit vom 18. bis 20. Mai 1962 in Mekka stattfand, die ‚Liga der islamischen Welt' (Rabitat al-alam al-islami) ins Leben gerufen. Sie versteht sich als eine Kulturorganisation und er-

---

[2] Zitiert nach Schulze, wie Anm. 1, S. 181f.

klärt immer wieder ihre politische Unabhängigkeit. So heißt es schon in der ersten Verlautbarung des Generalsekretärs der Liga, Muhammad Surur al-Sabban, in der Tageszeitung ‚The Times' vom 30. 5. 1962: „Die Islamische Weltliga ist eine muslimische Kulturorganisation und kein Agent irgendeiner Regierung oder einer offiziellen Organisation." Schon in diesem frühen Text wendet sich die Liga gegen den Vorwurf der Abhängigkeit von Saudi-Arabien: „Auch wenn die Liga von König Saud und seiner Regierung eine große Schenkung erhalten hat, ist die Islamische Weltliga eine vollkommen unabhängige Organisation, die kein islamisches Land gegen das andere ausspielt. Es ist beschlossen worden, dass ihre Position als Organisation, die zum Dienste der ganzen islamischen Welt gegründet worden ist, beibehalten wird." Zu den Aufgaben, denen die Liga sich zunächst stellte, gehörten, „durch Rechtsgutachten (Fatawa) und Rechtswissenschaft (Fiqh) die Basis für eine wahrhaft islamische Herrschaft zu schaffen, durch Mission (Da'wa) vor allem in Afrika die islamische Präsenz zu schaffen[3], durch Publizistik eine internationale islamische Öffentlichkeit zu schaffen und ‚feindliche' Ideologien zu bekämpfen, schließlich durch eine organisierte Kontrolle die Integrität der Pilgerfahrt zu wahren". Wenigstens drei der vier formulierten Aufgaben haben einen eindeutig politischen Hintergrund. Die Formulierung eines rechtlichen Systems, das zur Definition eines wahrhaft islamischen Staates dienen sollte, hätte auch bedeuten können, dass z. B. Ägypten kein islamischer Staat sei. Zu den ‚feindlichen' Ideologien, gegen die die islamische Öffentlichkeit publizistisch aktiviert werden sollte, gehörte nicht nur der Marxismus, sondern auch der Nationalismus. Es kommt nicht von ungefähr, dass eine der ersten Resolutionen der Liga sich gegen Letzteren wendet. „Wahrlich, diejenigen, die sich vom Islam entfremden und unter dem Schleier des Nationalismus die islamischen Missionare vertreiben, sind in Wahrheit die schlimmsten Feinde der Araber, deren Größe stets mit der Größe des Islams verbunden war."[4]

---

[3] Wie wichtig der Liga die Situation in Afrika war, zeigte sich auch auf der 2. Konferenz der Liga im Dezember des gleichen Jahres, in der erneut eine besondere Anstrengung im Bezug auf den Schwarzen Kontinent gefordert wurde. Begründet wurde dies mit den ‚Verschwörungen der Christianisierung, der Qadiyaniyya (also der Mission durch die als heterodox angesehene, in Pakistan entstandene Gruppe der Ahmadiyya), der Bahai und der Freimaurer'.

[4] Zitiert nach Schulze, wie Anm. 1, S. 206.

Eine weitere Resolution der Gründungsveranstaltung stellte fest, dass der Islam nicht durch fremde ideologische Vorstellungen erweitert werden müsse. Dies gelte auch für die soziale Frage. Der Islam wird als eine ‚allumfassende soziale Doktrin' verstanden. Auch die angesprochene organisierte Kontrolle der Pilgerfahrt hatte einen politischen Hintergrund. So wurde der saudischen Regierung freie Hand gegeben gegen jede Form von feindlicher Propaganda aus islamischen Staaten. Auf diese Weise sollte jeder Versuch unterbunden werden, nationalistische, sozialistische, aber auch reformerische Vorstellungen, die der Liga der islamischen Welt und dem saudischen Staat nicht genehm waren, aus Anlass der Pilgerfahrt einem internationalen Publikum zu vermitteln. Wie weit der politische Kontext im Zusammenhang mit der Missionierung ging, müsste genauer untersucht werden. Den Teilnehmern der Konferenz, zu denen auch führende westafrikanische Muslime gehörten, war das Potential der islamischen Missionsbemühungen in Schwarzafrika natürlich bewusst. Dies zu stärken, war eine wichtige Aufgabe. Es ist aber nicht ausgeschlossen, dass hier aber auch auf die Konkurrenz der nationalen Bewegung der Länder der Dritten Welt reagiert werden sollte. Zu den Resolutionen dieser ersten Konferenz gehörte auch die Forderung nach der Reform der islamischen Gesellschaften. Man forderte einerseits das Verbot von ‚unstatthaften Neuerungen' wie die Herstellung und den Vertrieb von Alkoholika, Prostitution, Glücksspiel und jede Form von Zinsen. Ganz allgemein wurden die Regierungen der islamischen Länder aufgefordert, sich in ihrer Innen- wie Außenpolitik das islamische Recht zur Richtschnur zu nehmen. Daneben forderten die Teilnehmer der Gründungskonferenz, dass Kultur und Erziehung in den islamischen Ländern auf den Islam ausgerichtet werden sollte. Lehren und Theorien, die dem Islam zuwiderliefen, sollten verboten werden.

Im Dezember 1962 veröffentlichte die Liga eine Grundsatzerklärung (Charta), die für die weitere Politik dieser Organisation bestimmend geblieben ist. Der Text hat folgenden Wortlaut:

> „Preis sei Gott, dem Herrn der Welten, und Segen und Frieden dem Gesandten Gottes, seiner Familie und allen seinen Genossen.
>
> Wir, die Mitglieder der Liga der islamischen Welt, die wir sie in der Dogmatik und im Glauben vertreten, verpflichten uns Gott – erhaben sei er – gegenüber dazu, daß wir die uns von Gott auferlegte Pflicht

erfüllen, seine Botschaft zu lehren und sie in allen Teilen der Welt verbreiten;
daß wir von neuem unseren Glauben bekräftigen, daß es keinen Frieden für die Welt gibt außer durch die Grundsätze, die der Islam verankert hat;
daß wir die Nationen allgemein dazu aufrufen, auf dem Felde der Arbeit für das Wohl und die Beglückung der Menschheit miteinander zu wetteifern und die soziale Gerechtigkeit zwischen ihren Individuen zu verwirklichen, sowie die beste menschliche Gesellschaft zu schaffen;
daß wir Gott als Zeugen dafür anrufen, daß wir in keiner Sache Zwietracht säen, über niemanden herrschen und über niemanden Hegemonie anstreben wollen.
Auf dem Weg zu diesen Zielen haben wir beschlossen, folgendes anzustreben:
Wir werden unser Möglichstes dafür tun, das Wort der Muslime zu einen und die Faktoren der Spaltung, die die in der Welt verstreuten muslimischen Gesellschaften befallen haben, zu überwinden.
Wir werden alle Schwierigkeiten überwinden, die der Schaffung einer Liga der islamischen Welt entgegenstehen;
wir werden jedem helfen, der nach dem Wohl und der rechten Leitung ruft, und ihn in der Durchführung seiner islamischen Aufgaben unterstützen;
wir werden alles, was wir an geistigen, materiellen und kulturellen Mitteln besitzen, aufbringen, um das zu verwirklichen, wonach wir mit dieser Charta streben.
Wir haben beschlossen, daß wir unsere Bemühungen vereinen werden, um diese Ziele auf einem friedlichen, positiven Wege zu erreichen;
daß wir jeden djahilitischen Ruf[5], sei er alt oder neu, zurückweisen;

[5] Mit diesem Ausdruck wird Bezug genommen auf die vorislamische Heidenzeit, die als Djahiliyya, Zeit der Unwissenheit, bezeichnet wird. Der Vorwurf, sich wie Heiden, also Nichtmuslime zu verhalten, richtet sich in diesem Kontext gegen die nationalen und sozialistischen Regime der islamischen Welt. Er kann in anderem Zusammenhang aber auch auf westliche Lebensformen und westliche Politik gegenüber der islamischen Welt bezogen werden.

daß wir erklären, daß es im Islam weder Shu'ubiyya[6] noch Rassismus gibt.[7]

Bemerkenswert an diesen ersten Verlautbarungen ist das besondere Interesse der Liga an der Mission (Da'wa). Denn im Unterschied zum Christentum fehlt im Koran ein expliziter Sendungsauftrag. Nur in wenigen Fällen entwickelten sich im Verlauf der islamischen Religionsgeschichte der christlichen Mission vergleichbare organisierte Formen einer Einladung zur Konversion zum Islam. Der Religionswandel hin zum Islam geschah vor allem infolge des religiösen Vorbilds und der kulturellen Überlegenheit, die die Muslime repräsentierten, und hatte stets einen sehr individualistischen Charakter. Islamische Missionsorganisationen wurden erst zu Beginn des 20. Jahrhunderts gegründet und müssen als Reaktion auf die Missionsbemühungen protestantischer Missionsgesellschaften vor allem im Nahen Osten verstanden werden. Die Liga verstand sich nun als eine zentrale Einrichtung zur Durchführung der Da'wa, die sich zunächst aber nicht auf Europa oder Amerika bezog. Vielmehr sollten in der islamischen Welt Abweichungen vom Islam und die Folgen der Säkularisierung bekämpft werden. Man beschloss die Gründung eines Zentralinstituts für Mission und Rechtleitung in Mekka oder Medina. Ein Ausbildungsprogramm für die Missionare auf der Basis des Arabischen als der heiligen Sprache des Islams sollte entwickelt werden; ferner beschloss man die Gründung einer ‚Islamischen Akademie', die die theologischen Grundlagen für die islamische Mission entwickeln sollte. Wichtig war auch die Einsetzung einer Kommission von Rechtsgelehrten, die die islamischen Fasten- und Festrituale koordinieren sollten. Mit diesem letzteren Thema sprach die Liga ein Problem an, das die Forderung nach der islamischen Einheit direkt tangierte. Die islamische Welt ist nicht nur geteilt in die große sunnitische Mehrheit und einige kleinere schiitische Gruppierungen. Auch innerhalb der Sunniten finden sich verschiedene Rechtsschulen, deren Bedeutung von Muslimen im Gespräch mit Nicht-Muslimischen gerne heruntergespielt wird, die aber

[6] Shu'ubiyya ist eine Bezeichnung für nationalistische Tendenzen. Sie stammt ursprünglich aus dem 8. Jahrhundert und bezog sich auf den Versuch iranischer Muslime, mit ihren arabischen Glaubensbrüdern politisch und religiös gleichgestellt zu werden.

[7] Zitiert nach Schulze, wie Anm. 1, S. 215f.

in vieler Hinsicht auf das tägliche Leben der Gläubigen erhebliche Auswirkungen haben. Die gegenwärtig wichtigsten Rechtsschulen sind die der Malikiten, die vor allem in Nord- und Westafrika verbreitet sind, die Hanafiten mit Schwerpunkten in den Gebieten des ehemaligen Osmanischen Reiches, die Schafiiten in Süd- und Südostasien und die Hanbaliten, deren Rechtsschule in Saudi-Arabien dominiert. Die verschiedenen Rechtsschulen erkennen einander an; dennoch gibt es eine Reihe von Unterschieden zwischen ihnen, die nicht ohne konkrete Auswirkungen bleiben. Hier sei nur ein einziges Beispiel angeführt: Während die malikitische Rechtsschule verlangt, dass Musliminnen stets unter der Aufsicht eines männlichen Vormunds leben müssen, also z. B. allein keine Wohnung bewohnen dürfen, gestattet dies die hanafitische Rechtsschule sogar schon Mädchen.[8] Die Liga forderte von Anfang an eine Koordinierung der Aussagen der verschiedenen Rechtsschulen, vor allem zu Fragen des Alltagslebens. Es wurde gefordert, dass „die Sorge für die Gesamtheit und die Prinzipien im Bezug auf Dogmen und Quellen, über die unter den Muslimen Einigkeit besteht, größer sein muß als für die Einzelheiten und Teile. Daher muß beachtet werden, daß der Geist der Bewußtheit über die Einheit der Quellen der Rechtsschulen und der Geist der Toleranz im Bezug auf die juristischen Detailunterschiede der Rechtsschulen propagiert werden und vom Geist der schulischen Parteinahme, die die Muslime angesichts ihrer Widersacher schwächt und die wegen der Tatsache, daß sich diese mit partikularen Schwierigkeiten untereinander beschäftigen, zur Macht ihrer Feinde wird, Abstand genommen wird."[9]

Die Akademie für islamisches Recht

Gerade dieser Aspekt der rechtlichen Situation unter den Muslimen führte 1982 zum Vorschlag der Gründung der ‚Akademie für islamisches Recht', die dann 1984 zu einer ersten Konferenz zusammentraf. Sie war aber noch aus einem anderen Grund unter religiösen Gesichtspunkten für das Leben der sunnitischen Muslime von besonderer

[8] Die Tatsache, dass diese Regelung auch vielen hanafitischen Muslimen nicht bekannt ist, ändert nichts an dieser rechtlichen Situation.

[9] Zitiert nach Schulze, wie Anm. 1, S. 222.

Bedeutung. Wie bekannt, sollte jeder Muslim alle seine Handlungen unter dem Gesichtspunkt beurteilen, inwieweit sie dem Willen Gottes entsprechen. In vielen Fällen, vor allem dann, wenn es sich um neue Phänomene des täglichen Lebens handelt, ist es für den einzelnen Muslim nicht einfach festzustellen, wie die religiöse und moralische Wertigkeit der jeweiligen Handlung zu beurteilen ist. Zu diesem Zweck suchen Muslime die Hilfe von islamischen Rechtsgelehrten, die eine auf traditionellen Techniken beruhende Bewertung der jeweiligen Tatsachen vornehmen. Da es sich um jeweils individuelle Anfragen und Antworten handelte, kam es vor, dass unterschiedliche Gutachter bei ein und demselben Phänomen zu widersprüchlichen Beurteilungen gelangten. Diese Differenzen konnten das Resultat der persönlichen Interpretation einer wichtigen Rechtsquelle, der Erfahrung des Gutachters, der rechtlichen Tradition in einer bestimmten Region usw. sein. So lange die Gleichzeitigkeit von Informationen, wie wir sie seit einigen Jahrzehnten kennen, zwischen den einzelnen Regionen der islamischen Welt noch nicht gegeben war, wirkten sich die Unterschiede in den Rechtsgutachten nicht negativ auf die Autorität der Gelehrten aus.

Diese Situation veränderte sich von dem Zeitpunkt an, als das Tempo der technologischen Entwicklung so zunahm, dass auch die Gelehrten nicht mehr in der Lage waren, den Veränderungen zu folgen oder sie auch nur zu verstehen. Es kam immer wieder zu differierenden Rechtsgutachten bei ein und demselben Sachverhalt. Durch die Verbesserung der Kommunikationsmöglichkeiten wurden diese unterschiedlichen Auffassungen bekannt und die Autorität der Gelehrten in Frage gestellt. Das grundsätzliche Problem der Notwendigkeit der Bewertung der Innovationen für das Seelenheil der Muslime blieb aber bestehen. Damit ergab sich eine komplizierte seelsorgerische Situation. Daher gründete die ‚Liga der islamischen Welt' eine ‚Akademie für islamisches Recht' (Fiqh). Es handelt sich um eine Einrichtung, die aus 110 Rechtsgelehrten aus verschiedenen Ländern der islamischen Welt zusammengesetzt ist. Diese Gelehrten treffen sich zu jährlich stattfindenden Konferenzen, auf denen aktuelle Rechtsfragen diskutiert werden. Die Akademie hat allerdings keine legislativen Kompetenzen in dem Sinne, dass die von ihr herausgegebenen Rechtsgutachten für alle Muslime verbindlich wären. Die Äußerungen der Akademie erhalten jedoch dadurch ein besonderes Gewicht, dass die Mitglieder der Versammlung aus 46 islamischen Staaten kommen und so ein gewisses Maß an Einheitlichkeit der Entscheidungen für die Gesamtheit der islamischen Welt entstehen kann. Auf diesen Konferenzen werden die unterschiedlichsten juristischen Themenkomplexe zu den Bereichen Wirtschaft, Medizin oder Technik behandelt. Daneben geht es auch um allgemeinere Fragen wie die der ‚intellektuellen Invasion' gegen die islamische Welt und den Möglichkeiten, dieser ‚Aggression' zu begegnen. Da diese Reaktionen juristische Konsequenzen haben können, man denke z. B. an verschiedene Formen von Zensur, ist dies durchaus ein Thema für die Akademie. Es geht aber auch um juristische Fragen im engeren Sinn. So kann es sich um Fragen des internationalen und Völkerrechts handeln, z. B. das Recht der Selbstverteidigung, das Recht, Aggressionen zuvorzukommen, das Recht der Blockfreiheit, das Recht der rechtlichen und politischen Gleichheit. Es geht auch um Fragen der Kriegsethik, der internationalen Konventionen, der Behandlung von Kriegsgefangenen usw. Im Bereich des Wirtschaftsrechtes hat die Akademie für islamisches Recht aus islamischer Sicht die Rechtmäßigkeit von Aktien- und Börsengeschäften, von Ratenkäufen, von Versicherungen etc. behandelt. Da die Rechtsgelehrten nicht in all diesen unterschiedlichen Sachbereichen kompetent sein können, ziehen sie muslimische Spezialisten der einzelnen Gebiete heran. Mediziner, Wirtschaftswissenschaftler oder Ingenieurwissenschaftler beschrieben den Rechtsgelehrten fachkundig die zur Debatte stehenden Phänomene und schaffen so die sachliche Grundlage, die für die juristischen Entscheidungen notwendig sind. Nicht in allen Fällen gelangt die Akademie zu einer Entscheidung. Wenn aber keine Einmütigkeit herrscht, muss ein Sachverhalt als mit dem islamischen Recht nicht in Übereinstimmung angesehen werden. Diese Haltung beruht auf der Prophetentradition, nach der die islamische Gemeinschaft in ihrer Gesamtheit in einer wichtigen Sache nicht in die Irre gehen wird. Dieser Tradition liegt die Überzeugung der Muslime zugrunde, dass Gott dafür Sorge tragen wird, dass die Gemeinde der Gläubigen sich nicht unbewusst gegen den göttlichen Willen stellen werde.

Als Beispiel für eine ungelöste Frage mag hier die der Euthanasie stehen. Während sich die Akademie zu den verschiedensten Möglichkeiten der modernen Medizin wie Organtransplantation oder künstliche Befruchtung mit Einschränkungen positiv geäußert hatte, kam es in der Frage der Euthanasie bei der 7. Konferenz im Jahre 1992 zu einem Konflikt. Ein vorbereitendes Komitee aus Medizinern und Rechtsgelehrten hatte vorgeschlagen, dass die Einstellung lebensverlängernder Maßnahmen unter bestimmten Bedingungen erlaubt sein müsse. Zu diesen Bedingungen gehörte, dass die Pflege und Betreuung des Patienten auch nach der Einstellung der intensivmedizinischen Maßnahmen nicht beendet werden dürfe. Wenn möglich, sollte der Kranke selbst seine Einwilligung zum Abbruch der Bemühungen der Ärzte geben. Falls dieses nicht möglich sei, liege die Verantwortung bei den Verwandten des Patienten. Im übrigen sollen die Gläubigen nie die Hoffnung auf Gottes Vorsehung verlieren. „Wir sollen die Flamme der Hoffnung am Leben erhalten und niemals an der Gnade Gottes irre werden." Die Arbeitsgruppe, die sich mit diesem Thema befassen musste, befand sich in einer heiklen Situation; denn sie durfte nicht den Eindruck erwecken, dass sie gegen jede Form von medizinischer Behandlung sei. Es gab eine Gruppe von islamischen ‚Fundamentalisten', die die Position einnahmen, Gott sei der große, der einzige Heiler, und jeder, der versuche, einen Menschen zu heilen, handele frevelhaft, weil er Gott ebenbürtig sein wolle. Der Einsatz medizinischer Mittel sei im Übrigen ein Zeichen des Zweifels an der Allmacht Gottes. Es mag an dieser Rücksicht gelegen haben, dass das Plenum der Akademie auf die gemäßigt positive Bewertung der Euthanasie ablehnend reagierte. Ein Sprecher der Akademie erklärte dazu vor der Presse: „Obwohl das Entwurfskomitee der Konferenz der Beendigung der Behandlung in hoffnungslosen Fällen, bei denen vollständige Herstellung nach medizinischer Meinung nicht erwartet werden kann, zugestimmt hatte, wollten die Gelehrten diesem Vorschlag bei ihren abschließenden Diskussionen der Resolutionsentwürfe und Vorschläge nicht zustimmen." Offenbar hatte es leidenschaftliche Interventionen der Anhänger der unterschiedlichen Positionen gegeben. Man beschloss, die Entscheidung auf einen späteren Zeitpunkt zu verschieben, mit anderen Worten, die fehlende Einmütigkeit hatte deutlich gemacht, dass zumindest Zweifel an der Übereinstimmung der Akzeptanz der Euthanasie mit dem Willen Gottes angebracht seien.

Alles in allem wird man aber feststellen können, dass die Akademie für islamisches Recht mehr und mehr an Einfluss gewinnen wird. Dies liegt daran, dass sich hier kompetente islamische Rechtsgelehrte und Vertreter der unterschiedlichen modernen wissenschaftlichen Disziplinen in einem ständigen und regelmäßigen Austausch befinden. Es kommt daher nicht zu Verzögerungen in der Reaktion des islamischen Rechts auf neue technologische, wirtschaftliche oder soziale Entwicklungen. Dies ist von großer Bedeutung vor allem für die jungen Generationen von Muslimen, die mit den neuesten technologischen Einrichtungen selbstverständlich umzugehen gelernt haben. Die seelsorgerischen Vorteile dieser Situation liegen auf der Hand. Die Akademie ist gezwungen, auf alle neuen Phänomene zu reagieren. Sie kann sie auch selbst benutzen. So ist ihr die Anwendung der modernen Kommunikationsmittel zur Verbreitung ihrer Entscheidungen inzwischen völlig selbstverständlich. Noch werden die Entscheidungen der Akademie nicht von allen sunnitischen Muslimen in gleicher Weise zur Kenntnis genommen. Die ländliche, traditionelle Bevölkerung hat hier sicherlich für einige Zeit noch einen Nachholbedarf. Doch die auch prozentual wachsende urbane Gruppe der Muslime wird die kompetenten Äußerungen der Akademie dankbar zur Kenntnis nehmen.

Die Islamische Konferenzorganisation

Während sich die Islamische Weltliga als religiöse und kulturelle Organisation verstand, die natürlich auch politische Ziele verfolgte, fehlte aus der Sicht mancher Muslime eine Organisation, in der die islamischen Staaten ihre gemeinsamen Interessen gegenüber anderen Zusammenschlüssen von Staaten einer Weltregion, wie die Europäische Union, oder gemeinsamer ideologischer Vorstellungen, wie dem Warschauer Pakt, formulierten. Allerdings gibt es bekanntlich auch keine institutionalisierten Verbindungen von katholischen oder buddhistischen Staaten. Insofern ist die Gründung der ‚Islamischen Konferenzorganisation' ein singulärer Vorgang geblieben. Der unmittelbare Anlass, die Kooperation zwischen den islamischen Staaten auf eine institutionelle Ebene zu erheben, war der Brand der al-Aqsa-Moschee in Jerusalem am 21. August 1969. Im Herbst dieses Jahres hatten die Könige von Marokko und Saudi-Arabien zu einer ersten Islamischen Gipfelkonferenz eingeladen, um eine gemeinsame Politik im Hinblick auf die dritte heilige Stadt des Islams, Jerusalem, zu initiieren.

Gegen die Konstituierung einer permanenten politischen Organisation wandten sich aber einige Staaten, in denen, wie im Irak oder in Syrien, nationalistische Regime an der Macht waren. Diese fürchteten eine Verstärkung der Position von konservativen Regimen durch eine derartige Gründung. Erst 1972 kam es auf einer Außenministerkonferenz der islamischen Staaten in Djidda zum Beschluss, die ‚Organisation der Islamischen Konferenz' (OIC) ins Leben zu rufen. Mitglied der Organisation kann jeder islamische Staat werden. Es wurde allerdings vermieden zu definieren, was einen islamischen Staat ausmacht. So gehört zur Konferenz ein Staat wie der Libanon, bei dem die Frage, welche Religionsgemeinschaft dort das zahlenmäßige Übergewicht hat, zumindest umstritten ist. Auch dem Senegal, der bei seinem Eintritt mit Leopold Senghor ein christliches Staatsoberhaupt hatte, wurde die Teilnahme nicht verwehrt. Selbst Mozambique und die Republik Surinam wurden aufgenommen. Der Indischen Union wurde dagegen die Mitgliedschaft verwehrt, obwohl in Indien eine zahlenmäßig überwältigende Anzahl von Muslimen lebt. Die politischen Ziele der Organisation wurden 1981 auf einer Konferenz in Mekka formuliert. Zwei wichtige Aussagen zum Selbstverständnis der Organisationen sollen hier zitiert werden: „Die Überzeugung aller Muslime von den ewigen Prinzipien von Freiheit, Gerechtigkeit, menschlicher Würde, Brüderlichkeit, Toleranz und Mitleid und ihr andauernder Kampf gegen Ungerechtigkeit und Aggression verstärkt ihren Willen, einen gerechten Frieden und Einheit unter den Völkern zu verwirklichen, um die Respektierung der Menschenrechte zu sichern und die Stärkung derjenigen internationalen Organisationen, die auf humanistischen Prinzipien und der friedlichen Koexistenz zwischen den Völkern beruhen, zu stärken. So könnte ein neues Zeitalter entstehen, in dem die Beziehungen zwischen den Nationen von Prinzipien und nicht von Macht bestimmt werden und in dem alle Formen von Unterdrückung, Ausbeutung, Vorherrschaft, Ungerechtigkeit, Kolonialismus und Neo-Kolonialismus, wie auch alle Formen von Diskriminierung auf Grund von Rasse, Farbe, Glauben oder Geschlecht für immer von dieser Erde verbannt sein werden." Weiter heißt es dann: „Es ist unsere Überzeugung, dass die Gemeinschaft (arabisch: Umma) von mehr als 1000 Millionen (sic) Menschen, die sich aus verschiedenen Rassen zusammensetzen und die über den gesamten Globus verteilt über außerordentliche Möglichkeiten verfügen, gestärkt durch ihre spirituelle Macht und unter Ausnutzung ihres gesamten menschlichen und materiellen Potentials eine herausragende Position in der Welt erreichen und für sich die Möglichkeiten für ihren Wohlstand sichern kann, um ein besseres Gleichgewicht zum Nutzen der gesamten Menschheit zu erreichen."

Da finanzielle Beiträge der einzelnen Staaten für die Arbeit der Konferenz sich nach dem Nationaleinkommen richten, haben die so genannten Golfstaaten mit ihren hohen Einkommen aus der Erdölförderung einen verhältnismäßig großen Einfluß auf die Politik der Organisation. Nach der Charta der Organisation gibt es drei Gremien, die Konferenz der Staatsoberhäupter, die der jährlich abzuhaltenden Außenministerkonferenzen und das Generalsekretariat mit den ihm angeschlossenen Einrichtungen. In der Folge gab es zwar regelmäßige Außenministerkonferenzen, aber nur einige wenige Treffen der Staatsoberhäupter. Die Ergebnisse der Konferenzen erfüllten nur selten die hochgesteckten Erwartungen der muslimischen Beobachter. Bedeutsamer und wirkungsvoller ist das Generalsekretariat der Organisation. Seine Aufgabe ist die Koordination der politischen, wirtschaftlichen, kulturellen und sozialen Bereiche der Politik der ‚Islamischen Konferenz'.

Der Islamische Solidaritätsfonds

Zu den Unterorganisationen der ‚Islamischen Konferenzorganisation' gehört der vom Generalsekretariat verwaltete ‚Islamische Solidaritätsfonds'. Seine Einrichtung wurde 1974 beschlossen. Zweck dieser Einrichtung ist es, bei Naturkatastrophen oder anderen Krisen in der islamischen Welt finanzielle und materielle Hilfe zu leisten. Die Einrichtung hat bei verschiedenen Katastrophen ihre Effektivität unter Beweis stellen können. Darüber hinaus finanziert sie den Bau von Schulen, Krankenhäusern und Moscheen in Staaten, in denen Muslime sich in der Minderheit befinden. Dort fördert sie auch Jugendorganisationen und die Gründung von islamischen Universitäten.

Die Islamische Entwicklungsbank

Die ‚Islamische Entwicklungsbank' wurde 1975 eingerichtet. Eine der Motivationen für die Gründung war, die Lasten des Ölpreisanstiegs der siebziger Jahre, unter denen vor allem die Entwicklungsländer zu leiden hatten, für Mitgliedsstaaten der Organisation zu mindern. Sie soll die Wirtschaftskooperation zum Nutzen aller Beteiligten fördern.

Den Regeln des islamischen Rechts folgend handelt es sich um eine zinsfreie Einrichtung, das heißt, sie zahlt auf Guthaben keine Zinsen, wie sie auch bei Darlehen auf diese verzichtet. Die Bank erhebt lediglich eine Bearbeitungsgebühr, mit der die Verwaltungskosten gedeckt werden sollen. Solche zinslosen Darlehen werden vor allem für Infrastrukturprojekte wie Straßen, Häfen, Flughäfen u.ä. vergeben. Gleiches gilt auch für Projekte im Gesundheitswesen, in der Bildung und im sozialen Wohnungsbau. Die Zahl derartiger Projekte ist beträchtlich. Ein größerer Teil der Mittel für die Förderung von islamischen Staaten der Dritten Welt wurden jedoch für die Einfuhr von Erdöl in diese Staaten aufgewendet. Eines der bemerkenswertesten Projekte der ‚Islamischen Entwicklungsbank' ist das Projekt zur Nutzung von Opfertierfleisch. Während der Pilgerzeit werden in der Nähe von Mekka von den Pilgern Opfertiere geschlachtet. Da in der Theorie jeder Pilger oder jede Pilgerfamilie ein Opfertier schlachten soll, kommt es in dieser Zeit zu einem Überfluss an frisch geschlachteten Tieren, die von den Pilgern nicht konsumiert werden können und daher zu verderben drohen. Als Konsequenz dieser Situation finanzierte die Bank Schlachthöfe und Kühlhäuser in der Nähe der Opferstellen. Das entsprechende konservierte Fleisch wird dann in bedürftige islamische Länder exportiert. In den acht Jahren seit seiner Gründung verwerteten diese Einrichtungen mehr als 3,25 Millionen Schafe und mehr als 11 000 Kamele und Rinder. Insgesamt stellen die verschiedensten Beobachter fest, dass die ‚Islamische Entwicklungsbank' auf hohem professionellen Niveau arbeitet und eine der bedeutendsten Unterorganisationen der ‚Islamischen Konferenz' darstellt.[10]

Mit ihrem wachsenden politischen, entwicklungspolitischen und karitativen Einfluss werden die internationalen islamischen Organisationen in den kommenden Jahren weiter an Bedeutung gewinnen. Daran wird auch die Tatsache nichts ändern, dass es zwischen einzelnen Mitgliedern der ‚Organisation der Islamischen Konferenz' immer wieder zu Konflikten kommt, die sich bis hin zu kriegerischen Auseinandersetzungen steigern können. Angesichts des Einflusses, den Saudi-Arabien in diesen Organisationen auf Grund seiner Finanzmacht ausübt, muss man davon ausgehen, dass die besonderen Vorstellungen

---

[10] S. dazu insgesamt vor allem: Ellinor Schöne: Islamische Solidarität. Geschichte, Politik, Ideologie der Organisation der Islamischen Konferenz, Berlin 1997.

vom Islam, wie sie in Saudi-Arabien propagiert werden, in der gesamten islamischen Welt verbreitet werden. Es hat sich in einer Reihe von Fällen aber auch herausgestellt, dass die tatsächliche Durchsetzung der saudischen Form des Islams allein durch die Verteilung von finanziellen Mitteln oder materielle Hilfe nicht besonders erfolgreich war.

Der Islam in der Diaspora

Der Islam wird in der europäischen Öffentlichkeit häufig als eine Religion des Nahen und Mittleren Ostens betrachtet. Nimmt man seine demographischen Schwerpunkte in Süd- und Südostasien oder die Regionen seiner stärksten Ausbreitungsaktivitäten in Schwarzafrika zur Kenntnis, so bleibt er doch immer noch ein religiöses und kulturelles System, das auf die nicht-westliche Welt konzentriert ist. Auch aus dem Selbstverständnis vieler zeitgenössischer Muslime stellt die islamische Welt einen Gegensatz zum Westen dar. Dabei ist die Vorstellung von *dem* Westen genau so undifferenziert wie die westliche von *dem* Islam. Dieses gegenseitige Gefühl der Fremdheit, ja des Antagonismus ist alt und durch die verschiedenen Dialog-Bemühungen in Vergangenheit oder Gegenwart noch nicht überwunden worden. Im Bezug auf die islamischen Gesellschaften war es daher nicht erstaunlich, dass diese fasziniert waren von nicht-westlichen Gesellschaften, denen es gelungen ist, in ihrer Wirtschaft moderne Technologien zu nutzen und weiter zu entwickeln, sich militärisch zumindest zeitweise gegenüber westlichen Staaten zu behaupten und trotz der erstaunlichen Modernisierungsprozesse ihre kulturelle Identität zu bewahren. Zu diesen Kulturen gehört vor allem Japan. Seit dem Beginn des 20. Jahrhunderts, vor allem den Erfolgen der japanischen Marine in ihren militärischen Auseinandersetzungen mit der zaristischen Flotte bei Tshushima hatten sich muslimische Gelehrte vom Land der aufgehenden Sonne fasziniert gezeigt.[1] Dennoch blieb der Westen bis in die siebziger Jahre der ständige ‚Stein des Anstoßes' für die Muslime.

Dass seit dem Ende des Zweiten Weltkriegs eine Migrationswelle

[1] Klaus Kreiser: Der japanische Sieg über Russland (1905) und sein Echo unter den Muslimen, in: Die Welt des Islams 21 (1991), S. 209–239.

aus der islamischen Welt in den Westen eingesetzt hatte, wurde auch unter Muslimen zunächst nicht zur Kenntnis genommen. Mit einer Verbesserung der Organisationsstrukturen der ausgewanderten Muslime in Westeuropa und Amerika veränderte sich diese Situation. Nun wurde auch in den traditionellen Zentren des Islams die Existenz großer muslimischer Minderheiten im Westen bewusst. Zunächst wurde unter islamischen Rechtsgelehrten diskutiert, ob es Muslimen überhaupt gestattet sein könne, in einem Land außerhalb der islamischen Welt Wohnung zu nehmen. Man kam zu dem Ergebnis, dass dies unter religiösen Gesichtspunkten nur dann möglich sei, wenn wirtschaftliche Gründe die Muslime dazu zwängen. Die führenden gesellschaftlichen Kräfte der islamischen Länder wurden von den islamischen Autoritäten aufgefordert, alle Anstrengungen zu unternehmen, um eine solche Migration zu verhindern. Es entstand vor allem die Sorge, ob und wie sich diese muslimischen Minderheiten in einer nicht-islamischen Mehrheitsgesellschaft entwickeln würden und vor allem ob es ihnen gelänge, ihre religiöse Identität zu bewahren. Seitdem beobachten nationale und internationale Muslimorganisationen mit großer Aufmerksamkeit die Entwicklung des Islams in der Diaspora.

Islam in Europa

Die Geschichte der Beziehung zwischen Europa und der islamischen Welt ist gekennzeichnet durch Kontroversen und Widersprüche, aber auch durch den Austausch von Gütern und Meinungen. Teile Westeuropas hatten sich längere Zeit unter islamischer Herrschaft befunden. Dabei handelte es sich nicht nur um die Iberische Halbinsel, sondern auch um kleinere Teile Südfrankreichs, ja sogar der Schweiz oder um die Insel Sizilien und um Apulien. Während sich der Islam in diesen Regionen aber nicht auf Dauer halten konnte, entwickelten sich seine Positionen auf dem Balkan ganz anders, wie uns bei einem Blick in die Tageszeitungen immer wieder bewusst wird. Die kulturellen Auswirkungen des Islams gingen über diese geographischen Regionen jedoch weit hinaus. Die mittelalterlichen Wissenschaften des Abendlandes, von der Philosophie bis zur Medizin, wären ohne den Islam kaum denkbar gewesen. Nicht minder bedeutsam war er für die abendländischen Literaturen, die Musik, die Architektur oder Kulinarik.[2] Der Handelsaustausch mit der islamischen Welt war für die Wirtschaft des Mittelalters von entscheidender Bedeutung.[3] Dennoch blieb die westliche Haltung gegenüber der islamischen Welt von Distanz, ja Feindseligkeit geprägt, die sich dann in kriegerischen Auseinandersetzungen wie den Kreuzzügen oder der Reconquista dokumentierte. Große Gestalten des abendländischen Geisteslebens sahen im Islam eine Strafe Gottes oder eines der Zeichen für die hereinbrechende Apokalypse.[4]

Als die wirtschaftliche und kulturelle Bedeutung des Islams für das Abendland nachließ, verebbte auch zunächst das Interesse an der islamischen Welt. Die westliche Sicht auf die islamische Welt wurde mit dem Beginn der kolonialen Expansion von Staaten wie Frankreich oder England wieder lebhafter. Dabei spielt die Orientalistik eine nicht unbeträchtliche Rolle. Das Fach, das lange Zeit im Schatten der Theologie gelebt hatte, gewann an Bedeutung für die aktuelle Politik, wurde aber auch von dieser abhängig. In beiden Ländern wurden akademische Einrichtungen geschaffen, in denen junge Kolonialverwalter ausgebildet wurden. In London übernahm diese Aufgabe die ‚School of Oriental and African Studies‘ und in Paris die ‚Ecole des languages orientales vivantes‘. In ihnen wurden nicht nur die modernen Sprachen der Kolonialgebiete gelehrt, sondern die Studenten auch mit deren Wirtschaft und Gesellschaft vertraut gemacht. Vor allem in den französischen Kolonialbesitzungen in Nordafrika entstanden weitere Ausbildungsstätten für die Kolonialadministration. In diesem Zusammenhang wurden eine Reihe von regelmäßig erscheinenden wissenschaftlichen Publikationen herausgebracht, die sich mit den unterschiedlichen Aspekten des täglichen Lebens auf dem Land und in den nordafrikanischen Städten befassten. Sie stellen damit eine der wichtigsten kulturgeschichtlichen Quellen der modernen nordafrikanischen Alltagskultur dar. Auch in den Niederlanden wurden Universitätsabsolventen der orientalistischen Fächer gerne in die Verwaltung

[2] Joseph Schacht u. C.E. Bosworth (Hg.): The Legacy of Islam, Oxford 1974; Kommunikation zwischen Orient und Okzident. Alltag und Sachkultur. Österreichische Akademie der Wissenschaften. Philos.-Hist. Klasse 619. Bd., Wien 1994.

[3] E. Ashtor: Studies on the Levantine Trade in the Middle Ages, London 1978; ders.: East-West Trade in the Medieval Meditarranean, London 1986.

[4] Richard W. Southern: Das Islambild des Mittelalters, Stuttgart 1981; Hartmut Bobzin: Der Koran im Zeitalter der Reformation, Stuttgart 1995.

der ostindischen Besitzungen übernommen. Da das Deutsche Reich erst spät in den Besitz von überseeischen Kolonien gelangte, begann die akademische Ausbildung der Kolonialverwalter hier erst nach der Gründung des Deutschen Reiches.

In den verschiedenen europäischen ‚Mutterländern' unterschied sich das jeweilige Verhältnis zum Islam nur unwesentlich. Er wurde teilweise als Gefahr für die Kolonialherrschaft angesehen. Vor allem panislamische Tendenzen machten den Administratoren Sorge. Andererseits versuchte man, den Islam im Sinn von ‚indirekter Herrschaft' in die Verwaltung mit einzubeziehen, das heißt, man beließ es bei den vorhandenen traditionellen Herrschaftsstrukturen und wirkte mehr oder weniger energisch lediglich auf die Herrscher ein. Vor allem in den akephalen Gesellschaften Westafrikas, deren Strukturen von den europäischen Kolonialherren nicht verstanden wurden, stellte der Islam mit seiner westlichen Ideen vergleichbaren hierarchischen Staatsvorstellung einen Ordnungsfaktor dar. Diese Einschätzung des Islams führte immer wieder zu Konflikten in der Öffentlichkeit der entsprechenden Länder, in denen christliche Missionsgesellschaften nicht ohne Einfluss waren. Diese sahen es als einen Verstoß der Verwaltungen gegen den christlichen Auftrag der Missionare an, wenn ihnen ihre Aktivitäten erschwert oder ganz verboten wurden. So blieb der Islam im Bild der Öffentlichkeit weiterhin ein wenig bekanntes Phänomen, das mit einem erheblichen Unbehagen betrachtet wurde. Auch wenn das Verhältnis gegenüber dem Islam angesichts wechselnder politischer Bedingungen differierte, blieb in der europäischen Öffentlichkeit doch die lange tradierte deutliche Distanz vorhanden. Hinzu kam, dass die Zahl der Muslime, die sich in den verschiedenen europäischen Staaten aufhielten, recht gering war. Eine konkrete Anschauung oder ein Kontakt im Alltag war daher nicht zu gewinnen. Islamische Gemeinden traten in Westeuropa im Grunde erst nach dem Zweiten Weltkrieg an die Öffentlichkeit. Erst jetzt wirkten sich auch die unterschiedlichen Formen der Kolonialpolitik im islamischen Kontext aus.

Das französische Beispiel

Die ersten Bemühungen der französischen Administration, sich mit dem Islam in Frankreich zu befassen, resultieren aus dem Einsatz muslimischer Soldaten während des Ersten Weltkriegs auf dem europäischen Kriegsschauplatz. Sie waren in vieler Hinsicht eine Reaktion auf die deutsche Kriegspropaganda, in der besonders auf die Waffenbrüderschaft mit dem Osmanischen Reich abgehoben wurde. Im Sinne einer Gegenpropaganda ließ man anti-osmanische Äußerungen nordafrikanischer Religionsgelehrter verbreiten, vor allem aber wurde unter erheblichem Propagandaaufwand eine erste Moschee in Paris errichtet. Sie entwickelte sich in der Zwischenkriegszeit zu einem Zentrum für die algerischen Arbeiter, blieb aber unter strikter französischer Kontrolle. Der Zweite Weltkrieg und der algerische Unabhängigkeitskrieg verhinderten zunächst eine öffentliche Präsentation des Islams in seiner Gesamtheit. Erst in den siebziger Jahren veränderte sich die Situation angesichts der wachsenden Zahl von nordafrikanischen Arbeitsmigranten. Zwei bis drei Prozent der französischen Gesamtbevölkerung sind inzwischen muslimischen Ursprungs. In ihrer Mehrheit stammen sie aus Nordafrika, es hält sich neben Migranten aus der Levante inzwischen aber auch eine wachsende Zahl von türkischen Einwanderern in Frankreich auf.

Die Organisationsstrukturen des Islams in Frankreich weisen eine starke nationale Komponente auf. Sie sind abhängig von den Vorschriften des französischen ‚Gesetzes über Vereinigungen' aus dem Jahr 1901. Dies bestimmte, dass sich alle religiösen Gemeinschaften in Frankreich in Vereinigungen organisieren können, unabhängig davon, ob es sich bei deren Mitgliedern um Franzosen oder um Ausländer handelt. Nach Änderungen während der Zwischenkriegszeit, die Ausländern in dieser Zeit die Bildung von Vereinigungen untersagten, wurden 1981 die alten Regelungen wieder hergestellt. Dies führte natürlich dazu, dass sich auch eine Vielzahl von muslimischen Vereinigungen konstituierten. Dabei nahmen die Regierungen der verschiedenen Herkunftsstaaten mehr oder weniger direkten Einfluss auf diese Gründungen. Das galt vor allem für Algerien und die Türkei. In diesen Vereinigungen standen nationale Aspekte im Vordergrund, während religiöse Momente als weniger wichtig angesehen wurden. Daher ist es nicht erstaunlich, dass sich parallel zu diesen nationalen Vereinigungen religiöse Organisationsstrukturen, allerdings wiederum auf nationaler Basis, entwickelten. Immer wieder hat es Versuche gegeben, diese zahlreichen Einzelorganisationen in einem Dachverband zusammenzufassen. Erfolgreich, aber in der Alltagspraxis wenig wirksam, waren diese Bestrebungen nur auf einer sehr hohen Ebene. So wurden Organisationen geschaffen wie ‚Vivre l'Islam en Occident'. Auch das Büro der Islamischen Weltliga in Paris versuchte, als Konzentrationspunkt der Muslime in Frankreich zu wirken. Dies geschah dadurch, dass man regelmäßig Fernsehprogramme über den Islam produzierte, um auf diese Weise das Gefühl einer gemeinsamen muslimischen Identität unter den verschiedenen nationalen Gruppen zu fördern. Mitte der achtziger Jahre wurden zwei große Organisationen gegründet, ‚Fédération Nationale des Musulmans en France' und ‚Rassemblement Islamique', die behaupten, einen großen Teil der Einzelorganisationen zu repräsentieren. Wieweit sie aber tatsächlich als Repräsentanten der Muslime in Frankreich angesehen werden können, ist nur schwer zu beurteilen.

Im Unterschied zu anderen europäischen Staaten wurden in Frankreich seit dem Beginn der achtziger Jahre die Lebensbedingungen der Muslime von wissenschaftlichen Untersuchungen auf nationaler Ebene begleitet. Dieses Interesse hängt mit dem neu entstandenen öffentlichen Bewusstsein von der Existenz von Muslimen in Frankreich zusammen. Sie stellen inzwischen einen selbstverständlichen Teil der Bevölkerung dar. Diese Haltung den Muslimen gegenüber ist nicht zuletzt eine Folge der besonderen Form der französischen Kolonialpolitik. Diese hatte sich von jeher darum bemüht, auch aus den unterschiedlichen Kolonialvölkern Franzosen zu machen. Diese Haltung wirkte sich auch auf ganz praktische Fragen, wie die der Einreise und der Staatsangehörigkeit, aus. Ein wichtiger Aspekt in dieser Hinsicht ist die französische Praxis, jedem, der in Frankreich geboren ist, ohne größere administrative Überprüfungen die französische Staatsangehörigkeit zuzuerkennen. Daher sind eine Vielzahl von muslimischen Migranten der zweiten Generation französische Staatsbürger. Die ohne Zweifel vorhandenen Probleme dieser Bevölkerungsgruppe können daher als soziale Probleme angesehen und entsprechend behandelt werden.

Durch diese Untersuchungen wurden die besonderen Probleme der muslimischen Bevölkerungsgruppe rascher bekannt. In vielen Fällen konnte auf pragmatische Weise Abhilfe geschaffen werden. Die nordafrikanischen Einwanderer sind trotz aller ethnischen oder nationalen und kulturellen Unterschiede durch ihre französische Umgebung geprägt. Den Zugang zur Umgebung der Mehrheitsbevölkerung erschließen sich die muslimischen Migranten durch die französische

Sprache, die sie als Verkehrssprache untereinander verwenden. Das Französische ist von ihnen inzwischen in vielen Fällen sogar als alleiniges Verständigungsmittel übernommen worden. Doch auch die gemeinsame nordafrikanische Herkunft hat trotz der vorhandenen nationalen Unterschiede zu einer großen kulturellen Einheitlichkeit der Muslime in Frankreich geführt. Diese kulturelle Identität erleichtert ihnen die religiöse Existenz in der Fremde. So sagt ein algerischer Buchhändler: „Meine Heimat ist das Gebiet des Islams. Am besten ist es, unter Muslimen zu leben. Aber wenn man einen festen Glauben hat, kann man in einem nicht-islamischen Land ein besseres Leben führen. Solch ein Leben ist eine Art von Opfer. Es ist kein Krieg, aber es ist ein Jihad, um Gottes Botschaft und die Stimme des Islams zu verkünden. Unsere Erziehung sollte islamisch sein, und wir müssen ein Beispiel für andere geben. Jihad sollte nicht mit dem Schwert praktiziert werden, indem man Menschen tötet oder Explosionen herbeiführt. Das ist ein Fehler und hat mit dem Islam nichts zu tun.“

Probleme ergeben sich für die in Frankreich lebenden Muslime in verschiedenen gesellschaftlichen Bereichen. Dabei geht es zunächst um die Fragen der religiösen Praxis. Nach Untersuchungen französischer Soziologen spielt für die Muslime vor allem die Frage der Speiseregeln eine besondere Rolle. Immer wieder wurde beklagt, dass es in Frankreich keine zentrale muslimische Einrichtung gebe, die Fleisch für religiös erlaubt erklären könne. Daher waren sie lange gezwungen, sich geradezu konspirativ zu verhalten: „Wir gehen aufs Land und schlachten ein Schaf oder Huhn. Wir kaufen so etwas nie in einem Laden. Wir schlachten, wie es sich gehört.“[5] Hier haben sich inzwischen einige Veränderungen ergeben. In französischen Schlachthöfen kann, im Unterschied zu Deutschland, rituell korrekt geschlachtet werden. Das Fleisch wird entsprechend deklariert und ist inzwischen

---

[5] Rémy Leveau: The Islamic Presence in France, in: Th. Gerholm u. I. G. Lithman: The New Islamic Presence in Western Europe, London 1988, S. 107–122; Mustapha Belbah: Á la recherche des musulmans de France, in: Gilles Kepel (Hg.): Exils et Royaumes. Les appartenances au monde arabo-musulman aujourd'hui, Paris 1994, S. 331–346; Hervé Terrel: L'enclave islamique de la rue Jean-Pierre Timbaud, in dem gleichen Sammelband, S. 347–364.

auch ein bedeutender Exportfaktor für Großschlachtereien, die wiederum von Muslimen betrieben werden.[6]

Ein anderes Problem, mit dem Muslime in Westeuropa immer wieder konfrontiert werden, ist die Frage der Bestattungen. Auch hier hatte sich die Praxis entwickelt, die Verstorbenen in ihre Heimat zu überführen. Zumindest in Paris wurden jedoch schon sehr früh islamische Friedhöfe eingerichtet. Inzwischen haben auch zahlreiche andere französische Gemeinden entsprechende Einrichtungen geschaffen.[7]

Neben der Frage der Speisevorschriften ist für die Muslime in Frankreich das Problem der Erziehung der Kinder von besonderer Bedeutung. Es herrscht bei vielen muslimischen Eltern die Sorge, dass die Kinder an den staatlichen Schulen Ideen und Einflüssen ausgesetzt werden, die sie dem Islam entfremden und sie zu Franzosen machen. Dabei geht es weniger um die angewandten Formen der Didaktik oder der Lehrinhalte als vielmehr um die Tatsache, dass die staatlichen Schulen in der Regel koedukativ sind. In staatlichen Schulen ergibt sich das in anderen europäischen Staaten diskutierte Thema des islamischen Religionsunterrichts nicht, weil Religionsunterricht im laizistischen Frankreich ohnehin generell nicht in staatlichen Schulen stattfindet. Dieses laizistische Prinzip brachte jedoch einen der spektakulärsten Konflikte zwischen dem Islam und der französischen Öffentlichkeit mit sich. In verschiedenen staatlichen Schulen versuchten muslimische Schülerinnen am Unterricht teilzunehmen, die Kopftücher oder Schleier trugen. Ihnen wurde in verschiedenen Fällen der Zutritt zum Schulgelände und damit auch die Teilnahme am Unterricht verwehrt. Die Begründung der Schulbehörden lautete, dass durch dieses Kleidungsstück die staatliche Neutralität in religiösen Angelegenheiten in Frage gestellt wurde.[8]

---

[6] Diese Erleichterung bezieht sich jedoch nur auf das im alltäglichen Leben konsumierte Fleisch. Im Zusammenhang mit den beiden großen islamischen Festen, dem Fest des Fastenbrechens und dem Pilgerfest, ist es aber in vielen muslimischen Familien üblich, ein Opfertier zu schlachten. Die Schächtung nimmt in der Regel das Familienoberhaupt vor. Dieser rituelle Vorgang bleibt für die Muslime in Frankreich weiterhin mit Hindernissen verbunden.

[7] Yassine Chaib: L'Islam et la mort en France, Aix-Marseille 1992.

[8] Gilles Kepel: Allah im Westen. Die Demokratie und die islamische Herausforderung, München 1996, S. 215– 336; zu den Unterschieden zwischen Deutschland und Frankreich in der Frage der Verschleierung s. jetzt auch Schirin Amir-Moaz-

Man muss davon ausgehen, dass der Islam in Frankreich noch einige Zeit mit seinen organisatorischen und strukturellen Problemen beschäftigt sein wird. Dies hängt vor allem mit der Tatsache zusammen, dass die Regierungen der verschiedenen Herkunftsstaaten ihren Einfluss auf die nationalen islamischen Organisationen und deren Mitglieder behalten wollen. Da es sich dabei vor allem um ehemalige französische Kolonien handelt, sind die Beziehungen der nationalen politischen Eliten zum ehemaligen Mutterland häufig noch sehr intensiv und beruhen teilweise auch auf persönlichen Kontakten zu französischen Entscheidungsträgern. Diese sahen in den isolierten, nationalen islamischen Organisationen sicherlich auch den Vorteil der einfacheren Kontrolle des Islams in Frankreich. Inzwischen ist den französischen Vertretern der staatlichen Administration, die sich mit Fragen des Islams befassen, aber deutlich geworden, dass eine auf unterschiedlichen nationalen Vereinigungen beruhende Organisationsstruktur Nachteile mit sich bringt. Konflikte aus den Herkunftsländern können so einfacher nach Frankreich importiert werden. Unter Umständen ziehen sie die Gesamtgesellschaft in Mitleidenschaft. In einer großen, einheitlichen Organisation würden diese Konflikte eine geringere Rolle spielen. Mittelfristig wird sich im Interesse der islamischen wie der französischen Seite eine islamische Großorganisation etablieren, die in der Lage ist, den Islam in Frankreich zu repräsentieren, und die über die Autorität verfügt, die erforderlich ist, um die besonderen religiösen und ethischen Regeln zu formulieren, die den Muslimen das Leben in einer fremden Umgebung unter religiösen Gesichtspunkten erleichtern.

Auf dem Weg zu einem deutschen Islam?

Muslime in Deutschland weisen gerne darauf hin, dass die Existenz des Islams hier schon auf die Zeit des Preußenkönigs Friedrich II. zurückgeht. Sie zitieren dann den Satz des großen Friedrich: „Wenn Muslime kommen, muss man ihnen Moscheen bauen.“ Ob dieser Satz der historischen Wahrheit entspricht, mag dahingestellt bleiben. Er

---

ami: Schleierhafte Debatten. Konstruktion des Anderen im Diskurs der deutschen und französischen Kopftuchgegner, in: Jahrbuch für Religionswissenschaft und Theologie der Religionen 7/8 (1999), S. 356–384.

fügt sich aber ein in das andere Dictum, dass jeder in Preußen nach seiner Fasson selig werden könne. Jedenfalls gab es im preußischen Heer tartarische Ulanenverbände, die aus Muslimen bestanden. Ob in den Potsdamer Kasernen für sie tatsächlich eine Moschee eingerichtet wurde, lässt sich nicht nachweisen. Der erste rituelle Ort für Muslime, von dem wir konkret Zeugnis haben, ist der islamische Friedhof in Berlin am Columbia-Damm.[9]

Die preußischen und später deutschen Beziehungen mit islamischen Staaten, dem Osmanischen Reich zumal, waren immer recht gut gewesen. Auch die Tatsache, dass das Deutsche Kaiserreich in seinen Kolonien in West- und Ostafrika auch Muslime unter seiner Herrschaft hatte, hatte kaum Irritationen auf islamischer Seite ausgelöst, vielleicht auch nur, weil es nicht allgemein bekannt war. Darum hielten sich vor und nach dem Ersten Weltkrieg Exilanten aus den unterschiedlichsten islamischen Ländern in Deutschland auf, machten Politik, nahmen am gesellschaftlichen Leben teil und waren wirtschaftlich und künstlerisch aktiv. Sie publizierten Zeitschriften und produzierten die ersten Filme und Schallplatten für das Publikum ihrer Heimatländer. Sie organisierten sich aber auch auf verschiedenen Ebenen unter religiösen Gesichtspunkten. So gab es einige muslimische Studentengemeinden und kleine Moscheegemeinden, von denen die in Berlin die größte und bedeutendste war. Das Interesse der deutschen Öffentlichkeit am Islam war nicht besonders ausgeprägt, auch wenn die Vertreter der muslimischen Gemeinden, vor allem derjenigen in Berlin, sich durch verschiedene Aktivitäten bemühten, auf sich aufmerksam zu machen und in einen Dialog mit unterschiedlichen Partnern einzutreten. Dies gelang bis zu einem gewissen Grad erst während des Zweiten Weltkriegs, als sich die entsprechenden politischen Konstellationen ergaben. Dabei spielte vor allem die Tatsache eine Rolle, dass einer der bekanntesten arabischen Nationalisten, Amin al-Husaini, als Mufti von Jerusalem zugleich eine hohe religiöse Funktion innehatte und aus einer bedeutenden religiösen Notabeln-Familie Palästinas stammte. Der Mufti lebte seit 1942 mehr oder weni-

---

[9] Gerhard Höpp: Tod und Geschichte oder Wie in Berlin prominente Muslime bestattet wurden, in: Gerhard Höpp und Gerdien Jonker (Hg.): In fremder Erde. Zur Geschichte und Gegenwart der islamischen Bestattung in Deutschland, Berlin 1996.

ger ständig in Deutschland und versuchte, von hier aus gegen die britische Kolonialherrschaft im Nahen Osten zu agitieren. Er bemühte sich auch, mit der ‚Arabischen Legion' eine militärische Truppe aufzustellen, mit deren Hilfe er seine politischen Ziele der Unabhängigkeit der arabischen Länder erreichen wollte. Die deutsche Seite plante ihrerseits natürlich, diese Truppe für ihre eigenen militärischen Aktionen einzusetzen. Die deutsche Heeresleitung und die SS stellten darüber hinaus in eigener Regie andere Einheiten mit muslimischen Soldaten auf. Zu nennen sind hier vor allem die SS-Division Hanjar, zusammengestellt aus bosnischen Kräften, und die so genannten Freiwilligenverbände des Heeres, in denen viele muslimische Flüchtlinge oder Gefangene aus den zentralasiatischen Teilen der Sowjetunion zusammengefasst wurden. Diese Soldaten sollten auch eine religiös-seelsorgerische Betreuung erhalten. Zu diesem Zweck wurden in Göttingen und Dresden so genannte Mullah-Kurse eingerichtet, in denen Imame für die verschiedenen muslimischen Truppenteile ausgebildet wurden. Ausbilder waren deutsche Orientalisten und einige islamische Religionsgelehrte, die in Deutschland im Exil lebten. Man könnte diese Mullah-Kurse als die ersten islamischen schulischen Einrichtungen bezeichnen.[10]

Nach dem Zweiten Weltkrieg wurde das Verhältnis der deutschen Öffentlichkeit zum Islam und der islamischen Welt zunächst stark durch den Kalten Krieg bestimmt. Einerseits waren einige islamische Staaten eingebunden in die westliche Einkreisungspolitik gegenüber den Staaten des Warschauer Paktes. Um die ideelle Grundlage dieser militärischen Bündnisse zu verdeutlichen, wurde in gemeinsamen Tagungen und gegenüber der Öffentlichkeit auf die gemeinsamen Grundauffassungen und Wertvorstellungen im Vergleich zum Marxismus-Leninismus hingewiesen. Diese bestanden neben der Förderung des Privateigentums usw. vor allem in der Ablehnung des historischen Materialismus und der religiösen Überzeugung von der Existenz eines persönlichen Gottes, des Jüngsten Gerichts usw. Andererseits waren es aber auch islamische Länder, die zu den Kolonialgebieten westlicher Staaten wie England und Frankreich gehörten. Die nationalen Unab-

---

[10] Peter Heine: Die Imam-Kurse der Deutschen Wehrmacht im Jahr 1944, in: G. Höpp (Hg.): Fremde Erfahrungen. Afrikaner und Asiaten in Deutschland, Österreich und der Schweiz bis 1945, Berlin 1996, S. 229–238.

hängigkeitsbewegungen in diesen Ländern, die nur in seltenen Fällen islamische Tendenzen hatten, erhielten Unterstützung von Staaten des Ostblocks. Im Bild der westdeutschen Öffentlichkeit wurde diese Situation auch mit dem Islam in Zusammenhang gebracht. Besonders negativ für das Islambild wirkte sich der Nahostkonflikt aus, in dem sich die Bundesrepublik Deutschland konsequent auf der israelischen Seite sah. In diesem Konflikt als einer nationalen Auseinandersetzung stand der Islam lange Zeit im Hintergrund dieser Entwicklung. Dies wurde von der westdeutschen Öffentlichkeit aber kaum zur Kenntnis genommen. Auch hier wurde der Islam als Moment der Aggression eingeschätzt.

Die Zahl der in Westdeutschland lebenden Muslime war bis in die Mitte der sechziger Jahre hinein noch sehr gering. Es gab in den Universitätsstädten muslimische Studentengemeinden und einige muslimische Kaufleute und Journalisten, über deren religiöse Vorstellungen und Praktiken in der Öffentlichkeit kaum etwas bekannt war. Mit der Arbeitsmigration aus dem damaligen Jugoslawien kamen auch Muslime z.B. aus Bosnien-Herzegowina, die aber als Muslime nicht besonders in Erscheinung traten. Nur ein sehr geringer Prozentsatz dieser Arbeiter praktizierte seine Religion. Möglicherweise entstanden kleine Gemeinden, die vor allem mystische Formen des Islams praktizierten. Der deutschen Öffentlichkeit blieb diese Entwicklung insgesamt verborgen.

Die Zahl der Muslime in Westdeutschland nahm seit der zweiten Hälfte der sechziger Jahre durch das Einsetzen der Arbeitsmigration vor allem aus der Türkei plötzlich beträchtlich zu. Es waren vor allem die westdeutschen Industriezentren und Westberlin, in denen sich die türkische Einwanderung konzentrierte. Erst nach und nach kam es zu einer über diese Regionen hinausgehenden Verteilung der muslimischen Migranten über das ganze Bundesgebiet. Es handelte sich bei der einreisenden Personengruppe vor allem um einfache Arbeiter aus Ostanatolien, deren Bildungsniveau gering war und deren Kenntnisse vom Islam sich vor allem auf volksreligiöse Vorstellungen bezogen. Die geringe Kenntnis von den Regeln und Normen des orthodoxen Islams lag auch daran, dass die Türkei seit den zwanziger Jahren eine konsequente Säkularisierungspolitik betrieben hatte, die den Islam zur Privatsache gemacht und damit die Rolle der islamischen Orthodoxie in der türkischen Öffentlichkeit stark zurückgedrängt hatte. Von der deutschen Öffentlichkeit wurden die türkischen Arbeitsmigranten, wenn überhaupt, unter nationalen und nicht unter religiösen Aspekten wahrgenommen. Insgesamt erregten sie nur wenig Aufmerksamkeit, weil sie vor allem in Wohnheimen lebten, sich in der Regel mit aus der Türkei mitgebrachten Produkten versorgten und es vermieden, in der Öffentlichkeit zu erscheinen. Sie verfügten kaum über deutsche Sprachkenntnisse. Ihr Interesse an Deutschland beschränkte sich zunächst auch lediglich auf ihren Arbeitsplatz. Auf die Frage, warum er nicht etwas Deutsch lernen wolle, antwortete ein türkischer Arbeiter in einer Befragung zu Beginn der siebziger Jahre: „Ich bin hier hergekommen, um zu arbeiten und nicht um Deutsch zu lernen." Die Migranten kamen schließlich nicht aus Abenteuerlust oder Neugier nach Deutschland, sondern aus wirtschaftlichen Notwendigkeiten. Häufig handelte es sich um Menschen, die bis zu ihrer Reise nach Deutschland ihr Heimatdorf noch nie verlassen hatten. Sie wurden nicht selten von den zurückbleibenden Verwandten gewarnt, dass sie in der Fremde ihren Glauben, den Islam, verlieren würden. Ihr Misstrauen gegenüber Deutschland war sehr groß. Vor allem waren sie, wie auch die westdeutsche Öffentlichkeit, fest davon überzeugt, dass sie nach einigen Monaten, höchstens aber nach einigen Jahren so viel Geld verdient haben würden, dass sie in der Heimat ein wirtschaftlich unabhängiges Leben führen könnten. Sie gingen in ihrer überwiegenden Mehrheit von einem zeitlich begrenzten Aufenthalt aus. Zumindest die erste Generation der Migranten hängt trotz vieler gegenteiliger Erfahrungen dieser Vorstellung immer noch an.[11]

Seit der Mitte der siebziger Jahre veränderte sich die Struktur der muslimischen Bevölkerung in der Bundesrepublik durch den Zuzug von Bürgerkriegsflüchtlingen und Asylbewerbern aus verschiedenen Gebieten der islamischen Welt. Es handelte sich vor allem um Libanesen, Palästinenser, Afghanen u. a. Man kann heute davon ausgehen, dass zwei Drittel der muslimischen Bevölkerung in Deutschland aus der Türkei stammen. In dem restlichen Drittel machen Muslime aus dem Nahen Osten und aus Nordafrika eine Mehrheit aus. Es muss allerdings darauf hingewiesen werden, dass die aus der Türkei stammenden Migranten keine ethnisch oder religiös einheitliche Bevölke-

---

[11] Ursula Spuler-Stegemann: Muslime in Deutschland. Nebeneinander oder Miteinander, Freiburg 1998.

rungsgruppe bilden. Man kann davon ausgehen, dass wenigstens ein Drittel der kurdischen Bevölkerungsgruppe angehören. Nach Schätzungen besteht ein Drittel der aus der Türkei stammenden ‚Gastarbeiter' aus Angehörigen der religiösen Sonderform der Alewiten.

Die fehlende Konzeption bei der Einwanderungspolitik der Bundesrepublik führte zu einem ständigen Anwachsen der türkischen Bevölkerung, die sich in ihren Strukturen durch den Familiennachzug deutlich veränderten. Es kam zur Konzentration der türkischen Bevölkerung in bestimmten Stadtteilen der großen Städte, die natürlich im Zusammenhang standen mit dem preiswerten Wohnungsangebot in diesen Stadtteilen. Häufig handelte es sich um Wohnungen, die deutschen Mietern nicht mehr ausreichend komfortabel waren und daher von diesen aufgegeben worden waren. In Berlin handelt es sich um Stadtteile wie Wedding, Neukölln oder Kreuzberg, in Köln um den Stadtteil Nippes. In einigen Fällen finden sich auch muslimische Bevölkerungskonzentrationen in kleineren Nachbargemeinden von Industriezentren. Inzwischen haben muslimische Gruppen oder Einzelpersonen in diesen Vierteln Immobilien erworben und treten ihrerseits als Vermieter auf. In einer Reihe von Fällen machte die Migrantenbevölkerung die Mehrheit der Gesamtbevölkerung bestimmter Straßen oder Quartiere aus. Dies bereitete den kommunalen Behörden und Politikern Sorgen, die häufig zu spät die Bildung von Gettos befürchteten. Man versuchte durch Zuzugssperren eine ‚Überfremdung' zu verhindern. Diese Versuche waren aber nur selten erfolgreich. Allerdings ist in diesen Vierteln inzwischen eine interessante Tendenz zu beobachten. Muslimische Einwohner, denen ein sozialer und wirtschaftlicher Aufstieg gelungen ist, verlassen diese Viertel und siedeln sich in ‚besseren' Stadtteilen an. Sie werden in den ursprünglichen Quartieren Ende der neunziger Jahre von Migranten aus Osteuropa ersetzt. Angesichts der Bevölkerungskonzentration entstanden auch die entsprechenden wirtschaftlichen Strukturen durch die Gründung von Einzelhandelsgeschäften, Reisebüros, Banken usw.

Vor allem aus praktischen Erwägungen bestand die Notwendigkeit für die Migranten, sich als Muslime in irgendeiner Form religiös zu organisieren. Dabei ist die Bildung einer Gemeinschaftsform aus dogmatischen Gründen zunächst einmal nicht notwendig. Ein Muslim bedarf in seinem Verhältnis zu Gott keiner menschlichen Vermittlungsinstanz, keiner menschlichen Autorität. Es gibt daher kein Priestertum im Islam.[12] Der Gläubige ist unmittelbar zu Gott. Darüber hinaus ist das islamische Dogma so einfach, dass es keiner speziellen Erläuterungen bedarf. Andererseits gibt es dennoch aus rituellen Gründen die Notwendigkeit der Gemeindebildung. Islam ist, um das bekannte Diktum von Josef van Ess zu wiederholen, eher Orthopraxie denn Orthodoxie. Muslime sollen sich also am Freitagmittag zum Gemeinschaftsgebet treffen.[13] Die für das Pflichtgebet vorgeschriebene rituelle Reinheit lässt sich ebenfalls leichter im Rahmen einer Gemeinschaft von Muslimen praktizieren.[14] Zu den regelmäßigen religiösen Pflichten der Muslime gehört die des Almosens, die sie nach den Traditionen des islamischen Rechts zunächst den Bedürftigen ihrer eigenen Glaubensgemeinschaft zukommen lassen sollen.[15] Für das Freitagsgebet bedarf es einer Moschee oder eines Betraums, der zwar nur wenige rituell erforderliche Voraussetzungen aufweisen muss.[16] Der Betplatz muss jedoch sauber sein, und es sind regelmäßige Aktivitäten zum Unterhalt notwendig. In der islamischen Welt werden die entstehenden Kosten für die Unterhaltung der Moscheen durch ‚fromme Stiftungen' oder durch staatliche Stellen sichergestellt.[17] Beides fehlt natürlich unter deutschen Verhältnissen. Da kaum ein einzelner Muslim in der Lage war, die Kosten und das Risiko des Unterhalts einer Moschee zu tragen, waren es ‚eingetragene Vereine', in denen sich Muslime in Deutschland organisierten. Recht schnell bemühten sich diese Organisationen auch um Anerkennung als ‚gemeinnützige Ver-

---

12 Dass sich im Lauf der islamischen Religionsgeschichte mit der Gruppe der ‚Ulama' ein religiöses Spezialistentum entwickelt hat, steht dazu nicht im Gegensatz; s. dazu vor allem die Einleitung in: Nikkie Keddie (Ed.): Scholars Saints and Sufis: Muslim Religious Institutions in the Middle East since 1500, Berkeley 1972.

13 S. dazu den immer noch lesenswerten Aufsatz von S. D. Goitein: Le culte du Vendredi Musulman; son arriere-plan social et économique, in: Annales 1958, S. 488–500.

14 S. dazu: G.-H. Bousquet: La pureté rituelle en Islam, in: RHR 138 (1950), S. 53–71; A.K. Reinhard: Impurity no daner, in: History of religions 30 (1990), S. 1–24.

15 Wahba al-Zuhaili: al-Fiqh al-islami wa-adilatuhi, Damaskus 1989, S. 728–899.

16 Zur Rolle der Freitagsmoschee im gesellschaftlichen Kontext der islamischen Stadt s. B. Johannsen: The All-Embracing Towns and its Mosques, in: Revue de l'Occident Musulman et de la Méditerranée 32 (1981), S. 139–161.

17 al-Zuhaili (wie Anm. 15), Bd. 1, S. 392-402, Bd. 8, S. 159–164.

eine', um die mit diesem Status verbundenen steuerlichen Vorteile für ihre Mitglieder zu ermöglichen. Die Gemeindestruktur der lokalen islamischen Gemeinden war also abhängig von den Vorschriften des deutschen Vereinsrechts. Dies brachte einerseits ein gewisses Maß an organisatorischen Notwendigkeiten für die muslimischen Gemeinden mit sich und damit eine Anpassung an die organisatorischen Gegebenheiten im Bundesgebiet. Zugleich bargen die Vorgaben des deutschen Vereinsrechts aber auch den Kern zu zahlreichen Fragmentierungen innerhalb des Islams in Deutschland. In der islamischen Welt sind alle Muslime gewissermaßen Mitglied der Moscheegemeinde, in der sie sich gerade aufhalten, unabhängig davon, ob sie in dem entsprechenden Stadtviertel oder Dorf wohnen oder nicht. Konkrete Verpflichtungen gegenüber der entsprechenden Gemeinde entstehen auf diese Weise natürlich nicht. Es fehlen auch irgendwelche Kontrollmechanismen der einzelnen Gemeindemitglieder im Bezug auf die Aktivitäten der Gemeinde und im engeren Sinne der Gemeinde gegenüber den einzelnen Mitgliedern. Natürlich gibt es Regeln, wie man zum Gebet zu erscheinen hat. Falls man sich an diese nicht hält, wird man vom Gebet und damit von der Gemeinde ausgeschlossen. Ist der Fehler behoben, ist die Mitgliedschaft wieder möglich. Die islamische Gemeinde konstituiert sich also bei jedem rituellen Akt neu.

Wenn sich eine muslimische Gemeinde in Deutschland nach dem Vereinsrecht etabliert, muss sie u. a. einen Vorstand wählen, über die Höhe der Vereinsbeiträge befinden und den Vereinszweck definieren. Dies hat in verschiedenen Fällen zu Konflikten geführt, die vor allem dann gravierender wurden, wenn der Verein schon die verschiedenen juristischen Hürden für die Eintragung ins Vereinsregister genommen hatte. Es gibt bisher keine Untersuchungen über die Art der Konflikte. Zu vermuten ist, dass es sich hier weniger um dogmatische Fragen handelte als vielmehr um persönliche Eitelkeiten, politische Präferenzen oder praktische Fragen der Organisation der jeweiligen Vereine. Neben diesen weniger gravierenden Fragmentierungslinien gibt es auch einige grundsätzliche, die zu überwinden, sicherlich einige Generationen dauern wird. Zu nennen ist hier an erster Stelle natürlich die nationale. Die Mehrzahl der großen und auch der vielen kleinen islamischen Organisationen werden von aus der Türkei stammenden Mitgliedern getragen, was bei einem Anteil von 60 Prozent von Muslimen, die aus der Türkei stammen, nicht überrascht. Diese türkischen Muslime sind allein in drei Großorganisationen organisiert, deren Beziehungen zueinander nicht nur von brüderlicher Liebe gekennzeichnet sind. Im Einzelnen handelt es sich um die von türkischen staatlichen Stellen dominierte DITIB (Diyanet Isleri Türk Islam Birligi = Türkische Union der Anstalt für Religion), die der Fazilet-Partei nahestehende AMGT (Avrupa Milli Görüs Teskilatlari), die die straffste Organisationsform aufweist und über gute juristische Unterstützung verfügt, und schließlich der VIKZ (Verein der islamischen Kulturzentren), die starke intellektuelle Aktivitäten entwickeln (z.B. die Islamische Akademie Islah in Köln). Kontakte dieser türkischen Organisationen zu arabischen oder bosnischen Moscheegemeinden sind kaum ausgeprägt. Die Moscheevereine konstituierten sich vor allem entlang nationaler und/oder ethnischer Grenzen. Die Zahl der entsprechenden ‚türkischen' Einrichtungen war gemäß der konstatierten Mehrheit innerhalb der in Deutschland lebenden Muslime nicht weiter überraschend. Doch gab es auch jeweils arabische oder bosnische Moscheen. Die überwiegende Zahl waren sunnitisch geprägte Vereine, die Zahl der schiitischen Moscheen ist dagegen sehr gering.

Neben der nationalen Grenze gab und gibt es auch politische. Dies hängt wiederum mit der durch das Grundgesetz verbürgten Glaubens- und Religionsfreiheit in Deutschland zusammen. Seit den frühen siebziger Jahren entstanden Moscheegemeinden, die von religiösen und/ oder politischen Organisationen und Parteien gegründet wurden, die in den entsprechenden Herkunftsländern auf Grund der entsprechenden staatlichen Kontroll- und Zwangsmaßnahmen keine Möglichkeiten hatten, sich in ihrem Sinne zu betätigen. Hier sind an erster Stelle natürlich wiederum die verschiedenen türkischen Gruppen zu nennen, aber auch die übernational operierende Gruppe der Muslimbrüder. All diese Gruppen zeichnen sich durch starke Missionsbemühungen aus, die sich jedoch ausschließlich auf die türkische oder islamische Bevölkerung in Deutschland richtete. Missionsaktivitäten gegenüber der deutschen Bevölkerung sind bisher nicht bekannt geworden. Dies führte wiederum dazu, dass sich die staatlichen Stellen für religiöse Angelegenheiten in der Türkei veranlasst sahen, Konkurrenzorganisationen zu diesen in der Türkei verbotenen Gruppen in Deutschland aufzubauen. Diese Eindämmungsversuche vor allem zu Ende der siebziger Jahre waren recht erfolgreich. Schnell konnten aus der Türkei entsandte Imame eigene Moscheen errichten oder die oppositionellen Vereinigungen aus deren Moscheen vertreiben, indem sie auslaufende Mietverträge übernahmen, vor allem aber indem sie eine konsequente religiöse Propaganda gegen die Oppositionsgruppen betrieben. Sie wurden dabei von den jeweils zuständigen Religionsattachés bei den türkischen Konsulaten und Generalkonsulaten finanziell und technisch unterstützt. Die politischen Veränderungen in der Türkei seit den achtziger Jahren führten dazu, dass die Spannungen zwischen dem offiziellen türkischen Islam in Deutschland und den selbständigen Gruppen abgebaut wurden.[18] Gegenwärtig kann man ein distanziert freundliches Nebeneinander oder besser noch, eine Art von bewusster, aber nicht feindseliger Konkurrenz feststellen. Die wichtigsten Organisationen neben der staatlichen türkischen Organisation sind die Islamische Gemeinschaft Milli Görüsh (Nationale Sicht) und die Vereinigung islamischer Kulturzentren.

Es ist hier nicht der Platz und die Zeit auf die verschiedenen Gruppen und ihre inhaltlichen und formalen Unterschiede einzugehen.[19] Die Probleme, die sie mit der deutschen Umgebung haben, sind nahezu identisch. Es geht in der Regel um die beiden folgenden Fragen: Islamischer Religionsunterricht an staatlichen Schulen[20] und die Frage der Bereitstellung von Gräberfeldern für Muslime.[21] Beide Themen werden von dem Bemühen islamischer Organisationen um Anerkennung als Körperschaften des öffentlichen Rechts vergleichbar den christlichen Kirchen und der jüdischen Gemeinschaft in Deutschland geprägt. Ohne auf die juristischen Einzelheiten einzugehen, kann hier festgehalten werden, dass drei Bedingungen für die Anerkennung gesetzlich festgelegt werden. An erster Stelle steht die Größe der

---

[18] H. Thomä-Venske: The Religious Life of Muslims in Berlin, in: T. Gerholm u. Y. Lithman (Ed.): The New Islamic Presence in Western Europe, London 1988, S. 78–87, hier S. 80–83.

[19] S. dazu Th. Lemmen: Türkisch-islamische Organisationen in Deutschland. Eine Handreichung, Altenberge 1998; N. Feindt-Riggers: Islamische Organisationen in Deutschland. Eine aktuelle Bestandsaufnahme und Analyse, Hamburg 1997.

[20] S. dazu das Folgende.

[21] Zu den vielfältigen Aspekten dieses Komplexes s. Gerhard Höpp und Gerdien Jonker (Ed.): In fremder Erde. Zur Geschichte und Gegenwart der islamischen Bestattung in Deutschland, Berlin 1996 (Arbeitshefte Nr. 11 des Zentrum Moderner Orient).

Gemeinschaft in Deutschland. Diese Bedingung erfüllen die Muslime ohne jeden Zweifel. Ferner muss die Gemeinschaft die Gewissheit bieten, auf absehbare Zeit in Deutschland präsent zu sein. Es steht außer Zweifel, dass der Islam sich auf Dauer in Deutschland etabliert hat. Schließlich verlangen die Vorschriften eine Organisationsstruktur der religiösen Gemeinschaft, die eindeutige Ansprechpartner für die allfälligen Verhandlungen mit den entsprechenden staatlichen Stellen verlangen.[22] In dieser Frage standen sich die verschiedenen islamischen Organisationen bei der Beurteilung ihrer Anerkennung als Körperschaften öffentlichen Rechts oft gegenseitig im Weg. Sie erklärten, der sunnitischen Form des Islams anzugehören; dies wurde von der deutschen Seite als analog zu einer der christlichen Konfessionen betrachtet. Immer wieder machten sich auch islamische Großorganisationen wie der Zentralrat der Muslime in Deutschland, der Islamrat für die Bundesrepublik Deutschland und der Verband islamischer Kulturzentren gegenseitig das Recht für alle sunnitischen Muslime streitig. Inzwischen hat sich zwar der VIKZ dem Zentralrat angeschlossen. Doch bis zu einer Vereinigung mit dem Islamrat ist es sicherlich noch ein weiter Weg.[23] Mit dem Hinweis auf die mangelnde Einigkeit der beiden Gruppen und der fehlenden zweifelsfreien Vertretung der sunnitischen Muslime nach außen wurden Anträge auf Anerkennung als Körperschaft öffentlichen Rechts immer wieder abgelehnt.

Die muslimischen Reaktionen auf diese Situation ließen sich zunächst auf zwei Positionen reduzieren. Einige Muslime, die sufistischen Formen des Islams nahe stehen, forderten, auf die Anerkennung zu verzichten und sich mit der Form des eingetragenen Vereins zufrieden zu geben. Dabei argumentierten sie, dass die Etablierung einer den Kirchen vergleichbaren Autoritätsstruktur nur aufgesetzt sein könne und daher dem Wesen des Islams nicht entspreche. Sie würde eine ‚unstatthafte Neuerung' darstellen, gegen die sich zahlreiche

---

22 Zur rechtlichen Frage s. W. Loschelder: Der Islam und die religionsrechtliche Ordnung des Grundgesetzes, in: H. Marré u. J. Stüting (Hg.): Der Islam in der Bundesrepublik Deutschland (Essener Gespräche zum Thema Staat und Kirche, Bd. 20), Münster 1986, S. 149–173.

23 Über die islamischen Großorganisationen in Deutschland s. T. Lemmen: Muslimische Spitzenorganisationen in Deutschland: Der Islamrat und der Zentralrat, in: Orient (Hamburg) (im Druck).

Muslime zu Recht wenden würden.[24] Die andere Gruppe setzte dagegen ihre Bemühung um die Anerkennung unverdrossen fort. In welcher Form dies geschah, ließ sich im Zusammenhang mit dem kürzlich erlassenen Urteil des Oberverwaltungsgerichts Berlin zur Frage des islamischen Religionsunterrichts in staatlichen Schulen dokumentieren. Die Islamische Föderation Berlin e.V., eine Organisation, die von Kennern als ‚Landesverband' der ‚Islamischen Gemeinschaft Milli Görüs' bezeichnet wird, hatte mehrfach den Antrag gestellt, ihr die Möglichkeit zur Durchführung von islamischem Religionsunterricht an Berliner staatlichen Schulen zu gewähren. Das seit den achtziger Jahren laufende Verfahren drehte sich immer wieder um die Frage, ob die Islamische Föderation eine religiöse Gemeinschaft sei oder nicht. Das Oberverwaltungsgericht Berlin beschied mit Urteil vom 4. November 1998, die Föderation sei eine religiöse Gemeinschaft und in der Lage, vor allem aber auch berechtigt, wie andere Religionsgemeinschaften, an staatlichen Schulen Religionsunterricht durchzuführen. Die in diesem Verfahren beklagte Schulverwaltung ist gegen dieses Urteil in Revision gegangen bzw. hat gegen die Nichtzulassung der Revision Nichtzulassungsbeschwerde eingelegt. Daher handelt es sich immer noch um ein schwebendes Verfahren.

Eine mit dem Thema mittelbar zusammenhängende Frage wurde in dem Verfahren vor dem OVG jedoch auf bemerkenswerte Weise beantwortet. Auf Nachfrage des Senats beschrieb die Klägerin die Struktur der Islamischen Föderation. Sie führte aus, dass die Organe der Föderation aus der Repräsentantenversammlung, dem Vorstand, dem Obersten Religiösen Rat und dem Beirat bestehen. In § 8a der Satzung heißt es dann: „Der Vorstand besteht aus vier Mitgliedern, dem Vorsitzenden (Imam), dem Vizepräsidenten, dem Vorsitzenden des Verwaltungsrats und dem Geschäftsführer, der zugleich auch Finanzverwalter ist." Zu der Funktion und den Aufgaben des Vorstands, vor allem aber zu denen des Vorsitzenden werden in der Satzung keine weiteren Angaben oder Erläuterungen gemacht. Der Oberste Religiöse Rat wird nach § 9a der Satzung vom Vorsitzenden der Föderation einberufen und geleitet. „Die Mitglieder des obersten religiösen Rats werden vom

[24] Ayyub Köhler: Denkschrift zur Körperschaft des öffentlichen Rechts für islamische Religionsgemeinschaften. Eine islamische Amtskirche?, in: Islam hier und heute 1 (1997), S. 3–26.

Imam der islamischen Föderation ernannt. Mitglied des Rates kann nur ein Muslim werden, der eine abgeschlossene islamisch-theologische Hochschulbildung hat. Der oberste religiöse Rat berät den Imam in allen wichtigen Fragen. In wichtigen religiösen Fragen sollen sie eine mit Quellenangaben begründete religiöse Entscheidung fällen." Durch die Bestimmung, dass der Vorsitzende der Föderation den Rat einberuft und ihm vorsitzt, vor allem aber dadurch, dass er die Mitglieder ernennt, wird seine besondere satzungsmäßige Autorität unterstrichen.

Diese wird noch deutlicher, wenn die weiteren Erläuterungen der Klägerin auf Fragen des Senats hinzugezogen werden. In einem Schreiben des Vertreters der Klägerin an das Oberverwaltungsgericht Berlin vom 29. 1. 1997 heißt es: „Der Imam ist Religionslehrer. Seine Aufgabe ist im Koran nicht definiert. Seine Aufgabenstellung ergibt sich aus der bisherigen Übung in den einzelnen Religionskreisen. Seit dem Jahre 1980 wird der Religionsunterricht durch die Religionslehrer von dem Kläger an die Religionslehrer geregelt. Die Weisungen werden erteilt durch den Präsidenten (gemeint ist wohl der in der Satzung genannte Vorsitzende) der islamischen Föderation." Noch deutlicher wird die Postion des Vorsitzenden durch ein Schreiben desselben Anwalts vom 18. 7. 1997. Dort heißt es: „In den jeweiligen islamischen Gemeinden ist religiöse Autorität (vorhanden). Der Imam versucht, die religiösen Bedürfnisse der Mitglieder zu befriedigen. Die Klägerin führt monatliche und darüber hinaus Sitzungen des islamischen religiösen Rats durch. Diesem Rat gehören die Imame der Gemeinden an und erörtern die religiösen Belange anhand von Koran und Sunna in islamischer Schura (Beratung). Der Imam der Klägerin hört alle Meinungen zu dem Thema oder einer Streitfrage und entscheidet dann allein für den Berliner Bereich. Er kann seine Meinung der Mehrheitsmeinung anpassen, aber er hat auch die Autorität, die Meinung der Minderheit zu akzeptieren. Die Entscheidung des Vorsitzenden der Klägerin ist vor (sic) Gemeinden und somit für alle Mitglieder der Klägerin verbindlich. Diese Entscheidung mitzutragen (,) ist dann für alle Mitglieder, auch für die, die nicht der gleichen Meinung waren, religiöse Pflicht."

Es geht in unserem Zusammenhang nicht um die Frage, ob die geschilderte Situation der religiösen Autorität in der islamischen Föderation in Berlin mit den religiösen Ordnungsvorstellungen einer

Mehrheit von Muslimen in der islamischen Welt oder auch nur in Deutschland in Übereinstimmung ist oder gebracht werden kann. Hier sind zumindest einige Zweifel angebracht; denn was geschieht in dem Fall, dass ein Mitglied der Föderation die vom Imam-Vorsitzenden getroffenen Entscheidungen nicht mittragen und sie nicht befolgen will, vor allem dann, wenn er für seine abweichende Haltung ebenfalls gute Gründe beibringen kann. Er kann dann die Föderation verlassen oder aus ihr ausgeschlossen werden. Er bleibt aber weiterhin, und in dieser Frage wird kein Muslim widersprechen, sunnitischer Muslim. Interessant ist in diesem Zusammenhang eine andere Beobachtung. Die islamische Föderation in Berlin hat sich hinsichtlich der Frage der Vertretung der Mitglieder in religiösen und ethischen Fragen nach außen organisatorisch bewegt zu einer Haltung, die es den Behörden in Zukunft schwerer machen wird, mit Argumenten wie dem des Fehlens von kompetenten Ansprechpartnern die Anerkennung als Körperschaft des öffentlichen Rechts abzulehnen.

Natürlich bleibt abzuwarten, ob sich die Darstellung der Rolle des Imam-Vorsitzenden der Föderation in der weiteren Praxis der Gemeinschaft bestätigt oder ob es sich eher um eine aus der Verfahrenssituation herrührende taktisch motivierte Interpretation der Verhältnisse handelt. Dennoch ist nicht auszuschließen, dass die islamische Föderation einen wichtigen Schritt in eine den deutschen Verhältnissen angepasste Form ihrer religiösen Organisation getan hat, der zumindest für einen Teil der anderen islamischen Organisationen in Deutschland nicht ohne Konsequenzen bleiben wird.

Der islamische Religionsunterricht selbst stellt sich ebenfalls nicht ohne Probleme dar. In der islamischen Welt besteht er traditionell aus der Vermittlung von religiösen Grundtatsachen auf der Basis des Korans. Dabei wird der Text des Heiligen Buches der Muslime von den Schülern auswendig gelernt. Da das Arabisch des Korans auch für Araber nicht einfach ist, wird das Memorieren durch festgelegte Erklärungen der einzelnen Worte und Begriffe und durch auf den Text bezogene grammatikalische Regeln ergänzt. Dabei bedeutet das Auswendiglernen für die Muslime nicht nur die Fähigkeit, den Text korrekt wiederzugeben. Das Memorieren bedeutet ja auch, dass man den göttlichen Text im wörtlichen Sinn in sich aufnimmt. Es hat damit eine tiefe religiöse Bedeutung. Diese traditionelle Form der Wissensvermittlung ist in einem deutschen pädagogischen Kontext inzwischen ungewöhnlich. Da die ersten in der Bundesrepublik eingerichteten Koranschulen, denen es zudem zunächst häufig an qualifiziertem Personal mangelte, nach dieser traditionellen Methode vorgingen, zogen sie die Kritik von Lehrerverbänden und den Sprechern nichtreligiöser Migrantenvertretungen auf sich. Vertreter muslimischer Organisationen in Deutschland bestehen aber auch gegen den Widerstand mancher in einem deutschen pädagogischen System ausgebildeter muslimischer Lehrerinnen und Lehrer weiterhin auf dem Memorieren. Allerdings ist allen Beteiligten klar, dass das Memorieren als Form der religiösen Unterweisung in einem deutschen Kontext für die muslimischen Kinder nicht ausreicht. Seit den achtziger Jahren wird in Nordrhein-Westfalen am Landesinstitut für Curricular-Forschung ein zweisprachiges, deutsch-türkisches Unterrichtswerk für den islamischen Religionsunterricht erarbeitet, das auf die speziellen Bedürfnisse der in Deutschland lebenden muslimischen Schüler eingerichtet ist. Es wird zur Zeit an verschiedenen Schulen in Nordrhein-Westfalen erprobt. Vor allem von islamischer Seite wurde an diesem Versuch Kritik geübt. Es haben sich andere muslimische Organisationen gefunden, die ihrerseits Vorschläge für den Unterricht ausgearbeitet haben. Die unter den Muslimen in Deutschland vorhandenen Segmentierungen werden vor allem hier deutlich.

Während sich im Bereich des Religionsunterrichts noch keine einheitlichen oder eindeutigen Tendenzen ablesen lassen, stellt sich die Situation hinsichtlich der Bestattungen schon etwas klarer dar. Nach islamischem Recht und der kulturellen Praxis sollte ein Verstorbener innerhalb von 24 Stunden bestattet werden. Der Leichnam wird der Erde ohne Sarg übergeben. Der Tote wird so gebettet, dass er mit dem Gesicht nach Mekka gewandt ist. Die Totenruhe sollte dann bis zum Tag des Jüngsten Gerichts nicht mehr gestört werden. Feuerbestattungen werden vom islamischen Recht nicht gestattet. Bei Beginn der Arbeitsmigration von Muslimen nach Deutschland wurde die Problematik der Bestattungen von niemandem, weder Muslimen noch deutschen Behörden, gesehen. Die Zahl der Todesfälle war so gering, dass sich die Frage nicht stellte. Offenbar war auch das Bewusstsein der Angehörigen im Bezug auf die korrekte Form der islamischen Bestattung noch nicht besonders ausgeprägt. Das hat sich seit dem Beginn der neunziger Jahre geändert. Inzwischen hat die erste Generation der Arbeitsmigranten das Rentenalter erreicht und damit nimmt auch die

Zahl der Todesfälle zu. Zeitgleich entstanden eine Reihe von Konflikten in Fällen, in denen verstorbene Muslime vor ein oder zwei Jahrzehnten auf deutschen Friedhöfen bestattet worden waren. Die Gräber wurden nach den entsprechenden Fristen zum erschreckten Erstaunen der Verwandten der Toten neu belegt. Nun erst wurden allen Seiten die speziellen Probleme bewusst.

Schon das Sterben selbst vollzieht sich in Deutschland anders als in den Herkunftsländern. In der Mehrzahl der Fälle tritt der Tod nicht zu Hause, sondern in einem Krankenhaus ein. Der Sterbende wird von den Angehörigen nur in wenigen Fällen begleitet. Die Tatsache, dass eine Verabschiedung nicht möglich ist, wird von vielen Muslimen als besonders schmerzlich empfunden. Zu den mit dem Sterben verbundenen Ritualen gehört, dass Verwandte und Freunde den Sterbenden besuchen, um seine Vergebung für ihre Verfehlungen ihm gegenüber zu erbitten und ihm ihrerseits zu verzeihen. Dieser Strom von Besuchern wird vom Krankenhauspersonal kritisch gesehen, da er aus ihrer Sicht eine Belastung für den Patienten darstellt. Traditionelle, häufig lautstarke Trauerkundgebungen[25] nach dem Eintritt des Todes werden mit Rücksicht auf andere Patienten durch die krankenhausinternen Regelungen stark eingeschränkt. Die in manchen islamischen Kulturen üblichen Trauerlieder dürfen nur leise gesungen werden. All dies ist für viele Muslime nur schwer verständlich. Lange Zeit war es üblich, dass die Toten mit dem Flugzeug in die Herkunftsländer der Migranten gebracht und dort bestattet wurden. Damit ergaben sich kaum Konflikte, wenn man von der Tatsache absieht, dass die 24-Stunden-Frist kaum eingehalten werden konnte. Dies wurde jedoch nicht als schwerwiegend angesehen. Der Vorteil war im übrigen ohne Zweifel, dass die Gräber von den in der Heimat lebenden Verwandten gepflegt werden konnten. Inzwischen lebt jedoch die dritte und vierte Migrantengeneration in Deutschland, und die Kontakte zur Herkunftsregion der Groß- oder Urgroßeltern sind schwächer geworden. In manchen Fällen leben dort auch keine Verwandten mehr. Damit ist ein Haupt-

[25] Hier herrschen häufig Missverständnisse. Die lauten Klagen bei Todesfällen werden von den islamischen Rechtsgelehrten scharf kritisiert, weil sie sie als Zeichen dafür ansehen, dass die Trauernden nicht an die Auferstehung glauben. Allerdings sind die wahrscheinlich älteren Traditionen der lautstarken Schmerzausbrüche bisher kaum einzudämmen.

grund für den Transfer der Toten weggefallen. Also entsteht die Notwendigkeit, die Bestattungen in Deutschland durchzuführen. Daher mussten Regelungen für die muslimische Bevölkerung auch in dieser Frage getroffen werden.

Inzwischen konnten einige der Konflikte zwischen den deutschen Friedhofsordnungen und der islamischen Bestattungspraxis gelöst werden. So wurden auf verschiedenen Friedhofsanlagen spezielle Gräberfelder für Muslime angelegt, die nach deren rituellen Bedürfnissen ausgerichtet werden. Schwieriger war die islamische Vorschrift, die Toten ohne Sarg beizusetzen, zu erfüllen. Dabei haben sich auch kontroverse Diskussionen innerhalb der islamischen Gemeinden entwickelt. So ergaben sich Positionen, nach denen gegen die Sargbeisetzung nichts einzuwenden sei, wenn die Totenruhe dadurch gesichert sei. In Kooperation mit islamischen Rechtsgelehrten haben sich verschiedene Friedhofsverwaltungen in mehreren Fällen inzwischen zu der folgenden Praxis verständigt: Die muslimischen Toten werden in einem Sarg bestattet, der teilweise mit Erde angefüllt ist. Problematisch bleibt die in Deutschland übliche Begrenzung der Nutzung von Grabstellen auf 15 bis 20 Jahre. Muslime sehen diese Begrenzung vielfach als eine Störung der Totenruhe an. Große muslimische Dachorganisationen werben damit, dass sie Friedhöfe einrichten wollen, in denen die Grabstellen auf Dauer erworben werden. Es hat sich allerdings herausgestellt, dass diese Pläne nicht zu realisieren sind, da der notwendige Raum in Deutschland einfach nicht zur Verfügung steht bzw. Kosten entstünden, die von den Organisationen auf Dauer nicht zu tragen sind. Dieses Problem kann nur unter Bezugnahme auf die Praxis in islamischen Ländern oder großen islamischen Gemeinschaften gelöst werden. Dabei ist festzustellen, dass in islamischen Ländern, deren Bevölkerungsdichte nur gering ist, die dauerhafte Grabesruhe selbstverständlich ist. In dicht besiedelten Regionen hat sich dagegen die Praxis eingebürgert, Gräber schon nach relativ kurzer Zeit wieder neu zu belegen. So wird von muslimischen Gemeinden in Indien berichtet, dass dort die Grabstätten schon nach zwei Jahren wieder belegt werden. Die Praxis der unbegrenzten Grabesruhe wird von muslimischen Religionsgelehrten in Indien als eine regionale Besonderheit anderer Staaten betrachtet, die nichts mit den zentralen Vorstellungen des Islams zu tun habe. Es ist damit zu rechnen, dass die großen muslimischen Dachorganisationen nach längeren Diskussionen zu einer ähnlichen Bewertung dieser Frage kommen werden.[26]

Eine zentrale Sorge der muslimischen Dachorganisationen betrifft weniger die rituellen oder organisatorischen Probleme der Muslime, sondern die in Deutschland vorherrschende Säkularisierung. Sie befürchten, dass auch bei den jungen Generationen der Muslime die Bindung an den Islam als religiöse Überzeugung mehr und mehr nachlassen wird. Manche besonders heftigen Reaktionen der Sprecher der muslimischen Gemeinden auf zivilisatorische Praktiken und Verhaltensweisen der deutschen Mehrheitsbevölkerung müssen vor diesem Hintergrund gesehen werden. Wie weit diese Sorgen berechtigt sind, ist nur schwer zu beurteilen.

Die gegenwärtige Situation vor allem der jungen Musliminnen und Muslime kann mit dem aus dem Französischen stammenden Begriff der ‚Bricolage' (Bastelei) beschrieben werden. Dabei handelt es sich um die Beschreibung eines kulturgeschichtlichen Vorgangs, bei dem aus verschiedenen Kulturen oder verschiedenen Erscheinungen einer Kultur etwas Neues zusammengebastelt wird, ohne auf ältere Normen oder etablierte Vorschriften zu achten. Das neue Phänomen zeichnet sich durch seine Praktikabilität aus, aber auch durch seine fehlende Allgemeinverbindlichkeit.

Als Beispiel sei eine Beobachtung aus Berlin-Kreuzberg beschrieben. Dort sieht man an einem Werktagmorgen einige junge Frauen von etwa Anfang Zwanzig, die durch das Kopftuch als Musliminnen zu identifizieren sind. Nationale Identitäten lassen sich nicht feststellen, da sie sich auf Deutsch mit Berliner Akzent unterhalten. Alle diese jungen Frauen sind modisch gekleidet und haben Gesichts-Make-up angelegt und die Fingernägel sorgfältig lackiert. Alle tragen dunkelfarbige Hosen in aktuellem Schnitt oder knöchellange, schmal geschnittene Kleider. An den Füßen tragen sie modische Schuhe, entweder hochhackig oder mit Plateau-Sohlen. Die jungen Frauen verstehen sich als bewusste Musliminnen, für die das Kopftuch ein religiö-

---

[26] Gesa Kokkelink: Islamische Bestattung auf kommunalen Friedhöfen; Yasemin Karakasoglu: Die Bestattung von Muslimen in der Bundesrepublik Deutschland aus der Sicht türkisch-islamischer Organisationen, beides in: Gerhard Höpp/Gerdien Jonker (Hg.): In fremder Erde. Zur Geschichte und Gegenwart der islamischen Bestattung in Deutschland, Berlin 1996.

ses Identitätsmerkmal ist, auf das sie nicht verzichten wollen. Doch die übrige Kleidung würde in einer Reihe von islamischen Ländern als nicht mit den islamischen Kleidungsvorschriften übereinstimmend betrachtet werden. Frauen sollten danach grundsätzlich keine Hosen tragen (Männer übrigens auch nicht), unabhängig davon wie eng diese geschnitten wären. Die langen Kleider sind eher akzeptabel, obwohl auch in diesem Fall gegen den Schnitt Einwände erhoben werden könnten. Völlig unislamisch ist das Schuhwerk. Plateau-Sohlen oder hochhackige Schuhe wären für fromme Muslime nicht akzeptabel. Gleiches gilt im Grunde auch für das Make-up, obwohl in dieser Hinsicht auch in der islamischen Welt die Regeln weniger streng eingehalten werden. Begründet wird eine strenge Haltung in Fragen der äußeren Erscheinung von Muslimen, Männern wie Frauen, zunächst damit, dass Menschen, in der Form, in der sie existieren, so sind, wie Gott sie wollte. Veränderungen der äußeren Erscheinung durch allerlei Hilfsmittel sind also eine Kritik an Gottes Werk. Die jungen Berlinerinnen nehmen solche Einschätzungen nicht zur Kenntnis und basteln sich ihre islamischen Regeln selbst zusammen. Wir haben es hier mit einer Bricolage im Bereich der Kleidung zu tun.

Ein anderes Beispiel aus dem Bereich der Alltagskultur bezieht sich auf den Nahrungskonsum. Es ist auffällig, dass viele praktizierende junge Musliminnen in Deutschland mehr oder weniger strenge Vegetarierinnen sind. Nun kennt der Islam eine Reihe von Nahrungstabus. In der kulinarischen Praxis islamischer Gesellschaften stehen nicht zuletzt aus Kostengründen vegetarische Gerichte auch deutlich im Vordergrund. Dies hat sich in Deutschland noch dadurch verstärkt, dass das islamische Recht strenge Vorschriften hinsichtlich der rituellen Reinheit von Fleisch erhebt, die in der nicht-islamischen Welt nicht ohne weiteres erfüllt werden können.[27] Auch hier spielt u. a. die Kostenfrage eine Rolle.[28] Wenn junge Musliminnen sich nun als Vege-

---

[27] Zur Frage von Nahrungstabus im Islam s. P. Heine: Kulinarische Studien. Untersuchungen zur Kochkunst im arabisch-islamischen Mittelalter, Wiesbaden 1988, S. 61–64; ders.: Middle Eastern Food. The Anthropologist's Perspective, in: Manuela Marín u. David Waines (Ed.): La Alimentación en las Culturas Islámica, Madrid 1994, S. 159–168.

[28] P. Steinberger: Wenn der Imam zum Fleischstempel greift, in: Süddeutsche Zeitung v. 9./10. 2. 1997, S. 9; s. a. Urteil des Bayrischen Verwaltungsgerichts AZ: M 22 K 94. 564.

tarierinnen zu erkennen geben, so kann man auch hier die Kombination von verschiedenen Vorstellungen konstatieren. Vegetarismus ist ein Phänomen, das sich in Deutschland unter zahlreichen jungen Frauen mit bürgerlichem Hintergrund, einem hohen Bildungsstandard und deutlich entwickeltem sozialem Bewusstsein findet. Für junge Musliminnen bedeutet Vegetarismus damit eine Akkulturation an die entsprechende deutsche Bevölkerungsgruppe, wird aber zugleich erklärt als eine besonders konsequente Erfüllung von Vorschriften des islamischen Rechts.

Man wird auch weiteren Bereichen des Verhaltens von in Deutschland lebenden Muslimen im religiösen, ethischen, sozialen oder politischen Bereich mit dem Konzept der ‚Bricolage' am ehesten gerecht werden können, handelt es sich doch um eine intelligente Form der flexiblen Bewältigung einer erzwungenen Anpassung an eine fremde Umwelt. Sie ermöglicht die Bewahrung der besonderen persönlichen kulturellen Identität und hält sich den Zugang zur Mehrheitskultur offen. Sie bietet auch dieser Mehrheitskultur die Möglichkeit der Wiedererkennung eigener Konzepte und Vorstellungen und erschwert den Zugang zu der anderen Kultur nicht zu sehr.

Die Probleme, denen sich Muslime in Deutschland oder Frankreich gegenüber sehen, finden sich grundsätzlich auch in anderen europäischen Ländern. Unterschiede finden sich infolge der verschiedenartigen religionsrechtlichen Tatbestände in den einzelnen europäischen Staaten. So gehörte z.B. in Dänemark die standesamtliche Erfassung von Neugeborenen zu den Aufgaben der Pfarrer der dänischen Staatskirche. Diese hatten auch darauf zu achten, dass die angemeldeten Kinder einen typisch dänischen Namen erhielten. Da muslimische Namen von den Pfarrern häufig nicht als dänische Namen akzeptiert werden konnten, kam es hier zu besonderen, nur in Dänemark auftretenden Konflikten. Inzwischen hat sich durch eine Verwaltungsreform dieses spezielle Problem erledigt. In Österreich war der Islam infolge entsprechender Regelungen aus der Zeit der Donaumonarchie von Anfang an als offizielle Religion anerkannt, so dass Probleme wie das des Religionsunterrichts nicht auftreten konnten. Die Probleme einer einheitlichen Repräsentanz entstanden dennoch im Verlauf des Zuzugs immer größerer muslimischer Migrantengruppen. Dennoch sind vor allem die religiösen und ethischen Fragen und Konflikte für Muslime in einer nicht-islamischen Mehrheitsgesellschaft in Europa nahezu identisch. Man wird davon ausgehen können, dass sich mit einer Verstärkung der Integrationstendenzen im Rahmen der europäischen Einigung auch für die Muslime in Europa die Notwendigkeit ergeben wird, auf dieser übernationalen europäischen Ebene effektiv zusammenzuarbeiten. Zu rechnen ist mit der Etablierung eines europäischen islamischen Rates, der die Aufgabe haben sollte, ethische Regeln für das Leben in der Diaspora aufzustellen, die dann für alle in Europa lebenden Muslime akzeptabel sein könnten.

Der Islam in Nord- und Südamerika

Nur hin und wieder wird dem europäischen Beobachter bewusst, dass die islamische Diaspora sich nicht nur auf Staaten wie England, Frankreich oder Deutschland einschränken lässt. Man hört dann von einem argentinischen Staatspräsidenten, der ursprünglich aus der Levante stammt und vor seiner Übernahme des höchsten Amtes im Land vom Islam zum Christentum konvertiert ist, während andere Familienangehörige bei ihren Herkunftsreligionen geblieben sind. Auch die Namen einiger Persönlichkeiten des öffentlichen Lebens in Brasilien lassen auf einen offenbar islamischen Ursprung schließen. In Surinam spielen Muslime im wirtschaftlichen Leben eine einflussreiche Rolle, und auf Trinidad und Tobago ist es in der Mitte der achtziger Jahre zu einem Aufstand unter der muslimischen Bevölkerung der Inseln gekommen.

Die Lage des Islams in den verschiedenen lateinamerikanischen Staaten stellt sich im Übrigen recht unterschiedlich dar. Die Ursachen dafür liegen in der unterschiedlichen Herkunft der Muslime und in der Art und Weise, in der sie in die verschiedenen Staaten gelangten.[29] Seit den achtziger Jahren des 19. Jahrhunderts hatte es eine intensive Migrationsbewegung aus dem Gebiet des ‚Fruchtbaren Halbmonds', also dem heutigen Syrien und Libanon nach Lateinamerika gegeben. Die Migranten hatten in der Folgezeit den Kontakt in ihre Herkunftsregionen stets konsequent aufrechterhalten. In der Migration war sogar eine spezielle arabische Literatur entstanden, und Vorstellungen

[29] Wir gehen hier nicht auf die Tatsache ein, dass im Rahmen der spanischen Eroberung Mittel- und Südamerikas Muslime in die Neue Welt gelangten. Die bisher vorliegenden Daten reichen hier für verlässliche Aussagen noch nicht aus.

von einem arabischen Nationalismus hatten sich ebenfalls entwickelt, die sich auf die politische Situation im Nahen Osten auswirkten.

Vor allem zu Beginn des 17. Jahrhunderts waren im Rahmen der großen Sklaventransporte Muslime aus Westafrika nach Südamerika, vor allem nach Brasilien verbracht worden. Obwohl noch erheblicher Forschungsbedarf besteht, sind doch einige Tatsachen erkennbar. Bekannt ist, dass sich die Zahl der Muslime in den Staaten Bahia, Rio des Janeiro und San Luis do Marinon so vergrößerte, dass sie eine funktionierende religiöse Infrastruktur mit Moscheen und Schulen aufbauen konnten. Im Jahr 1835 unternahmen sie einen Aufstand, der von den herrschenden Kreisen jedoch blutig unterdrückt wurde. Nach dem Ende des Aufstandes, 1839, wurde das Bekenntnis zum Islam offiziell verboten. Dieses Verbot wurde erst mit der Einwanderung von Muslimen aus dem Nahen Osten um 1860 wieder aufgehoben. Die verhältnismäßig hohen Prozentzahlen des Anteils von Muslimen an der Gesamtbevölkerung von Surinam und den Inseln Trinidad und Tobago sind auf eine besondere Form der Arbeitsmigration zurückzuführen. Die Kolonialherren von Niederländisch-Guayana, dem nachmaligen Surinam, hatten muslimische Vertrags-Arbeitskräfte aus ihren südostasiatischen Besitzungen nach Lateinamerika gebracht, die sich hier auf Dauer ansiedelten. Ähnlich waren die Briten mit indischen Arbeitern verfahren, die sie in den Zuckerrohrplantagen der Karibik-Inseln einsetzten. Ein großer Teil von ihnen bekannte sich zum Islam. Diese Arbeitskräfte waren ursprünglich nur für eine begrenzte Zeit verpflichtet worden, konnten nach Ablauf ihrer Verträge aber teilweise nicht mehr in ihre Heimat zurückkehren. Einige unter diesen Migranten zogen später nach England weiter, wo sie den britischen Islam verstärkten und um eine besondere Variante bereicherten.[30]

Für die Gesamtentwicklung des Islams im 21. Jahrhundert ist die Existenz von Muslimen in Lateinamerika von einer gewissen Bedeutung. Man muss davon ausgehen, dass Wanderungsbewegungen auch in Zukunft Muslime weiterhin aus ihren Herkunftsregionen in die Diaspora führen werden. Die Zahlen dieser Migranten können sich be-

---

[30] M. Ali Kettani: Muslim Minorities in the World Today, London 1986; Luz M. Martinez Montiel (Hg.): Asiatic Migrations in Latin America, Mexico 1980; Robert Smith: Muslim East Indians in Trinidad: Retention of Ethnic Identity under acculturative Conditions, Ann Arbor 1963.

trächtlich erhöhen, wenn sich in Teilen der islamischen Welt politische oder ökonomische Bedingungen ergeben, die ihnen die Auswanderung als geboten erscheinen lassen. Dann stellen die Muslime in Südamerika auch eine Art von Netzwerk dar, auf die sich die Auswanderer beziehen können. Zugleich macht auch das Interesse von muslimischen Wissenschaftlern und internationalen Muslimorganisationen für den Islam in Lateinamerika deutlich, dass vom islamischen Selbstverständnis her kein Teil der Welt als außerhalb des muslimischen Interesses stehend angesehen wird. Die Globalisierung der Welt wird auch eine Globalisierung des Islams zur Folge haben. Der Halbkontinent ist für den Islam keine terra incognita mehr. Als Universalreligion wird er auch hier eine wachsende Rolle spielen. Es bleibt abzuwarten, ob und in welchem Maße die gemeinsame Identität als Staaten der Dritten Welt die islamischen Länder und die Südamerikas zu politischen und wirtschaftlichen Koordinationsformen führt.

Der Islam in Nordamerika

Muslime sollen im Zusammenhang mit der spanischen Eroberung Lateinamerikas zuerst über Mexiko in den Norden des Kontinents eingewandert sein. Berichtet wird von einem Prinzen Nasir al-Din, der sich dem indianischen Stamm der Mowhak angeschlossen haben soll und in diesem zu einem der wichtigsten Stammesführer aufstieg. Wie weit derartige Berichte sich durch historische Dokumente belegen lassen, ist allerdings zweifelhaft. Auf sicherem historischem Grund finden wir uns in einem anderen Kontext. Wie in Südamerika waren Muslime im Zusammenhang von Sklaventransporten aus Westafrika auch nach Nordamerika gekommen. Später gibt es Hinweise, dass afrikanische Muslime auf der Seite der Nordstaaten im amerikanischen Bürgerkrieg kämpften. Auch hier fehlen jedoch alle Hinweise auf irgendwelche organisatorischen Strukturen des Islams. Diese entstanden erst, als in der Mitte des 19. Jahrhunderts Muslime aus dem Mittleren Osten in die Vereinigten Staaten kamen. Allerdings war diese erste Phase der Einwanderung auch gekennzeichnet von einer schnellen Assimilation einer großen Zahl von Migranten, die ihre muslimische Identität rasch aufgaben. Dieser dauernde Verlust der religiösen Identität hing sicherlich mit der Tatsache zusammen, dass die Muslime über die gesamten USA verstreut lebten und häufig nur aus einzelnen Familien bestanden, die sich dem Druck der Mehrheitsbevölkerung nicht widersetzen konnten, vor allem aber selbst keine besonders enge Bindung zu ihrer Religion hatten. Eine andere Gruppe von Muslimen, die seit den dreißiger Jahren des 20. Jahrhunderts in die USA kamen, waren Studenten aus der islamischen Welt, die dann teilweise in Amerika blieben. Erst 1952 gelang es einigen Muslimen, eine landesweite, auch Kanada einschließende Organisation zu gründen, die ‚Federation of Islamic Associations of the United States and Canada' (FIA). In dieser Organisation sind heute vor allem Muslime nahöstlicher Herkunft, in der Mehrheit Araber, zusammengefasst. Einen universelleren Charakter hat die 1963 gegründete ‚Muslim Student Association' (MSA). Die Mitglieder der MSA waren stark beeinflusst von islamistischen Kräften. Einer der wichtigsten Theoretiker der ägyptischen Muslimbruderschaft, Sayyid Qutb, hatte in den USA studiert. Ihm und seiner Kritik an der amerikanischen Gesellschaft fühlten sich viele muslimische Studenten in den USA verbunden. Die Studentenorganisation war sehr viel straffer organisiert als die FIA. Entsprechend ihren ideologischen Vorstellungen beschränkte sie sich mit ihren Aktivitäten auch nicht auf den Universitätsbereich, sondern engagierte sich auch in den islamischen Gemeinden. Rasch stellte sich heraus, dass die Aufgaben einer Studentenorganisation und die von Organisationen, die nichts mit den besonderen Problemen an Universitäten zu tun haben, nicht ohne weiteres miteinander verbunden werden können. Daher entstand aus der MSA eine ‚Muslim Community Association' (MCA), die eng unter dem Dach einer ‚Islamic Society of North America' (ISNA) zusammenarbeiten. Im Rahmen dieser Dachorganisation arbeiten auch weitere Organisationen wie die ‚American Muslim Scientists and Engeneers' oder die ‚American Muslim Scientists'. Neben der ISNA finden sich einige weitere Organisationen, die in der Regel einen nationalen Charakter haben wie die ‚Malaysian Islamic Study Group' oder die ‚Muslim Arab Youth Association'.[31] Die ISNA ist heute eng verbunden mit dem internationalen Islam. Ihre Vertreter nehmen an internationalen Muslim-Konferenzen teil und werden so mit den geistigen Entwicklungen in der islamischen Welt verbunden. Sie selbst wirken auch auf die islamischen Kernländer ein,

[31] Gutbi Mahdi Ahmed: Muslim Organizations in the United States, in: Yvonne Haddad (Hg.): The Muslims of America, New York 1991, S. 11–24.

indem sie die besonderen Verhältnisse in den USA ihren Glaubensbrüdern erläutern, die der einzigen Supermacht seit langem kritisch gegenüberstehen; ferner bieten sie muslimischen Gelehrten, die in ihrer Heimat politische Schwierigkeiten haben, Aufenthaltsmöglichkeiten. Auch auf diese Weise nimmt der Islam in Amerika Anteil an der islamischen Gesamtentwicklung.

Die American Muslim Mission

Während die zuvor angeführten islamischen Organisationen in den USA im weitesten Sinne als Migranten-Organisationen beschrieben werden können, stellten die ‚Black Muslims' eine Sonderform dar, weil sie zunächst ausschließlich aus Afro-Amerikanern bestanden. Ihre Organisation entstand in Vorformen bereits vor dem Ersten Weltkrieg im Rahmen zahlreicher sozialer und reformerischer Bewegungen in der großen und vielfältigen Gruppe der Afro-Amerikaner. Die ‚Nation of Islam', wie die Selbstbezeichnung der Black Muslims auch lautet, entstand aus dem ‚Moorish Science Temple', der von Noble (Timothy) Drew Ali gegründet worden war, und dem ‚International Negro Improvement Movement' des Marcus Gravey. Drew propagierte eine asiatische Identität der Afro-Amerikaner. Die Bezeichnung ‚Moorish' bezieht sich auf die Mauren als aus Asien stammende Muslime in Spanien. Seine Vorstellungen vom Islam waren nur rudimentär und wohl eher eine Kombination verschiedenster religiöser Vorstellungen, die sich vor allem vom Christentum, als der Religion der weißen Unterdrücker, unterscheiden sollte. Drew bemühte sich mit diesem Konzept, seinen Anhängern Stolz auf sich und ihre Herkunft zu vermitteln. Marcus Gravey kämpfte für eine Verbesserung der Lebensbedingungen der Afro-Amerikaner und initiierte die Bewegung ‚Zurück nach Afrika'. Elijah Muhammad (ursprünglich Elijah Poole), der eigentliche Gründer der ‚Nation of Islam' wurde von diesen beiden Vorstellungen beeinflusst. Im Gegensatz zu den durch den Bezug auf traditionelle islamische Vorstellungen begründeten egalitären Konzepten der übrigen islamischen Organisationen in den USA hatte die ‚Nation of Islam' eine streng hierarchische Struktur, die sich durch die charismatische Begabung von Elijah Muhammad als besonders effektiv herausstellte. Sein Erfolg lässt sich mit verschiedenen Beispielen belegen. Es gelang ihm eine Führungsstruktur aufzubauen, die auf einer starken Loyalität der Mitgliederschaft der ‚Nation of Islam' von den einfachen Mitgliedern bis zu den Führungskadern Elijah Muhammad gegenüber beruhte. Muhammad etablierte eine Miliz aus jungen Männern, ‚Fruit of Islam', die zunächst die Aufgabe hatte, die Zentren der ‚Nation of Islam', aber auch die einzelnen Mitglieder gegen polizeiliche Übergriffe und die Angriffe von Gegnern der ‚Nation of Islam' zu schützen. Die einheitlich gekleidete und bewaffnete Gruppe wurde im Verlauf ihrer Geschichte verschiedener Verbrechen und Vergehen beschuldigt, von denen die Ermordung des abtrünnigen charismatischen Propagandisten Malcolm X wohl das bekannteste ist. Andererseits kann man aber auch feststellen, dass die ‚Fruit of Islam' in all den Regionen der großen amerikanischen Städte, aus denen sich die staatliche Autorität zurückgezogen hat, in erheblichem Maße Ordnungsfunktionen übernommen hat. So waren es Führer der ‚Fruit of Islam', die bei den gewalttätigen Ausschreitungen im Sommer 1991 in einigen Teilen von Los Angeles für eine Befriedung der Lage sorgen konnten. Die ‚Nation of Islam' baute eine eigene wirtschaftliche Struktur auf, die aus Läden, Restaurants, einer Bank und einer Firma für Fischverarbeitung bestand. Diese wirtschaftlichen Aktivitäten verschafften der ‚Nation of Islam' eine beträchtliche Unabhängigkeit von den wirtschaftlichen und politischen Strukturen der USA. Erfolgreich war auch die Einrichtung von verschiedenen Erziehungseinrichtungen, die als ‚Universitäten' bezeichnet wurden. Auch hier wird die Disziplin besonders betont. Der Erfolg der Mission der ‚Nation of Islam' beruhte nicht zuletzt auf dem besonderen Engagement, das die Organisation für farbige jugendliche Straftäter an den Tag legte. Häftlinge wurden regelmäßig besucht, juristisch und psychologisch beraten und nach ihrer Haftentlassung weiter betreut. Für die weitere Entwicklung der Delinquenten war auch von Bedeutung, dass die ‚Nation of Islam' den Konsum von Drogen strikt ablehnte und die Straftäter, die häufig aus der Drogenszene stammten, bei einem Rückzug aus ihr unterstützten.

Der gewaltsame Tod von Malcolm X hatte auf ein gravierendes Problem der ‚Nation of Islam' hingewiesen. Die religiösen Vorstellungen dieser Gruppe und derjenigen der Vertreter eines orthodoxen sunnitischen, aber auch schiitischen Islams wichen in erheblichem Maß von einander ab. Gute Kenner von heterodoxen Formen des nahöstlichen Islams brachten die Vorstellungen Elijah Muhammads in Verbindung mit dem Lehr- und Gedankengebäude der Drusen im Libanon.[32] Bei einem weiteren Beharren auf diesen, in vieler Hinsicht mit dem orthodoxen Islam nur schwer in Übereinstimmung zu bringenden Lehren lief die ‚Nation of Islam' in die Gefahr, eine synchretistische Sondergruppe zu bleiben, deren Bedeutung angesichts des wachsenden Organisationsgrades und der internationalen Bedeutung der Vertreter des sunnitischen oder schiitischen Islams in den USA mehr und mehr abnehmen würde. Der Tod Elijah Muhammads im Jahr 1975 bot der ‚Nation of Islam' dann die Möglichkeit, sich einem ‚mainstream Islam' anzunähern. Sein Sohn und Erbe, Warith Deen Muhammad, nannte die Organisation um in ‚World Community of Al-Islam in the West'. Die Mitglieder der Gemeinschaft nannten sich von nun an ‚Bilalians' nach dem afrikanischen Gefährten des Propheten Muhammad, der der erste Muezzin des Islam gewesen war. Konsequent wurden nun auch die islamischen Pflichtrituale beachtet. Um 1980 änderte die Organisation erneut ihren Namen und hieß nun ‚American Muslim Mission' (AMM). Man begann, von der rassenbezogenen Propaganda Abstand zu nehmen und sah vor allem die Weißen nicht mehr als Teufel an. Die wirtschaftlichen Unternehmungen erlitten schwere Rückschläge, die zwar nicht mit den ideologischen Veränderungen in direkte Verbindung gebracht werden können. Der Wandel wirkte sich aber auf die Disziplin in der Organisation aus und damit indirekt auch auf deren wirtschaftliche Aktivitäten.

Diese grundlegende Veränderung der Vorstellungen blieb nicht ohne Widerspruch. Vor allem die Auflösung der Miliz der ‚Fruit of Islam' führte dazu, dass sich eine beträchtliche Zahl von Mitgliedern von der Organisation abwandten und sich der radikalen Ideologie des Predigers Louis Farrakhan anschloss. Dieser hatte seine religiösen Vorstellungen vom Islam zwar ebenfalls hin zu einer sunnitischen Orthodoxie entwickelt, blieb aber weiter bei einer besonderen Betonung der Bedeutung der Afro-Amerikaner, die er mit einem radikalen Anti-Semitismus verband. So kam er zu der Auffassung, dass die Afro-Amerikaner das auserwählte Volk seien und nicht die Juden. In seiner besonderen Ablehnung des Zionismus und des Staates Israel befand er sich im Übrigen in Übereinstimmung mit weiten Teilen der afro-ame-

---

[32] Josef van Ess: Libanesische Miszellen 5: Drusen und Black Muslims, in: Die Welt des Islams 14 (1974), S. 203–213.

rikanischen Bevölkerung. Seine Gegnerschaft gegenüber dem weißen christlichen Amerika ist nicht minder heftig. So analysiert er die teilweise trostlose, soziale und wirtschaftliche Situation, in der sich eine Mehrheit der schwarzen Bevölkerung der USA befindet, als Folge einer großen Verschwörung des weißen Amerika gegen die Schwarzen. Auch für den Ausbruch von Aids, unter dem besonders die schwarze Bevölkerung der USA leidet, werden weiße Politiker verantwortlich gemacht, die durch diese Seuche die Afro-Amerikaner schwächen wollen. Die Feindschaft des weißen Amerika beruht nach dieser Vorstellung nicht zuletzt auf der Tatsache, dass die islamische Ethik eines der besten Abwehrmittel gegen die Seuche darstellt. „Sieht man sich die islamischen Länder der Welt an, so fällt einem auf, dass die beste Vorbeugung gegen die Verbreitung des Virus der konsequent praktizierte Islam ist. Die moralischen Regeln des Islams verhindern die Ausbreitung der Seuche ... So kann man auf ganz und gar moderne Weise zeigen, welche Macht der Islam hat, Gesundheit und das Wohlergehen der Allgemeinheit zu fördern." Man kann davon ausgehen, dass sich auch in Zukunft eine größere Zahl von Afro-Amerikanern Louis Farrakhan anschließen wird. Dabei wird es sich vor allem um jüngere Männer und Frauen handeln, die aus einem sozialen Umfeld stammen, das ihnen einen Aufstieg in die afro-amerikanische Mittelklasse erschwert oder unmöglich macht. Die im Vergleich zu anderen muslimischen Gruppen radikale Bewegung Farrakhans bietet den jungen Leuten nicht nur eine Erklärung für ihre persönliche Situation, sondern auch die Chance, über den engen Bereich eines afroamerikanischen Radikalismus hinauszugelangen. Farrakhan hat sich seit der Mitte der neunziger Jahre der sunnitischen Orthodoxie weiter angenähert; vor allem betont er die Prophetenschaft Muhammads, den er als ‚das Siegel der Propheten' betrachtet. Die interpretatorische Flexibilität der islamischen Texte bietet aber immer auch die Möglichkeit einer radikalen Interpretation der heiligen Texte. So können vor allem frustrierte, dem weißen Amerika feindlich eingestellte Jugendliche ihre Aggressivität gegenüber diesem Teil des Landes zum Ausdruck bringen, sind aber zugleich eingebunden in universal gültige religiöse Vorstellungen. Sie bleiben damit nicht auf ihre eigene gesellschaftliche Gruppe und deren Möglichkeiten beschränkt, sondern sehen sich in einem vielgestaltigen, internationalen kulturellen Kontext.

Muslime in der Diaspora waren bis weit in die siebziger Jahre ein ungewöhnliches Phänomen für die islamische Welt, obwohl es - von vielleicht Island oder dem Vatikan abgesehen - keinen Staat auf dem Globus gibt, in dem sich keine bedeutende muslimische Minderheit niedergelassen hat. Das gilt auch für Weltregionen wie Ozeanien. Erst seit wenigen Jahren ist der Mehrzahl der Muslime bewusst, dass der Islam eine wahrhaft globale Religion darstellt. Dies bedeutet, dass sich der Islam in verschiedenen Bereichen auf die unterschiedlichen kulturellen Situationen, in denen sich Muslime befinden können, stärker einstellen muss, als das noch zu Beginn des vergangenen Jahrhunderts der Fall war. Natürlich bleiben die grundsätzlichen Regeln und Vorschriften von den Besonderheiten der Diaspora unberührt. Es wird in Zukunft aber die besondere Aufgabe der führenden muslimischen Religionsgelehrten sein, genauer als bisher zu überprüfen, was die grundlegenden Normen und Dogmen ihrer Religion sind. Sie müssen sie deutlicher von dem unterscheiden, was als lokale, regionale oder nationale Formen des Islams betrachtet werden kann. Dies wird keine leichte Aufgabe werden, da viele Muslime die Differenz zwischen grundsätzlichen islamischen Positionen und lokalen Besonderheiten nicht kennen. Eine solche Aufgabe kann im Grunde nur durch internationale muslimische Organisationen organisiert und durchgeführt werden, deren Mitglieder aber die besonderen Bedingungen, unter denen eine immer größere Zahl von Muslimen in der Diaspora lebt, zur Kenntnis nehmen und in ihrer als islamisch akzeptierbaren Besonderheit tolerieren müssen.

Islamisierung der Moderne – Modernisierung des Islam

Begriffe wie Moderne und Modernisierung sind in den vergangenen Jahrzehnten zu Schlüsselworten in den Diskussionen um die politische, gesellschaftliche, wirtschaftliche und kulturelle Entwicklung geworden. Und auch die gegenwärtigen Diskussionen um die so genannte Postmoderne sind im Endeffekt Auseinandersetzungen um die Moderne. Bei derartigen, wie auch immer verwendeten Begriffen liegt es natürlich nahe, dass sich zahlreiche Autoren um Definitionen bemüht haben. Es ist völlig außerhalb jeder Möglichkeit, eine Begriffsgeschichte der Moderne oder gar nur der Modernisierung auch nur anzureißen. Mit Moderne werde häufig verschiedene andere Begriffe verbunden. Zu ihnen gehören vor allem: Säkularisierung, also die Trennung von Staat und Religion, heute auch häufig als eine De-Religiosierung der Gesellschaft verstanden; Rationalisierung, also der Versuch, für die unterschiedlichsten Aspekte des kulturellen und gesellschaftlichen Lebens und deren Entwicklungen vernünftige, also logisch oder sachlich begründete Argumente zu finden; Urbanisierung, also die Verstädterung der Gesellschaft, durch die Konzentration von Wohn- und Lebensgebieten, aber auch von Informationen durch neue Medien und daraus resultierend eine Uniformierung der Lebensumstände; soziale Mobilität, also die Möglichkeit des erleichterten sozialen Auf- oder Abstiegs infolge des Abbaus von sozialen Schranken; das Entstehen neuer Sozialformen wie die Auflösung der Großfamilie zugunsten von Kleinfamilien oder Single-Haushalten; das Bewusstsein der Existenz von zahlreichen, von einander unterschiedenen Gesellschaften auf der Welt. Die Vorstellung von Modernisierung ist mit einer besonderen Form des sozialen und kulturellen Wandels verbunden. Man spricht geradezu von einem Imperativ des Wandels. Dieser Wandel geht von technologischen Veränderungen, also der Verbreitung von Erfindungen und naturwissenschaftlichen Entdeckungen unterschiedlichster Form aus. Diese Beispiele von technologischem Wandel kann man geradezu als eine Vorbedingung der Moderne bezeichnen. Moderne und Modernisierung beziehen sich auf alle Bereiche des menschlichen Lebens: auf die materielle Kultur, die Kunst, die Gesellschaft und auch auf die Religion. Aus den verschiedensten Gründen haben die abrahamitischen Religionen, um nur von diesen zu reden, die Moderne in der Regel abgelehnt. Man denke nur an den Antimodernisteneid, den die katholische Kirche ihren Amtsträgern noch bis zum Vaticanum II abverlangte. Konsequenz der Modernisierung für Religionen waren und sind in der Regel Bürokratisierung und Rationalisierung. Die Distanz der drei Religionen oder ihrer Vertreter gegenüber Innovationen hängen auch mit deren Haltung gegenüber ihren eigenen Traditionen zusammen. Die Traditionen, seien es Heilige Bücher, Berichte über heiligmäßige Personen, über Wundertaten usw. enthalten die Botschaft Gottes an die Menschheit. Traditionen müssen deshalb gepflegt werden; von ihnen abzuweichen, bedeutet eine Versündigung. Die Moderne dagegen hat Begriffe wie ‚Tradition' oder ‚traditionell' mit einer negativen Bedeutung versehen, positiv verstanden werden dagegen Begriffe wie ‚Innovation' oder ‚Kreativität'. Es gehört zu den Problemen der Religionen mit diesen einander widersprechenden Konzepten umzugehen und ihren Anhängern praktikable Wege für ein Leben in der Moderne anzubieten.

Im Übrigen muss darauf hingewiesen werden, dass die Moderne bzw. die Modernisierung westliche Begriffe sind, die sich im Zusammenhang mit der aus der Moderne resultierenden westlichen kolonialen und kulturellen Expansion nicht zuletzt in die islamische Welt ausgebreitet haben. Dies hatte für Teile der islamischen Gesellschaften in mancher Hinsicht natürlich eine negative Einschätzung der Moderne als westliches Phänomen zur Folge.

Die Haltung des Islams gegenüber modernen Technologien

Wenn wir nun die Beziehung zwischen Moderne und Islam betrachten, geraten wir natürlich sogleich in die Gefahr des Essentialismus, neigen dazu, die islamische Welt undifferenziert als eine religiöse, kulturelle und gesellschaftliche Einheit zu sehen und von Einzelphänomenen auf die Gesamtheit des Islams und der Muslime zu schließen, ja von den Muslimen eine solche Einheitlichkeit zu fordern, die wir uns auf einen europäischen kulturellen oder religiösen Kontext bezogen energisch verbieten würden. Andererseits ist es ohne Verallgemeinerungen kaum möglich, die unterschiedlichen Voraussetzungen und Entwicklungen des Zusammenstoßes von westlichen Modernisierungsvorstellungen und islamischen Traditionen und die islamischen Reaktionen darauf zu schildern. Einige Grundvoraussetzungen können sicherlich als gemein-islamisch angesehen werden. Eine wichtige Voraussetzung ist in diesem Zusammenhang die Unbefangenheit, mit der Muslime mit Techniken und Erfindungen der Moderne umgehen. Darauf ist besonders deshalb hinzuweisen, weil sich ja gerade die christlichen Kirchen in Deutschland nicht ohne weiteres mit den zahlreichen technologischen Entwicklungen des 19. und 20. Jahrhunderts in Sorge um die ethischen und praktisch-religiösen Konsequenzen aus den Innovationen abfinden konnten. Dabei mag jener Pfarrer im Westfälischen, der gegen die Einführung von Gaslaternen in seinem Dorf predigte und seine Ablehnung damit begründete, dass Gott den Tag hell und die Nacht dunkel geschaffen habe und der Mensch daran nichts ändern solle, noch als ein extremes Beispiel angesehen werden. Aber es sei erinnert an die Ablehnung von Automobilen, Eisenbahn, Kino, Schallplatte oder moderne Kunst, Erholungsurlaub, verschiedene Kleidungsarten durch die Vertreter der großen christlichen Gemeinschaften, von politischen Ideologien oder philosophischen Systemen ganz zu schweigen.

Der Islam zeigt dagegen im technologischen Bereich keine Berührungsängste mit Innovationen. Dies hängt einerseits natürlich mit der großen natur- und ingenieurwissenschaftlichen Tradition der islamischen Technologiegeschichte zusammen, auf die hier nicht weiter eingegangen werden kann.[1] Eine entscheidende Rolle spielt aber auch die Praxisbezogenheit des islamischen Rechts, das alle ihm vorgelegten Phänomene auch unter dem Gesichtspunkt einer Kosten-Nutzen-Relation untersucht. Wenn eine Innovation die Chance mit sich bringt, dem Islam oder den Muslimen zu nützen, wird sie für erlaubt erklärt, auch wenn die entsprechende Erfindung in einem nicht mit den islamischen Vorstellungen übereinstimmenden Sinn genutzt werden kann. So ist denn die Verwendung von Video-Geräten für Muslime nicht verboten, obwohl mit ihnen auch Filme abgespielt werden kön-

[1] S. Joseph Schacht u. C.E. Bosworth (Hg.): The Legacy of Islam, Oxford 1974.

nen, die mit den ethischen Regeln des Islams in keiner Weise übereinstimmen. Das islamische Recht mit seiner Praxis der Rechtsgutachten (Fatwa) geht hier sehr unbefangen mit den unterschiedlichen technischen Neuerungen um. Auch die entsprechenden Fragen sind sehr zahlreich. Man kann geradezu von einer islamischen Kultur der Rechtsgutachten in Fragen von modernen Technologien sprechen. Es liegt natürlich nahe, dass gerade im Zusammenhang mit den modernsten technologischen Entwicklungen auch Fragen an die Vertreter der islamischen Rechtsgelehrsamkeit herangetragen werden, die ungewöhnlich sind. Diese haben häufig etwas mit den islamischen Glaubenspflichten zu tun. So hatten sich islamische Rechtsgelehrte beispielsweise mit der Frage zu beschäftigen, wie ein muslimischer Astronaut seiner Gebetspflicht nachkommen könne, wenn er die Erde umkreist. Zu den Voraussetzungen des Gebets eines Muslims gehört bekanntlich, dass er sich in Richtung Mekka wendet. Die Antwort ging dahin, dass die Frage im Grunde unsinnig sei, es aber nur möglich ist, auf vernünftige Fragen vernünftige Antworten zu geben. Es reiche ja auch in anderen Situationen, z.B. in Flugzeugen oder auf Schiffen aus, die Teile des Pflichtgebets durchzuführen, die durchführbar sind. Für die Unbefangenheit von Muslimen beim Umgang mit modernen Technologien, unabhängig von den Anwendungsbereichen, lassen sich zahlreiche Beispiele finden. Bemerkenswert sind solche aus der rituellen Praxis. Die Verwendung von Lautsprechern beim Gebetsruf war für die Muezzine kein Problem. Auch die Nutzung von Schallplatten mit Koranrezitationen bei verschiedenen rituellen Anlässen war nicht unüblich. Aus westlicher Sicht besonders bemerkenswert ist der Einsatz moderner Technologien im Zusammenhang mit dem mehrere Tage dauernden Ritual der Pilgerfahrt.[2] Der Besuch der heiligen Stätten in Mekka und Umgebung muss zur Erfüllung der Glaubenspflicht des Hadjdj zu einem bestimmten Termin im islamischen Pilgermonat stattfinden. Zu diesem Anlass treffen sich Millionen von Gläubigen in Mekka, die zur gleichen Zeit die gleichen Rituale zu vollziehen haben. Da das Ritual selbst aus dogmatischen Gründen nicht zu modifizieren ist, werden alle möglichen technischen Hilfsmittel eingesetzt, um den Pilgern deren Vollzug zu erleichtern und den Vorgang

---

[2] Zur Pilgerfahrt im Allgemeinen s. M. Gaudefroy-Demombynes: Le pèlerinage à La Mecque: étude d'histoire religieuse, Paris 1923.

zu beschleunigen. So gehört zum Ritual das siebenmalige Hin- und Herlaufen zwischen zwei Hügeln, den Hügeln Safa und Marwa, was das Suchen der Hagar nach Wasser symbolisiert. Hagar, die Nebenfrau Abrahams, ist die Mutter Ismaels, der von der Tradition als Stammvater der Araber angesehen wird. Um diesen Teil des Pilgerfahrtrituals zu beschleunigen, wurden zwischen den beiden Hügeln elektrisch betriebene Laufbänder ähnlich denen auf großen Flughäfen installiert, die die Pilger benutzen können. Da diese technische Verbesserung nicht ausreichte, ging man dazu über, diese Laufbänder in mehreren Ebenen übereinander zu konstruieren.[3]

Unstatthafte Neuerungen

Diese Offenheit gegenüber neuen Technologien ist in sich schon ein Zeichen von Moderne. Sie war auch in der islamischen Welt nicht immer selbstverständlich. Dies galt vor allem dann, wenn es sich um westliche Erfindungen handelte. Vom Propheten Muhammad wurde ein Satz tradiert, der in diesem Zusammenhang gerne zitiert wurde: „Wer immer ein Volk nachahmt, wird einer von ihnen." Diese Tradition wurde von manchen Gelehrten dahingehend interpretiert, dass die Übernahme oder auch nur die Nachahmung von Bräuchen der Nicht-Muslime schon einen Akt des Unglaubens darstellte und damit einen Abfall vom Islam zur Folge hätte. Die juristischen Diskussionen in der islamischen Welt drehten sich bis ins 16. Jahrhundert häufig um die Frage, ob bestimmte Innovationen als ‚unstatthafte Neuerungen' (arabisch: bida') und damit als verboten angesehen werden müssten. Es kommt nicht von ungefähr, dass das Osmanische Reich, das in vieler Hinsicht als moderner Staat angesehen werden kann, sich über diese Einstellung hinwegsetzte. Während die ägyptischen Mamluken die Nutzung von aus Europa importierten Feuerwaffen als unritterlich ablehnten, hatten die Osmanen hier keine Bedenken und setzten bei ihren Feldzügen Kanonen und Musketen ein, die zunächst häufig von europäischen Söldnern und Rene-

[3] Man vergleiche diese Haltung mit den Kommentaren, die nach Meldungen über die Möglichkeit der Beichte oder der Gewinnung eines Ablasses im katholischen Kontext durch on-line-Einrichtungen hervorgerufen wurden.

gaten bedient wurden.[4] Die Osmanen hatten sich für den Einsatz von Feuerwaffen rechtlich-religiös durchaus abgesichert. Ein Rechtsgutachten eines führenden Gelehrten hatte sozusagen auf das Reziprozitätsprinzip verwiesen, nach dem Gleiches mit Gleichem vergolten werden müsse. Die Feinde des Islams mussten nach diesem Prinzip mit ihren eigenen Waffen bekämpft werden. Natürlich suchte man auch im Koran nach den entsprechenden Belegen und fand sie in Sure 4,36. Dort heißt es u. a.: „Und kämpft gegen die Polytheisten allesamt, wie sie gegen euch allesamt kämpfen." Diesen Text sah man als Argument für die Erlaubnis an, im Krieg moderne Technologien einzusetzen.

Von dieser Position ausgehend, konnte man auch andere Bereiche des täglichen Lebens als eine Form der Auseinandersetzung mit dem Westen betrachten. So nutzte die Verwaltung des Osmanischen Reichs auch die Kenntnisse deutscher Bergleute für die Ausbeutung ihrer Silberminen auf dem Balkan. Diese ‚Gastarbeiter' verwendeten nicht nur ihre Geräte und Werkzeuge, sondern auch die aus Deutschland bekannten rechtlichen Vorschriften. Dieses Bergbaugesetz hat sich bis heute in der türkischen Rechtsprechung als ‚Kanun-i Sas' (Sächsisches Gesetz) gehalten. Natürlich gab es Bereiche, in denen auch im Osmanischen Reich Innovationen nicht so leicht eingeführt werden konnten. Dies waren vor allem solche, die in einen religiösen Zusammenhang gebracht werden konnten. So berichtete schon 1560 der Botschafter des Heiligen Römischen Reiches in Istanbul, Ghislin de Busbecq: „Keine Nation hat weniger Widerwillen gezeigt, die nützlichen Erfindungen anderer zu übernehmen; zum Beispiel haben sie sich für ihren eigenen Gebrauch große und kleine Kanonen und viele andere unserer Entdeckungen angeeignet. Sie haben sich jedoch nie überwinden können, Bücher zur drucken und öffentliche Uhren aufzustellen. Sie halten dafür, daß ihre heiligen Schriften – das heißt ihre religiösen Bücher – keine heiligen Schriften mehr wären, wenn man sie druckte; und wenn sie öffentliche Uhren aufstellten, würden nach ihrer Meinung die Autorität des Muezzins und ihrer alten Riten herabgesetzt werden."[5] Doch seit dem 18. Jahrhundert gab es sowohl Buchdrucker-

---

[4] Ulrich Haarmann: Mit dem Pfeil, dem Bogen – Fremde und einheimische Stimmen zur Kriegskunst der Mamluken, in: H. Kühnel (Hg.): Kommunikation zwischen Orient und Okzident. Alltag und Sachkultur, Wien 1994, S. 223–249.

[5] Zitiert nach: Bernard Lewis: Die Welt des Ungläubigen. Wie der Islam Europa entdeckte, Berlin 1983, S. 241.

pressen wie öffentliche Uhren in den großen Städten des Osmanischen Reichs. Gerade die Installierung von Uhren wurde in vielen islamischen Staaten später ein Zeichen von Modernisierung. Die Herrscher oder Machthaber ließen seit dem Ende des 19. Jahrhunderts in ihren Hauptstädten Uhrtürme errichten, um so ihren Fortschrittswillen zu dokumentieren. Selbst an Moscheen wurden Uhren angebracht. Dennoch blieb das Problem der ‚unstatthaften Neuerungen' weiterhin bestehen. Von jeher hatte es im islamischen Recht aber auch die Kategorie der ‚erlaubten Neuerungen' gegeben. Erlaubt war, was dem Islam oder den Muslimen nützte. Dies lässt sich an dem folgenden Beispiel dokumentieren. Der Islam kennt ein Bilderverbot.[6] Die Erfindung der Fotografie warf daher besondere Fragen für fromme Muslime auf. Auch hier wurde zunächst mit der militärischen und administrativen Nutzung argumentiert. Landstriche konnten schneller und genauer mit Hilfe der Fotografie abgebildet werden als mit Zeichnungen. Dass in Personaldokumenten wie Pässen etc. ein Bild des Passinhabers eingefügt werden musste, sahen die islamischen Rechtsgelehrten als unbedenklich an. Dann wurden aber auch andere praktische Gebrauchsmöglichkeiten in die Überlegungen einbezogen. So erinnerte sich eine Tochter des Osmanen-Sultans Abudlhamid, der bis 1909 regierte, dass ihr Vater ihr, als sie in das heiratsfähige Alter kam, eine Reihe von Fotografien von in Frage kommenden Heiratskandidaten vorlegte, aus denen sie sich dann einen Bräutigam aussuchte.[7] Die Gelehrten konnten also argumentieren, dass es jungen Frauen mit Hilfe der Fotografie leichter gemacht würde, der Ehe mit einem bestimmten Partner zuzustimmen, wenn sie ihn zuvor schon einmal auf einem Foto gesehen hätten.

Es waren wohl zwei Gründe, die dazu betrugen, dass der Einfluss der islamischen Rechtsgelehrten auf die Beurteilung von Innovationen mehr und mehr abnahm. In vielen Fällen waren für die Gelehrten die Konsequenzen, die sich für das gesellschaftliche Leben und die ethischen Normen des Islams ergaben, nicht absehbar. Sie sahen sie als unbedeutend an und glaubten sich daher nicht äußern zu müssen.

---

[6] Zur Geschichte des Bilderverbots im Islam s. M. Ipsiroglu: Das Bild im Koran. Ein Verbot und seine Folgen, Wien 1971.

[7] Soraya Faroqhi: Kultur und Alltag im Osmanischen Reich. Vom Mittelalter bis zum Anfang des 20. Jahrhunderts, München 1995, S. 286.

Nicht anders ging es der Mehrzahl ihrer westlichen Zeitgenossen. Auch die Gelehrten konnten sich darüber hinaus der Faszination von neuen Technologien nicht entziehen. So zeigte sich eine marokkanische Delegation, die 1845/46 Frankreich besuchte, besonders fasziniert von dem ihnen vorgeführten Telegrafen.[8] Welche Konsequenzen dieser Veränderungen im Kommunikationsbereich der Zukunft damit verbunden sein würden, hätten sich sicherlich auch die französischen Fachleute jener Zeit nicht träumen lassen. Das Beispiel ist aber wohl symptomatisch für viele Innovationen, die Ursache für einen erheblichen kulturellen und sozialen Wandel werden sollte. Gegen den Telegrafen war aus der Sicht der marokkanischen Gelehrten aus religiösen Gründen nichts einzuwenden. Er wurde bald auch in verschiedenen islamischen Ländern eingeführt. Die Einrichtung eines Fernsprechnetzes war dann eine Verbesserung dieses Kommunikationssystems, gegen das konsequenterweise keine Einwände erhoben werden konnten. Zudem war die Nutzung auf wenige offizielle und eine geringe Zahl von privaten Teilnehmern begrenzt. Die Kosten für die Geräte und deren Gebrauch waren nicht gering. Auch die ursprüngliche Technik mit der Handvermittlung und der einfachen Möglichkeit der Kontrolle des Inhalts der Gespräche ließ aus der Sicht von Religionsgelehrten keine gesellschaftlichen Gefahren erwarten. Noch in der Mitte der sechziger Jahre des 20. Jahrhunderts wurden z.B. in Baghdad Ortsgespräche teilweise handvermittelt. Die Revolutionierung des Telekommunikationsbereichs in den neunziger Jahren hat hier in mancher Hinsicht Entwicklungen mit sich gebracht, die islamischen Gelehrten Sorgen machen. „Wenn wir unseren Töchtern verbieten, mit jungen Männern zu korrespondieren, greifen sie zum Telefon", klagte ein hochrangiger schiitischer Religionsgelehrter bei einer deutsch-iranischen Konferenz Ende der achtziger Jahre gegenüber einem westlichen Gesprächspartner. Angesichts der allgemeinen Akzeptanz des Telefons sah er es auch als unrealistisch an, mit den Möglichkeiten des islamischen Rechts ‚das Rad der Geschichte zurückzudrehen'. Die Veränderung von Kommunikationsstrukturen in islamischen Gesellschaften durch die allgemeine Verbreitung von Telefonen war unvermeidlich.

---

[8] Susan Gilson Miller (Hg.): Disorienting Encounters. Travels of a Moroccan Scholar in France in 1845/6, Berkeley 1992.

Dieser kulturelle und soziale Wandel wird sich mit der Verbreitung der Internet-Kommunikation noch verändern. Dazu sei hier nur auf einige Bereiche hingewiesen. Das Internet hat sich zu einem Heiratsmarkt auch für junge Musliminnen und Muslime entwickelt, die es mit dem Islam ernst nehmen. Die traditionellen Formen der Ehevermittlung durch Eltern, Familienangehörige und Bekannte werden durch dieses neue Medium immer stärker in den Hintergrund treten. Zugleich werden sich auch die Kommunikationsstrukturen innerhalb der Familien und Nachbarschaften verändern, für die Heiratspolitik immer ein wichtiges Thema gewesen ist. Neben diesen sozialen Veränderungen wird das Internet aber auch Veränderungen im religiösen Kontext mit sich bringen. Schon heute bestehen im Internet Diskussionsforen, auf denen die unterschiedlichsten theologischen und ethischen Themen häufig kontrovers besprochen werden. An diesen Diskussionen nehmen Teilnehmer mit unterschiedlicher Vorbildung und religiöser Einstellung teil. Auf diese Weise lässt sich ein guter Überblick über die religiöse Befindlichkeit eines großen Teils jüngerer, mit den modernen Technologien vertrauter Muslime erhalten. Es ist nicht ausgeschlossen, dass hier Entwicklungen angestoßen werden, mit denen sich die traditionelle Gelehrtenschaft bis dahin kaum beschäftigt hat. Sie würde dann durch die Internet-Diskussionen gezwungen, auf die verschiedensten Fragen schneller zu reagieren, als das bisher üblich gewesen ist.

Die Islamisierung des Wissens

Die Offenheit des Islams gegenüber technologischen Neuerungen musste notwendigerweise Konsequenzen auch für den geistes- und gesellschaftswissenschaftlichen Bereich haben. Diese lassen sich am ehesten an der Bewegung der ‚Islamisierung des Wissens' aufzeigen. Der Begriff der ‚Islamisierung des Wissens' tauchte in der internationalen islamischen Diskussion zum ersten Mal 1977 bei der ‚1. Welt-Konferenz über muslimische Erziehung' in Mekka auf. Die Konzepte, die in der Folge mit der ‚Islamisierung des Wissens' verbunden wurden, unterschieden sich von einander. Einig waren sich aber wohl alle Teilnehmer der Konferenz darin, dass die Muslime ‚alternative Paradigmen des Wissens in den Natur- und Geisteswissenschaften entwickeln müssten. Gleichzeitig sollten neue Wissensbereiche entwickelt und formuliert werden, die für die gegenwärtigen islamischen Gesellschaften von Nutzen sein sollten.' Es ging darum, alles Wissen nach dem islamischen Prinzip des ,Tauhid' (Einheit Gottes) neu zu ordnen. Dies ist nach Auffassung der Vertreter der Bewegung notwendig, weil die westlichen Wissenschaften unvollständig seien und die grundsätzlichen Bedingungen der islamischen Methodologie vernachlässigen. Der an den Diskussionen beteiligte malaysische Gelehrte S. N. al-Attas[9] formulierte das so: „Im Kontrast zur modernen Philosophie und Wissenschaft hinsichtlich der Quellen und Methoden des Wissens bestehen wir darauf, dass das Wissen von Gott stammt und man es sich aneignet auf den Wegen der gesunden Sinne, der wahren, auf Autorität gegründeten Überlieferung, der Vernunft und der Intuition."

Konkret wurde beschlossen, je eine Internationale Islamische Universität in Islamabad/Pakistan und in Kuala Lumpur/Malaysia einzurichten. In den USA wurde das ,International Institut for Islamic Thought' (IIIT) in Washington/DC gegründet. Derartige Einrichtungen finden sich inzwischen in zahlreichen Staaten. Die Mittel für diese Einrichtungen und ihre Aktivitäten wurden von den großen internationalen islamischen Organisationen, aber auch von staatlichen Stellen zur Verfügung gestellt. Wenn man will, wurde der ,Islamisierung von unten', bei der sich radikal-islamische Ideologen auf einen unzufriedenen Teil der Bevölkerung der jeweiligen Staaten stützen konnten, eine ,Islamisierung von oben' entgegengesetzt. Diese ,Islamisierung von oben' kann auch in dem Sinn verstanden werden, dass in den verschiedenen Institutionen heute eine Vielzahl von Mitarbeitern tätig sind, die einerseits eine solide Ausbildung an einer der großen islamischen Hochschulen genossen haben, andererseits aber auch einen Abschluss in den unterschiedlichsten Disziplinen an einer westlichen Universität, vornehmlich in den USA, aufweisen können. Für sie hat sich die Bezeichnung ,neue islamische Intellektuelle' eingebürgert. Die intellektuelle Kapazität dieser Einrichtungen ist also beträchtlich, was man von den radikal-islamischen Denkern nicht unbedingt feststellen kann. Die verschiedenen Institute haben eine lebhafte Publikationstätigkeit entwickelt und zahlreiche internationale Konferenzen organisiert. Die Internationalen Universitäten und die Institute

[9] Über ihn s. Mona Abaza: Intellectuals, Power and Islam in Malaysia: S. N. al-Attas or the Beacon on the Crest of a Hill, in: Archipel 58 (1999), S. 189–217.

von IIIT haben den unterschiedlichsten Positionen innerhalb des Spektrums der ‚neuen muslimischen Intellektuellen' eine Möglichkeit der Darstellung geboten. Natürlich finden sich auch Veröffentlichungen, die erstaunlich anmuten. Dabei handelt es sich vor allem um solche, bei denen Korantexte einer mehr oder weniger überzeugenden Interpretation unterzogen werden. In der Regel geht es um den Versuch, naturwissenschaftliche Phänomene dadurch zu ‚islamisieren', dass man entsprechende Koranstellen heranzieht. Auf diese Tradition wurde schon im Zusammenhang mit den Überlegungen des ägyptischen Reformers Muhammad Abduh hingewiesen.[10] Während es Abduh aber darum ging, die theologische Perspektive im Zusammenhang mit modernen naturwissenschaftlichen Erkenntnissen auszuloten, sehen einige der Autoren im Rahmen der ‚Islamisierung des Wissens' den Koran als eine naturwissenschaftliche Erkenntnisquelle an. Beispielsweise wurde 1987 in Islamabad eine Konferenz über die naturwissenschaftlichen Wunder im Koran durchgeführt, auf der Themen behandelt wurden wie: ‚Die chemische Zusammensetzung der Milch unter Bezugnahme auf Vers 66 in der Surat al-Nahl' oder ‚Die Offenbarung einiger ozeanographischer Phänomene im Koran'.

Man kann derartige Unternehmungen als Skurrilitäten abtun, wird damit aber nicht der möglichen Bedeutung solcher Texte für ein weiteres muslimisches Publikum gerecht.[11] Diese Interpretationen bieten den Lesern die Möglichkeit, die zahlreichen modernen Phänomene, mit denen sie sich täglich auseinander setzen müssen, in ein islamisches Koordinatensystem einzupassen und auf diese Weise ohne Gewissensbisse mit ihnen umzugehen. Im Zusammenhang mit Diskussionen über die Evolutionslehre finden sich einige bemerkenswerte Beiträge, die die Balance zwischen naturwissenschaftlichen Erkenntnissen und der Offenbarung des Korans halten. Es gibt danach drei elementare Dimensionen, die sich in den Bezugnahmen des Korans auf die Schöpfung der Menschheit finden lassen. Dabei wird zunächst nicht zwischen Männern und Frauen unterschieden, weil beide ihren

---

[10] Vgl. S. 32ff.

[11] Zugleich sollte in Erinnerung gerufen werden, dass sich auch Veröffentlichungen aus der Feder von christlichen Autoren finden, die versuchen, für Wunderberichte im Alten oder Neuen Testament naturwissenschaftliche Erklärungen zu finden.

Ursprung in der ‚Nafs‘ (Seele, Hauch) haben. In der Argumentation wird zunächst auf die Tatsache hingewiesen, dass der Koran an mehreren Stellen auf die Schaffung der Menschheit aus Ton hinweist. So heißt es in Sure 15,26: „ Und wir haben den Menschen aus einer Trockenmasse (Salsal), aus einem gestaltbaren schwarzen Schlamm erschaffen.“[12] Im Koran wird der Begriff ‚Salsal‘ ausschließlich im Zusammenhang mit der Erschaffung der Menschheit gebraucht. Der schwarze Schlamm weist auf den niedrigen Ursprung der Menschheit hin, die durch die Schöpferkraft Gottes geformt worden ist. Die zweite Dimension stellt die Verbindung zwischen der göttlichen Schöpfung und der menschlichen Zeugung dar. Die modernen islamischen Intellektuellen zitieren hier z. B. Sure 23,12-14, wo es heißt: „Und wahrlich, Wir schufen den Menschen aus einem entnommenen Ton. Dann machten Wir ihn zu einem Tropfen in einem festen Aufenthaltsort. Dann schufen Wir den Tropfen zu einem Embryo, und Wir schufen den Embryo zu einem Fötus, und Wir schufen den Fötus zu Knochen. Und Wir bekleideten den Knochen mit Fleisch. Dann ließen Wir ihn als eine weitere Schöpfung entstehen ...“ Für die islamischen Denker wurden im Schöpfungsprozess also organische und anorganische Substanzen miteinander verbunden. Auch der Zeugungsprozess ist für sie ein göttlicher Schöpfungsprozess. Zwei Verständnisebenen und zwei Ebenen der Analyse werden miteinander kombiniert, um die Übereinstimmung von biologischem Ursprung und Zeugungsakt zu verdeutlichen. Die Evolution wird als zielgerichteter Vorgang betrachtet und nicht als zufällige Vermischung. Sie führt zu bestimmten Ordnungssystemen der Schöpfung mit festgelegten Attributen und Entwicklungsmöglichkeiten der verschiedenen Arten. Die festgelegten Ordnungssysteme der Schöpfung werden durch die Zeitläufe hindurch durch inhärente Zeugungsprozesse aufrechterhalten.

Die dritte und wichtigste Dimension wird hergeleitet aus Sure 32,6-9, in der alle drei Dimensionen in einem konzeptuellen Verständnisrahmen zusammengefügt werden: „Jener ist der, der über das Unsichtbare

---

[12] A. Th. Khoury erklärt in seinem Koran-Kommentar: Der Koran. Arabisch-Deutsch. Übersetzung und wissenschaftlicher Kommentar Bd. 8, Gütersloh 1997, S. 382: Die muslimischen Kommentatoren geben an, dass Trockenmasse (salsal) zu Ton wird, wenn sie gebrannt wird. Der Schlamm wird als ‚masnun‘ bezeichnet, d. h. gestaltbar, gegossen, geformt, einige sagen: stinkend.

und das Offenbare Bescheid weiß, der Mächtige, der Barmherzige; der alles, was Er erschaffen hat, gut gemacht hat. Zuerst erschuf Er den Menschen aus Ton; dann machte Er seine Nachkommenschaft aus dem Erguß eines verächtlichen Wassers. Dann formte Er ihn und blies ihm von seinem Geist ein. Und Er machte euch Gehör, Augenlicht und Herz. Ihr aber seid wenig dankbar." Die islamischen Denker verstehen das Moment der Vervollständigung der Menschheit, die Entwicklung der menschlichen Möglichkeiten, das Selbstbewusstsein, unsere Sinne, Intuition und unseren Verstand als den Hauch des göttlichen Geistes in jedem menschlichen Wesen. Die Übereinstimmung des gesamten Schöpfungsvorgangs findet sich auch in diesem dritten Element, mit dem eine höhere spirituelle Dimension und ein geistiges Potential der menschlichen Existenz hinzugefügt wird. In der göttlichen Schöpfung der Menschheit findet sich kein Unterschied zwischen Ursprung, Entwicklung, Entwicklungsstufe, Zeugungsprozess, Umweltbedingungen, physischen, geistigen und spirituellen Möglichkeiten. Menschliche Fähigkeiten, wie Hören, Sehen, Fühlen und Verstand, geben der Menschheit die Möglichkeit, die wahrnehmbaren Vorgänge unseres Ursprungs zu studieren; dabei sehen sich die Menschen aber nicht drei voneinander verschiedenen analytischen Systemen gegenüber, sondern drei integrierten Dimensionen ein und derselben Sache. Der Ansatz der Denker der Bewegung der ‚Islamisierung des Wissens', um die Einheit der Schöpfung der Menschheit zu verstehen, ist die Einheit Gottes (Tauhid), durch die sich die Einheitlichkeit der drei Dimensionen der menschlichen Natur und Existenz unserem Forschungsdrang öffnen. Das Tauhid-Konzept beinhaltet verschiedene Dimensionen, die alle zusammen die einheitliche Natur der Menschheit ausmachen. Der Ursprung des Lebens aus ‚stinkendem Erdreich' kann der Identität des Menschen als Empfänger des göttlichen Atems nicht abträglich sein. Der Mensch darf aber auch nicht als reine spirituelle Existenz gesehen werden, weil seine organischen und anorganischen Bestandteile und seine physische Form unverzichtbar für seine Existenz und für seine sinnvolle Erschaffung sind. Nur wenn die verschiedenen Dimensionen und Ebenen der Analyse der menschlichen Existenz und die Prozesse menschlichen Handelns integriert werden, kann man zur tatsächlichen Erkenntnis der Bedeutung der Schöpfung der Menschheit vordringen. Wenn die einzelnen Dimensionen als unabhängige Bereiche des Wissens aufgefasst werden, ergibt sich dagegen ein verzerrtes, reduziertes Bild der Menschheit und der Menschlichkeit.[13]

Angesichts der Tatsache, dass die Nähe der Theologie zu den verschiedenen Geisteswissenschaften sehr viel größer ist als zu den Naturwissenschaften, ist es nicht überraschend, dass die Ergebnisse der geisteswissenschaftlichen ‚Islamisierung des Wissens' auch aus einer westlichen Perspektive sehr viel überzeugender wirken als die naturwissenschaftlichen. Bemerkenswert ist dabei die Tatsache, dass in die entsprechenden Argumentationen auch die Tradition der griechischen Antike mit eingebunden wird. So erklärt S. N. al-Attas in einer Veröffentlichung über die Bedeutung der ‚Islamisierung des Wissens' für Malaysia: „Aus all dem kann der Schluss gezogen werden, dass der Islam im Gegensatz zu Hinduismus und Buddhismus eine wissenschaftliche und literarische Kultur ist. Dem muss noch hinzugefügt werden, dass es der Islam war, der die malayisch-indonesische Inselwelt in Kontakt mit dem westlichen ‚rationalen' Denken in der Form der griechischen Philosophie, repräsentiert vor allem durch die Ideen von Plato, Aristoteles und Plotin gebracht hat."[14] Dieser Hinweis auf westliches rationales Denken muss nach al-Attas aber sorgfältig geprüft werden. „Wissen muss genau untersucht werden, so dass nichts vorhanden ist, das die Keime der Säkularisierung oder ihrer Tragödie enthält, oder die Keime einer dualistischen Vision der Realität; diese sind nämlich verbreitet in allen Zweigen des Wissens, im Gesamtkörper des Wissens. Ich denke, man hat die Wahl zu treffen, man muss wissen, was man übernimmt und was man nicht übernimmt."[15] Vor allem in seinen Auseinandersetzungen mit dem Konzept der Säkularisierung, in denen er auch westliche Autoren wie Max Weber oder Nietzsche zitiert, ähnelt al-Attas manchen christlichen Autoren. So fragt er: „Ist es vernünftig, säkular zu sein?" und gibt darauf die Antwort: „Wenn wir das Wort ‚Vernunft' auf die Art verwenden, wie ein Muslim es versteht ..., würde ich darauf positiv antworten. Denn ‚säkular' bedeutet nicht einfach ‚Vernunft' oder ‚ver-

---

[13] Diese Diskussionen werden ausführlich referiert in: Merryl Wyn Davies: Knowing one Another. Shaping an islamic Anthropology, London 1988.

[14] S. N. Al-Attas: Preliminary Statement on a General Theory of the Islamization of the Malay-Indonesian Archipelago, Kuala Lumpur 1994, S. 21.

[15] S. N. al-Attas: Faces of Islam. Conversation of Contemporary Issues, Kuala Lumpur 1989, S. 10.

nünftig' in der Weise, wie wir es vordergründig verstehen. Warum? Säkular meint ja nicht einfach ,dem Diesseits zugehörig', weil das dem Islam nicht entgegensteht. Denn diese Welt besteht, wie der heilige Koran es formuliert, aus den Wunderzeichen Gottes. Darum müssen die Muslime auf die Zeichen Gottes schauen, sie studieren, um sie zu verstehen. Sie dürfen sich nicht von ihnen abwenden. Mit anderen Worten, es ist nichts falsch daran, ,dem Diesseits zugehörig' zu sein. Was aus meiner Sicht im Zusammenhang mit dem Säkularen falsch ist, ist nicht nur, ,dieser Welt zugehörig' zu sein, sondern zu behaupten, dass dies die einzige Welt ist, dass es keine andere Welt außer dieser gibt."[16] Dieser Text ist kennzeichnend für die Bewegung der ,Islamisierung des Wissens'. Sie arbeitet an dem Versuch, die Unvollkommenheit westlicher wissenschaftlicher Begriffe nachzuweisen und durch eine Umdefinition in einem islamischen Sinne Einfluss auf die internationalen wissenschaftlichen Diskussionen in den unterschiedlichsten Disziplinen zu gewinnen. Im Übrigen geht es ihnen darum, der Metaphysik wieder einen Platz in den verschiedenen Fächern und Forschungsbereichen zu verschaffen. Für sie sollte in dem System der modernen islamischen oder islamisierten Wissenschaften die Metaphysik das Zentrum bilden. Sie fordern auch als Teil der Natur- und Geisteswissenschaften Aussagen über den Sinn der Schöpfung, die Ordnung der Welt und der Natur als Dokument der Größe Gottes. Dies führt aus der Sicht der modernen islamischen Intellektuellen zu einem höheren Grad an Erfahrung, Wissen und Erkenntnis. Das gesamte Konzept der ,Islamisierung des Wissens' hat im Übrigen den Zweck, der westlichen Dominanz in den Natur- und Geisteswissenschaften eine islamische Alternative gegenüberzustellen, die Muslime in die Lage versetzt, sich gegenüber dem Westen zu behaupten.

Man kann davon ausgehen, dass die ,Islamisierung des Wissens' weiter an Kraft gewinnen wird. Sie spiegelt in hohem Maße das Interesse großer Teile der islamischen Welt an einer Teilnahme an allen technischen und geistigen Entwicklungen wider, ohne dass dabei deren islamische Identität Schaden leidet. Zu fragen ist, inwieweit nicht auch die ,Islamisierung des Wissens' vor allem eine Reaktion auf westliche Vorgaben darstellt.

---

[16] A. a. O., S. 8.